이제는 계시록을 밝힐 때다

이제는 계시록을 밝힐 때다

초판 1쇄 인쇄 | 2020년 8월 24일
초판 1쇄 발행 | 2020년 8월 26일

지 은 이 | 안디바
펴 낸 이 | 박세희

펴 낸 곳 | (주) 도서출판 등대지기
등록번호 | 제2013-000075호
등록일자 | 2013년 11월 27일

주 소 | (153-768) 서울시 가산디지털2로 98,
2동 1110호(가산동 롯데IT캐슬)
대표전화 | (02)853-2010
팩 스 | (02)857-9036
이 메 일 | sehee0505@hanmail.net

편집 · 디자인 | 박은화

ISBN 979-11-6066-053-1
값 12,000원

이제는 계시록을 밝힐 때다

안디바 목사 지음

등대지기

책을 펴내며

요즘 코로나19로 인해 세계가 떠들썩하다. 그로인해 신천지의 실체가 세상에 낱낱이 밝혀졌다. 지난해 봄부터 계시록을 밝혀야겠다고 맘먹은 가장 큰 이유 중에 하나가 바로 요한계시록을 교묘하게 해석해 교회를 가장 많이 미혹시키는 신천지들의 활약상 때문이다. 그동안 일 년 가깝게 계시록 강해를 세권 분량으로 집필하는 동안 어쩜 그렇게 마지막 때의 실상을 그대로 나타내 보이시는지 그야말로 하나님의 그 놀라운 역사에 탄복하고 또 탄복했다.

필자가 '아시아의 일곱 교회를 통해 바라본 한국교회의 문제점과 그 해결방안'에 대한 박사논문을 준비하는 동안 수없이 많은 신, 구약의 성경구절을 오가며 보고 또 봤다. 그렇지만 이번처럼 성경의 비밀과 계시록에 숨겨진 놀라운 사실과 한국교회의 실상이 절묘하게 들어맞는 것을 발견한 적이 없었다. 그동안 한 번도 느껴보지 못했던 성경상의 비밀들이 퍼즐을 끼워 맞추듯 기가 막히게 맞아 떨어지는 것을 보고 충격에 가까운 전율을 느꼈다.

그러고 나자 우리나라의 존재성과 그 위대함에 새삼 경외감을 느끼게 되었다. 그야말로 한 치의 오차도 없이 시간이라는 역사를 이끌어 가시는 하나님의 놀라운 계획과 섭리에 감탄했고, 그 구원의 역사를 이루어 가시는 은혜의 사랑에 깊은 감동을 받았다.

그동안의 필자는 우주변화의 원리를 주역을 통해 원론적으로 터득했고, 스베덴보리를 통해 사후(영계) 세계를 자세히 들여다 볼 수 있었다. 무엇보다 그러한 자료들이 계시록을 연구하는데 많은 도움이 되었고, 특히 김OO 목사님의 계시록 강해는 그 무엇과도 비교할 수 없는 최상의 연구 자료였다. 특히 계시록 13장의 바다에서 올라온 일곱 머리 열 뿔의 짐승과 17장의 큰 음녀인 통일교의 실상을 목사님을 통해 생생하게 듣다보니 한국교회에 깊이 뿌리박혀 있는 신천지가 왜 유독 교회들만 잡아먹는지도 깨닫게 되었다.

신천지의 교주인 이만희가 언제, 어디서, 어떻게 왜 용의 영을 받게 되었는가? 그리고 무엇 때문에 각종의 이단들이 이 땅에서 그렇게 극성을 떨 수밖에 없었는가?

이 모든 것들이 계시록을 써내려 가는 내내 성경을 통해 그게 바로 하나님의 말씀을 응하게 하기 위한 하나님의 계획이고 의도였다는 사실을 알게 되었다.

무엇보다 지난해(2019년)는 김목사님의 '궁창의 빛' 방송의 인연으로 '종교는 사기다'의 책을 출간했지만 이 또한 한국교회의 병폐를 통분하는 심정으로 써 내려간 책이었다.

그럼에도 교회는 아직도 지금 신천지의 심판을 보면서도 회개하여 하나님의 말씀 안으로 회귀하여 돌아오지 않고 있다. 도리어 신천지의 심판을 보면서 '그것 봐. 우리가 신천지가 이단이라 그랬지?' 그러면서 더 이상 교인들을 신천지에 빼앗기기 않는 것만 위안으로 삼고 있다면 그게 더 위험한 발상이다.

신천지는 교회가 바벨(우상)로 가는 것을 심판하기 위한 하나님의 계획아래 사단(신천지)을 들어서 사용하는 하나의 도구일 뿐이다.

바로의 왕을 강퍅하게 하신 것이 하나님이시다. 왜냐? 하나님의 능력을 나타내기 위함에서다. 그런데 이를 깨닫지 못하고 계속해 섞은 포도주(비진리) 잔을 하나님의 백성들한테 마시게 한다면 이는 더 큰 진노의 대접을 큰 성 바벨론(대형교회)에 사정없이 쏟아 부어질 것을 한 치의 의심 없이 확신하는 바다.

어쨌거나 이런 저런 이유로 사단(이단)들의 실체를 깨닫고 보니 오늘날의 교회가 타락과 병폐로 물들 수밖에 없는 이유를 알게 되었고, 그러한 실상들을 이번 계시록을 통해 세세히 밝히고 싶었다. 그래서 4권 분량의 계시록 집필을 계획했다. 그 중에 세 권은 지난봄부터 시작해 완성이 되었고, 나머지 한 권은 우리나라 이단들의 실체를 낱낱이 파헤쳐 공개할 작정이다.

계시록의 전체 요지는 교회가 하나님을 배반하니까 멸망자(이단)들을 사용해 배도자(교회)를 징계하시고, 또한 멸망자(이단)는 계시록 16장에서 18장까지 일곱 머리 열 뿔의 바다에서 올라온 사단의 세력임을 밝히면서 이러한 들짐승(신천지)들을 심판하는 요지이다.

특히 계시록 13장 16절-18절에서 짐승의 표를 받은 사단의 세력이 신천지로 이를 666이라고 정확하게 밝혀 놓았다. 그걸 확증하는 중요 단서가 신천지가 바로 위 구절을 그대로 흉내 내고 있다는 사실이다. 어쨌거나 그러한 신천지가 마지막 때에 이르자 하나님께서 그들을 무저갱에 가두어 심판(코로나)하시는 장면을 보면서 소름끼치게 전율을 느꼈다.

이제 신천지는 하나님의 심판에 의해 이 땅에서 그루터기만 조금 남게 되고 일천년(교회시대) 동안 지옥에 갇혀 있게 될 것이다. 그러다가 둘째 부활의 날에 지옥의 유황 불 못으로 영원히 사라질 것을 믿어 의심하지 않는다.

그러므로 하나님의 백성들은 경고의 나팔을 불 때 계시록의 진위를 깨닫고 빨리 회개하고 돌아서야 한다. 그게 성경이 쓰여진 목적이고 계시록이 쓰여진 깊은 의미이다. 그러기에 계시록 2장과 3장에서 사단(우상)과 싸워라, 이겨라 그리하면 차단되었던 생명나무(영생)의 과실을 먹게 하겠다고 약속하신 하나님의 음성을 들을 수 있다. 그런 자들만이 심판에서 구원으로 돌이킬 수 있다.

2020년 7월에

안디바 목사

차례

제2부 계시록과 교회론

제3부 심판하는 한국교회

제1부

계시록과 한국교회

†

계시록을 읽기에 앞서

성경은 이 땅의 복의 개념인 부귀와 명예를 추구하며 살아가는 방법을 제시한 책도 아니고 도덕적으로나 윤리적으로 바르고 착하게 사는 방법을 알려주는 책도 아니다. 또한 아직 오지 않은 미래, 세상 끝에 일어날 어떤 일들을 수수께끼처럼 풀어 놓은 책도 아니다. 오직 창세기부터 계시록까지는 예수 그리스도와 그 예수 그리스도를 보내신 하나님의 사랑과 은혜, 그리고 십자가의 도를 통한 구원에 관한 영생의 내용뿐이다.

그렇기 때문에 성경을 읽을 때, 창세기의 벌거벗은 아담을 예수 그리스도께서 계시록의 의의 흰 옷을 입은 하나님의 백성으로 어떻게 만들어 가시는가를 염두해 두고 읽어야 계시록의 진위를 파악할 수 있다. 따라서 의의 흰옷을 입기 위해서는 반드시 통과하여야 할 것이 있는데 그것이 바로 사단의 역사인 일곱 머리 열 뿔의 정체들과 싸워 이기는 일이다. 그러기 때문에 성도가 바다에서 올라온 짐승들의 정체만 깨달아도 거짓 목사나 이단들한테 속지 않고 그리스도의 길 따라 천국백성으로 살아 갈 수 있다.

그러려면 우리는 누가 구원자고 누가 배도자며 누가 멸망자인가를 알아야 한다. 그래야 이들한테 속지 않을 수 있다. 먼저 배도자와 멸망자들의 역사를 살펴보겠다.

1966년 2월 17일부터 4월 4일까지 이단들이 어느 한 특정지역에서 양육을 받았다. 그리고 이들의 양육 또한 이사야의 말씀에 응한 것이 된다.

> 유다 왕 웃시야와 요담과 아하스와 히스기야 시대에 아모스의 아들 이사야가 유다와 예루살렘에 대하여 본 이상이라. 하늘이여 들으라 땅이여 귀를 기울이라 여호와께서 말씀하시기를 내가 자식을 양육하였거늘 그들이 나를 거역하였도다. 소는 그 임자를 알고 나귀는 주인의 구유를 알건마는 이스라엘은 알지 못하고 나의 백성은 깨닫지 못하는도다 하셨도다. 슬프다 범죄한 나라요 허물진 백성이요 행악의 종자요 행위가 부패한 자식이로다 그들이 여호와를 만홀히 여겨 멀리하고 물러갔도다(사1;1-4)

유다와 예루살렘은 하나님의 백성인 이스라엘(교회)이다. 선지자 이사야가 영적으로 교회의 이상을 보았다. 하늘은 교회고, 땅은 백성이다. 즉 하나님의 백성들한테 너희가 나를 거역했다는 것을 귀 기울여 들으라는 거다.

이단들이 얘기하는 언약 장막 성전은 계시록 13장 6절의 '짐승이 입을 벌려 하나님을 향하여 훼방하되 그의 이름과 그의 장막 곧 하늘에 거하는 자들을 훼방하더라' 그렇지만 하나님의 장막은 '내가 그들 중에 거할 성소를 그들을 시켜 나를 위하여 짓되' 출애굽기 25장 8절에서 밝혀 놓으셨다. 장막 성전은 교회고 성소다.

일곱별은 일곱 교회의 사자요 일곱 촛대는 일곱 교회라고 하였듯이, 이단(용의 영)들이 하늘(교회)에 거하는 자(교인)들을 훼방하기 위해, 즉 하나님께로 가는 길을 막기 위해 지금 이 땅에서 무섭게 활개치고 있다. 이 또한 성경말씀을 응하게 하기 위함이다.

따라서 계시록 13장의 바다에서 올라온 일곱 머리 열 뿔의 짐승들은 세계 곳곳에 널리 퍼져 있는 수많은 거짓 영(사단)들을 지칭하고 있지만, 그중에서도 유독 한국교회에 깊이 잠식해 들어와 교회들을 잡아먹고 있는 신천지의 발자취를 더듬어 그 실체를 벗겨보고자 한다.

청계산과 관악산을 마주보고 있는 그 가운데 과천면 관문리 문헌 1.2.3.4.5리에 막계리가 있다. 이곳은 옛날부터 밤나무골 또는 동방이라 일컫었다는 문헌이 있는 곳이다. 이곳에 1967년 전도관인 신앙촌의 박태선과 사단의 종인 이만희와 윤용식, 윤재명, 이복영, 지재섭, 홍종효 외 다수가 과천 장막 성전에 침입해 들어왔다. 이들은 주로 북에서 내려온 자들인데 이곳에 침입한 이유 또한 성경 여러 곳에서 잘 나타내고 있다.

> 여호와께서 내게 이르시되 네가 잘 보았도다 이는 내가 내 말을 지켜 그대로 이루려 함이니라. 여호와의 말씀이 다시 내게 임하니라 이르시되 네가 무엇을 보느냐 대답하되 끓는 가마를 보았나이다 그 면이 북에서부터 기울어졌나이다. 여호와께서 내게 이르시되 재앙이 북방에서 일어나 이 땅의 모든 거민에게 임하리라. 나 여호와가 말하노라 내가 북방 모든 나라의 족속을 부를 것인즉 그들이 와서 예루살렘 성문 어귀에 각기 자리를 정하고 그 사면 성벽과 유다 모든 성읍을 치리라. 무리가 나를 버리고 다른 신들에게 분향하며 자기 손으로 만든 것에 정하였은즉 내가 나의 심판을 베풀어 그들의 모든 죄악을 징계하리라(렘1;12-16)

이 세상에서 이단처럼 편리한 교단도 없다. 자기들이 하나님의 계시를 받았다고 자처하면 그만이기 때문이다. 그러나 그 실상의 뿌리는 전형적인 용(타락한 영)의 실체인데 이만희교주야말로 용의 권세를 받고 짐승을 잡아먹는 들짐승들의 우두머리다. 오늘날의 교회들이 사단(간교한 뱀)의 유혹(꾀)에 잘 넘어가는 이유가 진리의 말씀이 없어서다. 그러다보니 특히 대형교회들의 교인들이 신천지의 교리에 빠져 그리로 빠져나가는 이유도 알고 보면 권세 잡은 용의 활약상 때문이다.

> 신실하던 성읍이 어찌하여 창기가 되었는고 공평이 거기 충만하였고 의리가 그 가운데 거하였었더니 이제는 살인자들뿐이었도다 (사1;21)

한국교회가 근본적으로 타락할 수밖에 없는 원인을 살펴보면 기복신앙 때문이다. 우리나라는 옛적부터 샤머니즘에 길들여진 나라다. 미신(迷信)이란 개념은 일반적으로 미개사회의 전통과 인습(因習)을 맹목적으로 믿는 미개지능의 표현을 의미한다. 그러나 이것을 좀 더 깊이 고찰해 보면 믿을 수도 없고, 안 믿을 수도 없는 매혹적인 상태를 미신이라 한다. 믿으려고 하지만 자기의 머리로써는 믿을 만한 근거를 인정할 수 없고, 또 안 믿으려해도 이해할 수 없는 사실과 현상이 나타나고 있다. 이같은 현상이 오늘날 교회에서 벌어지고 있는 일들이다. 목사들의 입에서 성령의 계시로 병든 자를 고치고 실패한 사업도 성공하게 하고 막혔던 문제들이 해결되었다는데 누가 감히 보이지 않는 성령을 부인하겠는가. 실제로 그런 능력을 보이는 목사들이 인기가 많고 또한 그런 교회일수록 부흥되어 신도수가 어마어마하다. 그러니 거기에 속지 않을 사람이 어디 있겠는가. 그러나 우리가 조금만 성경을 깨우쳐도 이들의 행위가 바로 귀신의 장난인 걸 금방 눈치 챌 수 있다. 즉 미신(샤머니즘)은 현실적으로 노출되었을 때는 이것을 부인하려고 해도 부인 할 수 없지만, 이것이 일정한 시간을 경과해도 반복적으로 나타나면, 그대로 진리로 둔갑하게 되는 것이 귀신(거짓악령)들의 실체다.

슬프다 이 성이여 본래는 거민이 많더니 이제는 어찌 그리 적막히 앉았는고 본래는 열국 중에 크던 자가 이제는 과부 같고 본래는 열방 중에 공주되었던 자가 이제는 조공드리는 자가 되었도다. 밤새도록 애곡하니 눈물이 뺨에 흐름이여 사랑하던 자 중에 위로하는 자가 없고 친구도 다 배반하여 원수가 되었도다. 유다는 환난과 많은 수고로 인하여 사로잡혀 갔도다 저가 열방에 거하여 평강을 얻지 못함이여 그 모든 핍박하는 자가 저를 쫓아 협착한 곳에 미쳤도다. 시온의 도로가 적량함이여 절기에 나아가는 사람이 없음이로다 모든 성문이 황적하며 제사장들이 탄식하며 처녀들이 근심하며 저도 곤고를 받았도다. 저의 대적이 머리가 되고 저의 원수가 형통함은 저의 죄가 많으므로 여호와께서 곤고케 하셨음이라 어린 자녀들이 대적에게 사로잡혔도다.(애1;1–5)

유다는 하나님의 백성인데 이들이 전부 사단한테 꼬임을 당해 사로잡혀갔다. 그러므로 저의 죄가 많으므로 여호와께서 이들을 곤고케 하여 대적에게 사로잡혀 가도록 방치해 두셨다고 하셨다. 즉 진자는 이긴 자의 종이 된다. 그리스도의 말씀이 심령 안에 거하지 못하면 결국엔 사단한테 사로잡혀 이들의 종이 되고 만다. 그러면 심판받는다.

그는 네게 꾸일지라도 너는 그에게 꿔지 못하리니 그는 머리가 되고 너는 꼬리가 될 것이라. 네가 네 하나님 여호와의 말씀을 순종치 아니하고 네게 명하신 그 명령과 규례를 지키지 아니하므로 이 모든 저주가 네게 임하고 너를 따르고 네게 미쳐서 필경 너를 멸하리니. 이 모든 저주가 너와 네 자손에게 영원히 있어서 표적과 감계가 되리라(신28;44-46)

심판받기 전에 하나님께서 회개하라, 싸워라, 이겨라 하였으나 끝내는 교회가 불순종하였다. 그러니까 6000년이 지나고 7000년이 도래한 지금이 바로 마지막 때다. 그리스도의 계시대로 지금 배도한 교회들을 향해 진노의 대접을 사정없이 쏟아 붓고 있으시다.

작금의 교회가 물질만능, 비전, 성령치유, 기적 같은 것으로 물들어가고 있는 원인에는 계시록 13장의 바다에서 올라온 일곱 머리 열 뿔의 짐승(교회)들 때문인데, 이 또한 심판과 구원을 위한 하나님의 계획이란 걸 깨달아야 한다.

한국교회는 그동안 글자 위주로 성경을 해석하고 이해하다보니 구원과는 거리가 먼 구제와 선행, 봉사, 선교행위 등으로 자신들의 의를 쌓는데 주력해 왔다, 그러나 이 또한 성경의 진위를 제대로 파악하지 못한 데서 일어난 사탄의 전략적인 계략임을 알아야 한다. 그렇기 때문에 성경을 온전히 깨달아야 한다. 성경은 글자로 깨닫는 것이 아니라 성령을 선물로 받을 때 온전히 깨달을 수 있다. 성령(성경)이 곧 하나님의 말씀이다.

짐승이 입을 벌려 하나님을 향하여 훼방하되 그의 이름과 그의 장막 곧 하늘에 거하는 자들을 훼방하더라(계13;6)

무엇보다 첫 장막(성소)에 있는 교회 사람들을 훼방하는 것이 짐승(이단)의 임무다. 그러나 둘째 장막(지성소)에 있는 사람들은 성령이 함께 하시기 때문에 그 입에는 이한 검이 나와 사단이 꾀기 어렵다. 또한 하나님의 말씀을 심령 안에 담고 있는 사람들은 예리한 날선 검(말씀)을 소유한 자들이라 사단(이단)은 이들을 이기지 못한다.

> 내가 보니 바다에서 한 짐승이 나오는데 뿔이 열이요 머리가 일곱이라 그 뿔에는 열 면류관이 있고 그 머리들에는 참람된 이름들이 있더라.(계13;1)

옛 뱀 곧 사단 마귀가 교회에 침입해 들어와 종교세계를 잠식하여 잡아먹고 있다. 세상이 바다고 바다가 세상이다. 바다에서 올라온 짐승이 이단의 조직체다. 이들이 일곱 머리 열 뿔이다. 뿔은 권세자다. 이들 또한 하늘의 보좌도를 그대로 흉내 내고 그럴듯하게 조직체를 꾸며났다. 자기들만의 보좌를 베풀어 놓고 서로 자기들이 하나님이라 자처하고 있다. 그 중 유독 신천지가 열 지파장과 일곱 교육장을 만들어 놓고 그들만의 고을에서 사람들을 교육하며 이들을 교회에 침투시켜 교인들을 전부 빼내가고 있다, 신천지야말로 성경말씀을 교묘하게 악용해 특히 계시록을 인용해 사람들을 꾀고 있다. 교회들이 하나님의 말씀과 육신의 생각을 섞어 말씀을 전하니까 전부 바벨로 물들어져 있다. 교회가 말씀이 부족하니까 하나님을 배도하게 되고, 하나님을 배반하니까 하나님께서 이단(들짐승)을 들어 교회를 심판하시는 내용이 바로 계시록이다.

그러므로 성도라면 진노의 대접과 함께 경고의 나팔 소리를 듣고 거기서 빨리 빠져 나와야 한다. 하나님께서는 지금 이 시간도 심판의 때가 가까웠으니 어서 빨리 사단의 소굴에서 탈출해 십승지(십자가)로 가라고 천사들을 보내 외치고 계신다. 하나님의 음성(말씀)을 보고 듣고 깨닫는 자만이 실로암(예수 그리스도)에 가서 씻고 회개하여 그리스도의 옷으로 갈아입는다. 그렇게 되면 사망에서 생명으로, 심판에서 구원으로, 흑암에서 하늘(영생)의 나라로 옮겨진다. 따라서 계시록이 기록된 목적이 바로 여기에 있는 거다.

계시록 서두에 '주 하나님이 가라사대 나는 알파와 오메가라 이제도 있고 전에도 있었고 장차 오실자요 전능한 자라'(계1;8) 했고, 또한 22장 말미에 '나는 알파와 오메가요 처음과 나중이요 시작과 끝이라'(계22;13)

이와 같이 생명나무로 나아가는 길은, 반드시 시작한테서 끝을 맺으시겠다는 하나님의 의지가 계시록에 분명하게 나타나 있다. 최초의 생명나무는 에덴동산에 있었다. 그러나 하와(교회)가 뱀(사단)의 꼬임에 넘어가 선악과를 먹음으로 이들을 내 쫓고 에덴동산 동편에 그룹들과 두루 도는 화염검을 두어 생명나무로 가는 길을 차단케 하셨다.

그러므로 동방 에덴에서 천지를 창조하셨다면 뱀에 의해 영적 질서가 파괴된 동방에서 다시 하나님의 창조의 질서를 회복시켜야 한다. 그게 바로 천부경(天符經)의 일시무시(一始無始)이니 일종무종(一終無終)의 글자에서 잘 표현되고 있다. 이는 '하늘 즉, 우주(하나님)는 시작된 곳에서 끝남이 없이 끝나니라' 라는 이 우주의 생성원리를 한마디로 요약한 것이다. 따라서 천부경의 첫 문장은 우주(하나님)란 무엇인가에 대한 답이요, 결론이요, 정의이다. 고대부터 이미 우리 선인들에게 밝혀 놓은 우주(하나님)의 실체이다.

천부경은 환국(桓國)에서 입으로 전해 내려오던 경으로 9자 1구로 하여 9중 81자로 구성되어 있다. 원래 환웅 1세 거발환(서기전 3898-3805)이 천산(天山)에서 지상의 태백산 신시(神市)에 내려와 도읍하고, 신지(神誌:神志)이던 혁덕을 시켜 이를 기록 보존하게 하시어 신지가 전자(篆字)로 빗돌에 새겨 알아볼 수 없게 된 것을, 4250(서기1917)년에 지금의 묘향산(妙香山)에서 수도 중이던 계연수(桂延壽)에 의해 세상에 널리 알려진 오래된 경전이다. 따라서 천부경의 첫 문장과 마지막 문장을 붙였을 때, 여기서 계시록의 진위도 분명하게 파악할 수 있다.

필자는 주역과 동양철학을 오랫동안 연구한 역학자다. 우주의 생성원리와 인간의 운명이 절묘하게 조화를 이루는 것에 매료되어 기독교인임에도 불구하고 수십 년을 사주명리학을 중심으로 하락이수, 육효, 구성학, 풍수, 관상학, 성명학, 주역 등을 연구해 왔다. 그러나 근 삼십 여년 이상을 성경 외적인 것에서 진리를 찾겠다고 무던히도 애써왔지만 결국에는 십자가의 도(道)를 통과하지 않고는 그 어디에도 영생에 이르는 길에 도달할 수 없다는 것을 깨닫고 다시 하나님 영(말씀) 안으로 회귀(回歸)하여 돌아왔다.

그러다가 계시록을 연구하게 되었고, 연구하는 중에 우연찮게 우리나라가 태초의 한님(하나님)의 나라라는 것을 한단고기(桓檀古記)를 통해 깨닫게 되었다. 한단고기는 그 내용이 삼성기와 단군세기, 북부여기, 태백일사 4종의 사서(史書)를 하나로 묶은 고서(古書)다. 그 중에 삼성기는 환인, 환웅시대의 이야기를 담고 있다. 이는 우리 민족의 시발인 환국(桓國)시대의 환인으로부터 7세 단인까지 3301년의 역사와 신시시대의 환웅으로부터 18세 단웅까지 1563년의 역사를 압축해 기록해 놓은 것이 바로 삼성기다.

따라서 한단고기는 고대 우리나라의 역사를 중심으로 신앙, 풍습, 정치, 경제, 철학, 교육, 지리, 예술 등에 관한 풍부한 자료가 넘치도록 담겨 있다. 그러므로 삼국시대가 최초의 국가 형태를 갖춘 고대국가라고 간주했던 그 이전부터, 이미 찬란한 환인, 환웅, 단군시대의 문화가 창조되고 있었음을 한단고기가 잘 증명하고 있다.

그렇기 때문에 계시록을 읽기에 앞서 예수께서 1장 8절에 '나는 알파와 오메가라' 이제도 있었고 전에도 있었고 장차 올 자요 전능한 자라의 말씀에 주목해야 한다. 아울러 동방 에덴에서 시작된 천지창조의 시작이 태초의 한님(하나님)의 나라로 우리나라가 고증을 통해 밝혀졌다면 무너진 영적 질서 또한 마지막의 때에 우리나라서 다시 하나님의 나라를 회복시켜나가야 마땅하다는 결론이 도출된다. 이를 좀 더 고증을 통해 알아보기로 하겠다.

†

한님 나라인 한국교회

안함로가 기록한 〈삼성기 전 상편〉은 우리나라의 고대 역사를 잘 나타내고 있다. 이를 살펴보면 우리나라가 바로 한님(하나님)의 나라임을 알 수 있다.

오한건국최고유일신재소백력지천위독화지신광명희권화생만물
〈吳桓建國最古有一神在斯白力之天爲獨化之神光明熙權化生萬物〉

해석하자면 우리 환(桓)의 건국은 세상에서 가장 오랜 옛날이었는데 한 신이 있어, 소백산의 하늘에서 홀로 변화한 신이 되시니 밝은 빛은 온 우주를 비추고 큰 교화는 만물을 낳았다.

즉 대한 건국은 역사적 배경으로 세상에서 가장 오래된 나라이다. 한 신이 있는데 소백산의 하늘에서 홀로 변화되어 神이 되었다. 이를 독화지신(獨化之神)이라 하는데, 홀로 변화된 신이란 건(乾;天. 男. 父)과 곤(坤;地, 女, 母)의 음양(陰陽)의 조화 없이 곧 남녀의 배합없이 저절로 변하여진 것으로 '스스로 있는 자' 즉 한님(하나님)을 뜻한다. 큰 교화를 권화(權化)라 하는데 한님께서 중생을 제도코자 임시로 몸을 바꾸어 이 세상에 나타난 것으로 표현된다.

장생구시항득쾌락승유지기묘계자연무형이견무위이작무언이행일항동녀동남팔백어흑수백산지지어시환인적이감군거우천계부석발화시교열식위지환국시위천제환인씨역칭안파견야전칠세년대불가고야.〈長生久視恒得快樂乘遊至氣妙契自然無形而見無爲而作無言而行日降童女童男八百於黑水白山之地於是桓因赤以監羣居于天界掊石發火始敎熱食謂之桓國是謂天帝桓因氏亦稱安巴堅也傳七世年代不可考也〉

오래오래 살면서 쾌락을 즐겼으니 지극한 기를 타고 노닐고 그 묘함은 저절로 기꺼웠다. 모습 없이 볼 수 있고 다함이 없으면서 모두 이루고 말 없으면서 다 행하였다. 어느 날인가 동녀동남(童女童男)이 흑수(黑水) 백산(白山)의 땅에 내려왔는데 이에 한님은 또한 감군(監羣)으로서 천계(天界)에 계시면서 돌을 쳐 불을 일으켜서 날 음식을 익혀 먹는 법을 처음으로 가르치셨다. 이를 환국(桓國; 하느님나라)이라 하고 그를 가리켜 천제한님이라 불렀다. 또한 안파견이라고도 했다. 한님은 일곱 대를 전했는데 그 연대는 알 수가 없다.

흑수는 흑룡강, 만주 흑룡강성의 북쪽이다. 강의 근원지는 둘인데 하나는 중국의 국경, 즉 궁특산 동쪽 기슭에 흐르는 오수하(敖嫂河)라 하는데 바로 원사(元史)의 주난하(註難河)로 징기스칸이 일어난 땅이다. 또 하나는 러시아령의 탁공토산(卓功土山)의 북쪽 인익달하(因弋達河)라 한다.

1712년에 세워진 백두산정계비(白頭山定界碑)의 기록에 따르면 우리의 북쪽 국경선은 압록강 → 토문강 → 송화강 → 흑룡강으로 확대 된다. 이렇게 흑룡강 즉 흑수는 우리 역사의 출발에서부터 우리의 강역임을 알게 한다. 카톨릭의 바티칸 교황청에서 작성한 지도(1912년)에 보면 우리의 북방 경계선이 위에서 기록한 것처럼 압록강 → 토문강 → 송화강 → 흑룡강으로 그려져 있고, 두만강 북쪽의 간도성, 흑룡강성 및 길림성은 천주교 한국교구의 원산교구로 명시되어 있다.(현재 한국정사학회에서 보관중)

백산은 백두산인데 중국 측과 백두산 영유권 문제로 요사이 심심찮게 논란되고 있으나 유사 이래로 우리 민족의 성산(聖山)임에 틀림없다. 일부에선 이 백산(白山)을 중국 감숙성의 태백산(太白山)이라고 하나, 중국 '이십오사(二十五史)'의 고기(古記)에는 '백산'이나 '태백'이 조금의 의심도 없이 지금의 백두산임을 밝히고 있다. 아울러 감군은 중생을 보살피고 감독하는 임무를 띤 직책이다. 또한 안파견은 중국발음으로는 '안파첸'인데, 모름지기 우리말의 아버지에 해당하는 발음이다. 요(堯)의 시조를 '아보기'라 하는데 만주 말의 발음으로는 어김없이 아버지가 된다. 요(堯)를 고구려의 유민들이 세운 나라라고 하거니와 국왕을 아버지라고 발음하는 것을 통해 안파견을 아버지라 함이 맞다.

사도바울 또한 성령을 통해 하나님의 아들이 되었으면 우리도 마땅히 하나님을 '아바' '아버지'라 불러야 한다고 했다.

후환웅씨총흥봉천신지소항우백산흑수지간양자정녀정어천평획정지어청구지천부인주오사재세리화홍익인간입도신시국칭배달택삼칠일제천신기신외물폐문자수주원유공복약성선획괘지래집상운신명군령제철위보납태씨여위후정혼지예이수피위폐경종유축치시교역구성공부조수솔무후인봉지위지상최고지신세사불절.

> 신시지계유치우천왕회척청구전십팔세력일천오백육십오년.〈後桓雄氏總興奉天神之詔降于白山黑水之間養子井女井於天坪劃井地於靑邱持天符印主五事在世理化弘益人間立都神市國稱倍達擇三七日祭天神忌愼外物閉門自修呪願有功服藥成仙劃卦知來執象運神命羣靈諸哲爲輔納態氏女爲后定婚之禮以獸皮爲幣耕種有畜置市交易九域貢賦鳥獸率舞後人奉之爲地上最高之神世祀不絶神市之季有治尤天王恢拓靑邱傳十八世歷一千五百六十五年〉

뒤에 환웅(桓雄)씨가 계속하여 일어나 천신의 뜻을 받들어 백산과 흑수 사이에 내려왔다. 사람 모이는 곳을 천평(天坪)에 마련하고 그곳을 청구(靑邱)로 정했다. 천부(天符)의 징표를 지니시고 다섯 가지 일(五事)을 주관하시며 세상에 계시면서 교화를 베푸시니 인간을 크게 유익하게 하였더라. 또 신시(神市)에 도읍을 세우시고 나라를 배달(倍達)이라 불렀다. 3.7 (21)일을 택하여 천신께 제사지내고 밖의 물건을 꺼리고 근신하며, 문을 걸어 잠그사 스스로 주문을 외우며 몸을 닦아 공이 이루어지시기를 바라더라, 약을 드시고 신선이 되시니, 팔괘(八卦)를 그으사 올 것을 알며 상(象)을 잡으사 신을 움직였다. 또 여러 영험스러운 이들과 뭇 철인(哲人)들이 보필하도록 하시더니 웅씨(雄氏)의 여인을 거두어 아내로 삼으시고 혼인의 예법을 정하매, 짐승 가죽으로써 폐물을 삼았다. 농사를 짓고 목축을 하고 시장을 열어 교환하도록 하니, 온 세상이 조공을 바치며 새와 짐승도 덩달아 춤추었다. 뒷날 사람들은 그를 지상 최고의 신이라고 받들어 세세토록 제사가 끊임이 없었다.

신시의 말기에 치우천왕(治尤天王)이 있어 청구를 개척하여 넓혔으며, 18세를 전하여 1565년을 누리더라.

사람 모이는 곳을 자정여정(子井女井)이라 했으니 사람들이 모여 사는 것을 말한다. 우물이나 밭이 있는 곳에 사람이 모이므로 이른 말이다. 또한 천평(天坪)은 백두산 정상의 연못을 천지라 하니 백두산 정상의 땅을 일컫는 말이다.

청구(靑邱)는 동양의 온갖 고전이 말하는 동이(東夷), 조선(朝鮮), 청구(靑邱)가 단순한 한반도가 아니라 중원 대륙 안에 있는 동이, 조선, 청구였다는 사실이 매우 중요하다.

황제동도청구(皇帝東到靑丘) 과풍산(過風山) 결자부진인(見紫府眞人)라고 했는데, 청구는 신선이 거처하는 곳으로 알고 여기 '자부진인'도 물론 신선을 뜻한다. 이 글이야말로 자부진인으로부터 중국의 황제헌원에게 우리의 문화가 건너가는 과정을 설명한 것이다.

천부의 징표는 삼한관경본기(三韓管境本記)에 다음과 같은 말이 있다.

> 세전환웅천왕순주어차전획이제풍백천부각경이진우사영고환무운사백검폐위개천제취산지의벌약시지성엄야〈世傳桓雄天王巡駐於此佃獲以祭風伯天符刻鏡而進雨師迎鼓環舞雲師佰劒陛衛盖天帝就山之儀伐若是之盛嚴也〉

이는 '세상에 전하는 말로는 한웅천왕이 이곳에 들러 머무르시며 사냥도 하고 제사를 지냈다고 하는데, 풍백은 천부를 새긴 거울을 들고 앞서서 나아갔고, 우사는 북을 쳐서 울리며 주변을 돌면서 춤추었고, 운사는 백명의 무사를 데리고 대장의 검으로 호위하였으니, 무릇 천제가 산으로 갈 때의 의장 행렬이 이와 같이 성대하고 엄중하였다. 라는 의미이다.

다섯 가지의 일인 오사(五事)는 살(殺), 명(命), 병(病), 형(刑), 선악(善惡)을 말하니 곡식, 생명(운명), 치병, 형벌, 선악(윤리)을 뜻하는 것이다.

배달은 우리 겨레를 배달민족이라 함은 그 뜻이 매우 깊고 오묘하다. 이는 '밝땅의 겨레'라는 뜻인데, '밝땅'이란 '배달'이다. 우리말의 음운법칙이 박, 백이 배로 변하는 실례가 많은 바, 백천(白川)이 배천(白川溫泉), 박고개(赤峴) 혹은 붉고개(赤峴), 배오개(동대문시장)로 변하는 지명들이 있다. 또 옛말에 산이나 땅을 달이라 발음했던 것도 사실이다. 즉 밝땅 → 밝달 → 배달로 변하는 예를 생각하면 된다. '밝달'의 뜻을 취하느라 박달나무 단(檀)자를 일부러 국조의 이름에 붙여 단군(檀君)이라 했다. 우리 겨레가 동방족이라 매우 설득력이 있다.

따라서 우리나라가 동방족이기 때문에 해 뜨는 동쪽으로 민족이동을 계속해 왔고, 환한 땅이라 해서 환국(桓國), 환인(桓因), 환웅(桓雄)이라 했다.

우리 겨레는 인류 역사상 처음으로 한님→하느님 곧 천신(天神)의 개념을 터득한 매우 종교적인 소질이 풍부한 민족이다. 때문에 한님, 하느님을 환한 땅의 임금이 마땅하다.

밝→배, 달 = 땅의 법칙에 좇아 밝달이(밝은 땅)로 해석되고, 마침내 배달로 읽힌다는 배달의 어원만은 우리가 알아둘 필요가 있다.

환웅의 배우자는 곰녀 즉 웅녀다. 곰녀의 곰이란 말은 환웅의 환과 대칭이 되는 말로, 환이(하늘)의 준말이라면 곰은 땅의 다른 말이다. 한님이 하느님이니 곰녀는 곧 곰님의 여자이다. 여(女)자가 붙은 것은 '웅'자의 대칭되는 글자가 계집 女이기 때문이다. 우리의 고대인들은 땅의 신을 곰님이라 불렀으니 웅씨의 여인이란 결국 지신족의 여인을 뜻하는 말이다. 이 곰녀 환웅의 기사야말로 우리 민족의 민족 종교내지 민족 신앙의 핵심을 이루는 귀중한 기록임을 되새겨야 한다.

한단고기의 고증을 통해 우리나라가 태초의 한님(하나님)의 나라임이 입증되었다면 6000년 전, 땅(하나님의 백성)이 혼돈하고 공허하며 흑암이 깊음 위에 있는 것을 보시고(창1;2) 하나님께서 태초에 말씀(가라사대)으로 천지창조를 계획하셨다면 그 크신 하나님의 뜻과 계획과 사랑을 성도라면 성경 66권을 통해 깊이 깨달아야 한다.

그런데 오늘날 교회들이 왜 깨닫지 못하느냐 하면, 이러한 하나님의 말씀을 육신의 생각과 함께 바벨로 섞여 전하기 때문에, 이단(뱀)들의 꾀임에 넘어가 영생(생명나무)으로 가는 길이 막혔기 때문이다.

이 또한 2000년 전에 사단의 활약상을 그리스도의 계시를 통해 너무나 극명(구원과 심판)하게 잘 나타내주고 있다.

†

이단의 발자취

> 내가 보니 바다에서 한 짐승이 나오는데 뿔이 열이요 머리가 일곱이라 그 뿔에는 열면류관이 있고 그 머리들에는 참람된 이름들이 있더라(계13;1)

바다에서 올라온 짐승들이 일곱 머리 열 뿔인데 이들의 정체가 계시록 13장 18절에 그대로 답하고 있다.

> 지혜가 여기 있으니 총명 있는 자는 그 짐승의 수를 세어보라 그 수는 사람의 수니 육백육십륙이다.(계13;18)

지금은 신천지를 비롯하여 통일교, 전도관, 여호와의 증인, 구원파, 하나님의 교회 등의 조직체가 바로 사단인 666의 세력들이다. 참람(僭濫)된 이름이란, 거짓 참(僭). 넘칠 람(濫)이다. 거짓과 만용이 넘치는 그들이 예수의 이름을 들먹이며 교회 안에 들어와 다 자기가 재림주다, 보혜사라 하고 예수님의 이름을 망령

되이 남발하고 있다. 그 중에 특히 신천지의 이만희교주는 1996년 1월 2일 자칭 교육자 선교 협의회란 이름으로 자기 이름(용의 교리)으로 7머리(7교육장) 10뿔(10지파장)을 만들어 교육하고, 1995년 3월 14일 일곱 머리 열 뿔의 짐승들로 보좌를 구성하였다.

> 누구든지 이 표를 가진 자 외에는 매매를 못하게 하니 이 표는 곧 짐승의 이름이라 그 이름의 수라(계13;17)

신천지 조직의 구조를 살펴보면 먼저 이만희(짐승)의 피로 언약하고 결성된 조직체임을 위의 사진에서 충분히 알 수 있다. 따라서 17절에 나타내었듯이 누구든지 이 표를 가진 자 외에는 매매(설교)를 못하게 하니 이 표(사령장)가 곧 짐승(이만희)의 이름이니 그 이름의 수를 세어보라 했다.

즉 짐승(이만희교주) + 7머리(교육장) + 10뿔(10지파장) = 계시록에서 나타내는 사단의 조직체가 바로 신천지다. 용(이만희)이 첫 장막을 완전히 장악한 때가 1999년 12월 17일이다. (신천지발전사 49쪽) 이것이 이 시대의 마지막 계시의 실상임을 깨닫고 이단의 실체인 신천지의 정체를 정확히 깨달아야 한다.

형제들아 우리가 너희에게 구하는 것은 우리 주 예수 그리스도의 강림하심과 우리가 그 앞에 모임에 관하여. 혹 영으로나 혹 말로나 혹 우리에게서 받았다 하는 편지로나 주의 날이 이르렀다고 쉬 동심하거나 두려워하거나 하지 아니할 그것이라. 누가 아무렇게 하여도 너희가 미혹하지 말라 먼저 배도하는 일이 있고 저 불법의 사람 곧 멸망의 아들이 나타나기 전에는 이르지 아니하리니. 저는 대적하는 자라 범사에 일컫는 하나님이나 숭배함을 받는 자 위에 뛰어나 지존하여 하나님 성전에 앉아 자기를 보여 하나님이라 하느니라
(살후2;1-4)

이단들의 특징을 살펴보면 하나같이 예수를 부인하고 자기들이 보혜사라 자처한다. 그렇기 때문에 누가 배도자고 누가 멸망자며 누가 구원자인가? 이를 먼저 깨달아야 하고 그리고 하나님께서는 이단들을 왜 그대로 방치하고 계시는가. 또한 심판과 구원을 위한 하나님의 계획이고 섭리임을 깨달아야 한다.

우선 이 땅의 교회들이 하나님을 배도하니까 하나님께서 멸망자(이단)들을 사용하시어 교회를 분열시키고 그중의 남은 자 몇몇을 통해 경고의 나팔을 불게 하시고 그 중에 깨우쳐 회개하는 자는 십자가(은혜의 사랑) 뒤로 숨게 하기 위함이시다.

그때에 유대에 있는 자들은 산으로 도망할찌며 성내에 있는 자들은 나갈찌며 촌에 있는 자들은 그리로 들어가지 말찌어다. 이날들은 기록된 모든 것을 이루는 형벌의 날이니라(눅21;21-22)

그러므로 예수 그리스도의 은혜(말씀) 안에 구원자가 있음을 정확히 인지하고 시온산으로 도망해야 한다. 그래야 성내에 있는 교회(목사)서 빠져나와 그들한테 속지 않게 된다. 교회에 머물러

있으면 종내는 우상의 제물을 먹게 된다.

> 그러나 네게 책망할 일이 있노라 자칭 선지자라 하는 여자 이세벨을 네가 용납함이니 그가 내 종들을 가르쳐 꾀어 행음하게 하고 우상의 제물을 먹게 하는도다(계2;20)

이 종교세계가 다 음녀다. 여자 이세벨은 계시록 17장 18절의 땅의 임금들을 다스리는 큰 성(교회)이다. 여자가 육신의 생각으로 하나님의 백성들을 꾀어 지옥으로 가게하고 있다. 그들의 영(교리)이 우리의 생각과 사상 안에 들어가면 재앙을 받는다. 음녀(교회)가 거짓 목사인데 그들 또한 광명한 천사로 가장하기 때문에 그들의 위장된 술수에 성도들이 쉽게 넘어갈 수밖에 없다.

> 사단도 자기를 광명한 천사로 가장하나니 그러므로 사단의 일군들도 자기를 의의 일군으로 가장 하는 것이 또한 아니라 저희의 결국은 그 행위대로 되리라.(고후11;14-15)

따라서 광명한 천사로 위장한 목사들을 잡아먹고자 교회에 침입한 바다에서 올라온 짐승(이단)들의 정체가 계시록 13장에 상세히 나타나 있다. 사단의 정체를 바로 알려면 앞서도 잠깐 언급하였지만 신천지가 걸어온 발자취부터 살펴봐야 한다.

1975년 홍종효, 이만희(짐승의 사단), 유재열(장막성전교주)이 고소되어 구속되었다. 또한 1980년 유재열이 방해죄로 고소되었으며, 이만희와 홍종효는 투옥되었다가 집행유예로 감옥에서 나왔다. 그리고 1984년 2월 7일 다시 짐승의 역사를 시작했다. 이만희와 홍종효가 바로 자신들이 계시록의 두 증인이라 자처하고 있다. 그러나 이들은 구룡정사인 무당집에서 용의 영을 받은 사람들이다.

> 내가 본 짐승은 표범과 비슷하고 그 발은 곰의 발 같고 그 입은 사자의 입 같은데 용이 자기의 능력과 보좌와 큰 권세를 그에게 주었더라(계13;2)

계룡산에서 용의 영을 받고 쓴 책이 1985년 12월 발간(신탄=용탄)되었다.

신탄(神誕)은 이만희(짐승)가 신천지로 탄생함을 나타내고 있음인데 그 자체가 바로 이만희가 용의 계시를 받은 용탄(龍誕)임을 스스로 폭로한 것이 된다.

당시 이들 조직의 일곱 머리는 유대종, 이철구, 이정석, 윤재명, 이재상, 신현욱, 윤용식이었고, 열 뿔은 채현욱, 장방식, 이범노, 오재영, 신준수, 김정택, 김선갑, 정해동, 박용찬, 지재섭이었다.

1984년 3월 14일 이만희에 의해 시작된 사단(귀신)의 종교인 신천지의 본부가 경기도 과천 소재지에 있다. 사단의 총회장인 이만희는 성경 대부분이 비유와 상징으로 되어 있다면서, 자신이 바로 하늘의 직통계시를 받은 메시야요, 보혜사라 자청하고 있다. 그러기 때문에 자신을 믿어야 구원을 받고, 자신을 믿지 않으면 곧 심판이라 헛소리를 하고 있다.

따라서 짐승의 보좌가 있는 곳이 바로 신천지의 증거장막성전(證據帳幕聖殿)임을 깨닫고 하나님의 백성들은 그곳에서 회개하고 돌이켜야 한다.

필자 또한 마지막 때에 하나님께서 주신 사명임을 스스로 깨닫고 곧 출간(계시록 강해)하게 될 두 권의 책에서 좀 더 상세히 써 내려갈 생각이다. 특히 바다에서 올라온 들짐승(신천지)의 실체와 큰 성 바벨론(대형교회들)과 통일교의 교주인 큰 음녀의 활약상을 계시록 전장(22장)을 통해 심판과 구원의 역사가 마지막 때에 어떻게 이루어져가는 가를 낱낱이 밝힐 예정이다. 그러려면 계시록 1장 8절의 알파와 오메가의 의미부터 살펴봐야 한다. 이는 하나님께서 천지창조를 시작한 곳에서 반드시 다시 회복하시겠다는 그리스도 예수의 뜻이 담긴 말씀이므로 시작의 근원이 어디서 출발되었나를 먼저 알아야 하겠다.

†

조선 신앙의 근원

조선의 역사는 성경의 6000년 역사보다 훨씬 오래된 거의 만년에 가까운 깊은 역사를 지니고 있다. 그러므로 한단시대의 역사 중에 핵심이라 할 수 있는 고조선(단군조선)의 역사를 신화적으로 해석하면 안된다. 간혹 신화로 여기는 데에는 단군의 나이가 천년 이상으로 기록되어 있다는 점에서 아무리 수도를 하여 득도했다하더라도 천년 이상을 살 수 없기 때문이다. 그러나 조금만 우회해도 그 해답을 쉽게 찾을 수 있다. 즉 단군은 한 사람이 아니라 여러 후손들이 대대로 제위를 이어가면서 나라를 다스렸다는 설명이다.

이에 대한 고증으로 삼국유사나 제왕운기나 응제시주 등에서 단군의 후손이 대대로 왕위를 계승한 것이 천년 이상이며 단군의 수명은 1,048세라 하였다. 그러므로 단군은 결코 한 사람이 아니며 그 왕조가 최소한 1천년 이상 지속되었음을 시사하고 있다. 또한 단기고사나 단군세기, 규원사화에서 공통적으로 나타내고 있는 것은 1대 단군 왕검에서 부터 마지막 단군 고열기에 이르기까지 무려 47대의 역사를 전하고 있다.

결론적으로 고조선의 역사는 단군 47대 2,096년이라는 장구한 세월에 걸쳐서 이어졌다는 점이다.

삼국유사 고조선 편에는 단군조선 이전에 환인(桓因)이 다스리는 환국(桓國)이 있었는데 그 후 환웅(桓雄)이 태백산 신단수 아래로 내려와 신시(神市)에 도읍하고 배달국(倍達國)을 열었으며, 그 후에 단군왕검이 조선을 개국한 것으로 기록되어 있다.

환인과 환웅이 존재했기 때문에 단군조선도 존재할 수 있는데, 앞서 단군조선 47대의 역사를 밝혀주는 문헌으로 위의 것이 있었고, 환인과 환웅의 역사를 기록한 문헌으로 신라와 고려시대에 두 권의 삼성기(三聖記)와 조선왕조 때 태백일사(太白逸史)가 있다. 삼성기 두 권과 단군세기, 태백일사, 고려말에 북부여기 등을 한권으로 엮어 놓은 것이 바로 한단고기(桓檀古記)이다.

이 책의 시대적 순서는 환단의 역사에서부터 고구려와 발해, 고려시대의 역사까지이다. 환국의 환인으로부터 시작하여 환웅을 거쳐 단군조선으로 계승되어 왔다는 사실이다. 환인은 천제(天帝), 상제(上帝)와 같은 뜻으로 하늘님, 하느님을 말한다. 우리민족의 이념이라 할 수 있는 홍익인간의 사상도 환인으로부터 나와 환웅을 거쳐 단군왕검으로 계승되었다. 따라서 우리 역사의 시발점은 단군이 아니라 바로 환국과 환인이다.

삼성기 하편에 보면 인류의 조상을 나반(那般)이라 한다. 처음 아만(阿曼)과 만난 곳을 아이사타(阿耳斯它)라 한다. 꿈에 천신의 가르침을 받아 스스로 혼례를 이루었으니 구환(九桓)의 무리는 모두 그의 후손이다.

삼성기에서 환인 이전의 역사를 언급하고 있는데 인류의 시조를 나반과 아만이라 했다. 나반은 우리말로 하나반, 하나버지, 할아버지와 관계되는 어원이며, 아만은 어미, 어마니, 어머니와 관계되는 어원이다. 또 나반과 아만이 처음 만나서 혼례한 장소가 아이사타다. 이 지명은 후에 단군왕검이 도읍으로 정했다는 아사달(阿斯達)과 관계가 있다. '아사'는 아침, 처음, 첫, 새로운, 광명, 동녘, 동방, 태양 등을 의미하는 고대의 우리말이다.

'달'은 땅, 벌판, 대지, 산 등을 의미하는 말로 지금도 음지를 '응달', 양지를 '양달'이라 한다.

아사달의 원래 어원인 아이사타는 지금도 중앙아시아 여러 국명에서 사용하고 있다. 예를 들어 아프카니스탄, 파키스탄, 우즈베키스탄 등의 이스탄(istan) 역시 아이사타(isata)에서 비롯된 것이다. 특히 터키의 이스탄불은 '해 뜨는 동방'을 의미하는 말이다.

삼성기에서 환국의 초대 환인을 안파견(安巴堅)이라 하였다. 이는 곧 아버지를 뜻하는 호칭이다. 나라의 임금을 아버지로 부르는 것이 고대 동이족의 일반적인 전통이었다. 안파견의 의미에 대해서는 태백일사에 구체적으로 설명되어 있다. '오랜 세월 뒤에 환인이 나타나 나라 사람들로부터 추대되어 인파견이라 하였으며, 거발환(居發桓)이라고 칭하였다.' 즉 안파견이란 하늘을 계승하여 아버지가 되었다는 뜻의 이름이다. 거발환이라 함은 천(天). 지(地). 인(人)을 하나로 정한다는 뜻의 호칭이다. 이로부터 환인의 형제 아홉이 나라를 나누어 다스렸으니 이를 9황(皇) 64민(民)이라 한다.

이는 하늘을 계승하여 아버지가 되었다는 것은 우리 민족이 고대부터 하늘의 자손이라는 천손(天孫), 천민(天民), 천자(天子)라는 의식이다. 거발환의 거(居)는 크다, 높다는 뜻이고, 발(發)은 밝음, 광명, 태양 혹은 동방의 뜻이며, 환(桓)은 하늘을 의미하는 것으로 온 누리에 크고 밝은 천제, 환인이라는 뜻이다. 따라서 우리나라 태극기를 살펴보면 지금은 가운데 문형이 양극이나 원래는 그림처럼 삼태극이다.

이는 천지인 일체 사상을 표현하고 있을 뿐 아니라 삼위일체 하느님의 사상과도 일치하고 있다. 이와 같이 한국인은 옛날부터 삼위일체 하느님을 알았고, 그 삼일신(三一神)이신 성부. 성자. 성령 하느님을 섬겼다는 사실 앞에서 하느님의 궁극적인 계획을 느낄 수 있다,

문양의 빨강색은 양(陽)으로 천(天; 성부하느님)을 뜻하고, 파랑색은 음(陰)으로 지(地; 성령하느님)을 뜻하고, 노란색은 중(中)으로 인(人; 성자하느님)을 뜻한다. 따라서 태극기의 삼태극 사상은 만물의 근원이신 삼일신 사상임을 알 수 있다. 2000년전 메시야가 이 땅에 오셨을 때, 천군 천사들이 삼음절로 찬양을 하였듯이 하늘에는 영광, 땅에는 기쁨, 사람들 가운데는 평화라고 노래했다.

한국인은 아득한 옛날부터 이러한 천지인 일체의 아름답고 평화로운 세계가 회복되기를 희구하며 살아왔다. 천지인 사상은 사실상 하느님 나라의 핵심 주체이자 성경의 결론이라 할 수 있다,

아직까지 과학이 명확히 밝혀내지 못한 우주의 비밀을 태극기는 태극문양과 건곤감리 4괘로 압축하여 하늘의 비밀을 함축하고 있다. 이를 간단히 설명하면 우주가 형성되어 돌아가는 이치를 주역에서 건태리진손감간곤(乾兌離震巽坎艮坤)이라는 8괘(八卦)를 통해 형성화 한 것이다.

주역은 동양사상의 원천이며 전 세계에서 연구하는 고전 중의 고전이다. 주역은 모든 도(道)와 교(敎)를 초월한 태극사상으로

귀일하는 이치다. 천지인(天地人) 삼합(三合)이 일체이고 유불선(儒彿仙) 삼도(三道)가 일체로서 주역에 귀일한다.

선도(天)는 혼(魂)이요, 불도(地)는 육(肉)이요, 유도(人)는 성(性)이다. 태어나 살다가 죽으면 혼은 하늘로 올라가 승천선(昇天仙)이 되므로 신선 선(仙)이라 하고, 육체는 땅으로 들어가 부지불(附地佛)이 되므로 부처 '불(佛)'이라고 하며, 하늘의 혼과 땅의 육을 받아 태어난 사람은 바로 천지에 인을 합쳐서 천지인이 됨과 같이 선불의 유(儒)가 붙어 선불유(仙佛儒), 즉 선비 유(儒)라 한다.

태극에 음양이 있어 三을 이루고 천지에 인이 있어 三을 이루고 부모에 자가 있어 三을 이루고 선불에 유가 있어 三을 이룬다. 이것이 주역의 삼재(三才)로 삼획팔괘(三劃八卦)를 이루는 바탕이다.

따라서 동서남북 4정위에 배치되어있는 건곤감리(乾坤坎離)가 바로 태극기의 4괘로 하늘의 이치를 대변하고 있다. 우주가 올바로 순환운동을 하고 질서의 틀을 유지하려면 먼저 우주의 팽창과 수축을 조절하는 기운이 필요하다. 즉 천지자연의 부모인 건(乾;天)과 곤(坤;地), 그리고 그 부모를 대행하여 현실적으로 우주의 팽창, 수축의 질서를 잡아 운행하는 감(坎;水)과 리(離;火)괘가 천지일월을 관장하게 된다. 이게 바로 우주가 존재하게 되는 중추 축(築)의 원리다.

따라서 건(乾)괘는 우주의 순수 양의 기운 자체로 하늘을 의미하는 것이고, 곤(坤)괘는 순수 음 기운으로 땅을 의미한다. 건곤(乾坤)은 천지만물이 생장할 수 있는 우주의 근원이 되고, 천지자연이 운행하는데 필요한 실제의 기운은 물(坎;水)과 불(離;火)이다. 만물이 탄생하고 자라고 열매 맺고 죽는 과정을 주관하는 주체는 감(水;말씀)과 리(火;성령)로서 해와 달이 된다. 낮에는 양

기운에 의해 생명력과 활동성이 부여되고 밤에는 달의 음 기운에 의해 쉼을 얻을 수 있어 해달별이 된다. 아울러 우주와 인간의 질서를 바로 잡아 주는 해달별은 이스라엘의 상징이다. 바로 영적 이스라엘을 상징하는 해달별이 우리나라 태극의 근본 원리와 일치하고 있다는 사실이다. 이와 같이 태극기에는 우리 민족의 역사와 문화와 민족혼이 담겨있을 뿐 아니라 유일신인 하나님만을 섬겨왔던 일신신앙의 종주국이라는 것을 태극기를 통해 충분히 엿볼 수 있다.

한국이야말로 대륙의 동쪽 모서리 가장 구석진 변방 한쪽에 자리하고 있기 때문에 불과 50년 전만 해도 코리아가 어느 나라인지 세계인들이 알지 못했었다. 그러나 지금은 어떠한가?

태극기의 4괘(四卦)인 건곤감리(乾坤坎離)의 부호(−)를 살펴보면 상6, 중6, 하6 이다. 정확하게 사단의 666을 나타내고 있다. 그렇다면 이게 무엇을 뜻하고 있는가?

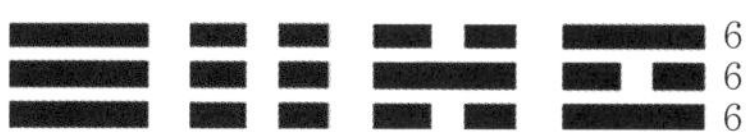

이에 대한 설명은 계시록 강해인 '신천지의 정체가 계시록에 예고되다!' 3권에서 자세히 밝혀 놓았다. 따라서 이단(신천지)들의 활약상만 보더라도 지금이 바로 계시록을 열(閱) 때임을 감지하게 된다.

†

계시록의 이해를 돕기 위해

기독교는 계시의 종교다. 다른 종교는 인간이 자신들의 필요에 의해서 신을 찾아가는 것이라면 기독교는 하나님께서 어떤 한 무리의 하나님의 백성들을 찾아오시므로 구속사적 언약이 시작된다.

> 내가 그들의 형제 중에 너와 같은 선지자 하나를 그들을 위하여 일으키고 내 말을 그 입에 두리니 내가 그에게 명한 것을 그가 무리에게 다 고하리라.(신18;18)

이와 같이 구약 때는 선지자를 통해 하나님께서 직접 말씀을 전하셨고, 초림 때는 예수님이 이 땅에 선지자로 오셨다. 그러나 계시록 때는 계시의 영으로 오셨다. 따라서 예수님의 말을 듣지 않으면 구원과 심판으로 갈린다. 그러므로 계시록을 전할 때 그 명령대로 하지 않고 육신의 생각이나 다른 말로 첨가하여 전하면 진리의 말씀이 변질된다.

그러므로 성경을 대할 때, 먼저 알아야 할 것은 경의 모든 예언을 사사로이 풀면 안된다는 사실이다. 이는 말씀 자체가 영이기 때문에 성경을 대할 때, 말씀이 곧 성령임을 깨달아야 하나님의 구속사적 언약과 딱 맞아떨어지게 된다. 그러므로 목사는 이러한 성경의 말씀에 대언만 해야지 성경에 없는 말을 마치 하나님의 계시인양 그렇게 말하면 그게 곧 심판이다.

성경을 억지로 풀면, 멸망에 이르게 되기에 베드로도 '그 모든 편지에는 이런 일에 관하여 말하였으되 그 중에 알기 어려운 것이 더러 있으니 무식한 자들과 굳세지 못한 자들이 다른 성경과 같이 그것도 억지로 풀다가 스스로 멸망에 이른다'고 분명하게 밝혔다.

따라서 억지로 풀다가 스스로 멸망에 이르게 되면, 그때부터 그런 자들이, 그들을 추종하는 또 다른 무리들을 만들어 자기들의 악한 소속의 집단체제를 형성해 버린다. 그들이 일곱 머리 짐승과 열 뿔들의 사단이고 오늘날 이단들의 조직체다.

무엇보다 초월적인 하나님께서 우리 인간들에게 자신을 계시하지 않으면 우리는 하나님을 절대 알 수가 없다. 그래서 하나님은 인간들에게 자신을 계시하시는데 일반계시(롬1;20)와 특별계시인 두 가지 방법으로 나타내셨다.

> 창세로부터 그의 보이지 아니하는 것들 곧 그의 영원하신 능력과 신성이 그 만드신 만물에 분명히 보여 알게 되나니 그러므로 저희가 핑계치 못할찌니라(롬1;20)

특별계시는 성경이다. 성경은 모세에서부터 시작하여 예수 그리스도의 사도들에 이르기까지 방대한 분량으로 기록된 1500년 동안 쓰여진 책이다.

성경은 성령의 감동에 의해 쓰인 책이며 절대 무오하다는 것을 믿는다. 즉 축자영감설이다. 한자 한자가 모두 하나님의 의도와 계획 속에 기록되어졌다는 점이다. 이것을 믿어야 말씀이 내 안에서 온전히 살아서 움직인다. 즉 성경의 용어 하나하나(언어, 문체, 표현) 모두가 영감되었다는 이론. 즉, 하나님께서 인간 저자에게 성경의 말씀을 기계적으로 받아쓰도록 하셨다는 뜻이 아니라 하나님께서 성경의 저자로 하여금 그들의 용어와 표현을 선택함에 있어서 오류에 빠지지 않도록 보호하시고, 그들의 단어를 무시하거나 혹은 문체와 표현의 개성을 억제하지 않으시고 보호하셨다는 것을 전제한다.

> 우리가 이것을 말하거니와 사람의 지혜의 가르친 말로 아니하고 오직 성령의 가르치신 것으로 하니 신령한 일은 신령한 것으로 분별하느니라(고전2;13)

> 모든 성경은 하나님의 감동으로 된 것으로 교훈과 책망과 바르게 함과 의로 교육하기에 유익하니(딤후3;16)

성경전체는 단 한 가지 주제 곧 예수 그리스도와 그 분이 지신 십자가의 길(道)이다. 그러기 때문에 성경은 '하나님 나라'를 그 주제로 유기적이며 점진적으로 성령의 감동으로 쓰여 있는 딱 한 권의 유일한 책이다.

성경만이 직선적인 역사관을 갖고 있다. 즉 시작이 있으면 끝이 있는 역사관이다. 반면에 동양사상이나 불교는 순환적 역사관이다. 시작과 끝이 있는 것이 아니라 스스로 그렇게 존재했으며 끊임없이 순환되고 있다는 변화의 역사관이다. 그래서 그들은 피조물을 가리켜 자연(自然)이라 명명했다. 그러나 자연은 하나님의 이름을 한자로 표기한 것이다. 스스로 자(自), 그럴 연(然). '스스로 있는 것'이라는 뜻이다. 이 이름은 출애굽기에서 하나님께서 당신의 이름을 모세에게 가르쳐 주실 때 직접 말씀하신 내용이다.

> 하나님이 모세에게 이르시되 나는 스스로 있는 자니라 또 이르시되 너는 이스라엘 자손에게 이같이 이르기를 스스로 있는 자가 나를 너희에게 보내졌다 하라(출3;14)

그런데 하나님을 알지 못하는 자들은 자연을 거대한 신(神)으로 본다. 그래서 모든 피조물들은 신이며 그것을 깨닫는 자들이 신의 경지까지 오를 수 있다고 주장한다. 그것이 동양사상이며 불교이고 힌두교며 뉴에이지다.

그러나 사람들이 '자연'이라 부르는 것은 신(神)이 아니라 피조물이며, 그 피조물을 창조하신 분만이 '스스로 계신 자'라는 사실이다. 무엇보다 하나님에 의해 시간과 물질과 공간이 창조되었고 이 역사는 끝없이 순환하는 것이 아니라 반드시 끝이 있다. 그러므로 성경은 역사의 종말이 있음을 인지하고 종말론적 신앙생활을 해야 한다. 인간은 순환의 논리에 의해 또 다시 윤회를 할 수 있는 것이 아니라 반드시 죽음이라는 종말과 심판이라는 문을 통과해야 한다. 그러므로 하나님 나라 백성으로의 거듭남을 추구하게 되는 것이다. 따라서 성도는 진리의 성령이 오셔야 하나님의 비밀인 그리스도를 깨달아 알게 되므로 천국백성으로 살아갈 수 있다.

그러므로 진리의 사랑을 받은 사람의 입에서만 진리의 소리가 나오게 된다. 따라서 성경을 전하는 자나 듣는 자 모두가, 진자가 이긴 자의 종이 된다는 사실을 명심하고 성경의 핵심을 파악해야 한다. 즉 믿음이 없는 자가 진 자가 되는데 믿음의 주가 바로 예수 그리스도시다. 그러므로 믿음의 주를 따라 올라간 자들 안에는 반드시 그 심령 안에 그리스도가 계신다.

> 악한 자의 임함은 사단의 역사를 따라 모든 능력과 표적과 거짓 기적과. 불의의 모든 속임으로 멸망하는 자들에게 임하리니 이는 저희가 진리의 사랑을 받지 아니하여 구원함을 얻지 못함이니라 (살후2;9–10)

아울러 그리스도가 자기 안에 거하면 그리스도의 말씀이 이들을 인도한다. 그러나 믿지 아니하면 사단의 역사를 따라 표적과 거짓 기적과 불의의 모든 속임으로 따라간다. 그래서 성경의 말씀을 대할 때 특히 계시록을 풀 때는 조금이라도 더하거나 빼면 안된다.

> 내가 너희에게 명하는 말을 너희는 가감하지 말고 내가 너희에게 명하는 너희 하나님 여호와의 명령을 지키라(신4;2)

> 이제 일이 이루기 전에 너희에게 말한 것은 일이 이룰 때에 너희로 믿게 하려 함이라(요14;29)

이와 같이 말씀에 자기 생각을 보태면 거짓말 하는 자가 된다. 그러므로 그리스도의 영이 심비에 새긴 사람들은 그 말씀에 더하거나 뺄 수가 없다.

> 내가 이 책의 예언의 말씀을 듣는 각인에게 증거하노니 만일 누구든지 이것들 외에 더하면 하나님이 이 책에 기록된 재앙들을 그

에게 더하실 터이요. 만일 누구든지 이 책의 예언의 말씀을 제하여 버리면 하나님이 이 책에 기록된 생명나무와 및 거룩한 성에 참예함을 제하여 버리시리라(계22;18-19)

이와 같기 때문에 누구든지 계시록을 대할 때 먼저 이러한 말씀을 심비에 새겨야 한다. 그러므로 조금도 가감하지 않아야 예수님이 말씀이 들려진다. 말씀에 자기 생각을 보태면 거짓말 하는 자가 된다. 무엇보다 깨달은 사람만이 계시록의 말씀을 받을 수 있다. 성경에는 칠복(七福)이 있는가 하면 칠화(七禍)가 있기에 말씀에 더하면 재앙을 받고 하나라도 빼면 거룩한 성에 들어가지 못한다. 거룩한 성에 들어가려면 성경 자체가 별들의 전쟁이므로 더하거나 빼면 단 한 사람도 들어갈 수 없다는 점을 인지하고 계시록에서 밝히는 그리스도의 계시를 온전히 지켜야 한다.

누구든 하나님의 비밀인 그리스도를 깨달아 알아야 계시록을 열수 있다. 성경의 비밀은 깨닫게 하는데 그 목적이 있다. 그러므로 성경 전체가 '하나님 나라'라는 하나의 주제로 일관성 있게 성도들에게 하늘의 비밀을 계시하고 있다. 우리 구원에 유일한 길은 예수 그리스도시며, 하나님 나라의 왕으로 등극하신 그리스도에 관해 기록된 것일 뿐 아니라, 그 구원을 이루어 가시는 하나님의 손길인 구속사가 훤히 밝혀져 있는 책이다.

따라서 성경을 온전히 깨닫기 위해서는 성경 안에서 그 답을 찾아야 한다. 하나님께서는 선지자들을 통해 먼저 성경에 밝혀 놓으시고, 그 밝혀 놓으신 그 뜻을 반드시 행하시므로 은혜의 하나님이심을 우리에게 나타내고 계셨다.

하나님의 뜻을 좀 더 깊이 깨닫기 위해서는 천부경에서 밝히는 그 내용의 진위부터 성경적으로 해석해 볼 줄 알아야 한다.

한국의 교회(목사)들이 하늘의 뜻을 제대로 파악하지 못하다보니 하나님의 말씀을 타 종교에 빼앗겨 오늘날 교회가 극도로 타락한 것이다. 하나님의 종주국인 한국교회에서 '종교는 통일 되어야 한다'는 괴변을 늘어놓고 있으니 참으로 한심스런 일이다. 기독교는 종교가 아니고 유일신인 성부, 성자, 성령의 하나님 한 분 뿐이시다. 그러기 때문에 예수 그리스도의 십자가의 도(道)를 통과하지 않고는 영생에 이룰 수 없음이 천부경에도 명확히 밝히고 있다.

대종교의 기본 성전으로 '천신(天神)인 환인(桓因)의 뜻에 따라 환웅(桓雄)의 천부인(天符印)을 가지고 백두산 신단수(神檀樹) 아래 강림하여 홍익인간(弘益人間) · 이화세계(理化世界)의 대업(大業)을 시작한 고사(古事)에서 연유하는 지고(至高)의 천서(天書)로 평가된다'고 한국민족문화대백과, 한국학중앙연구원에서도 밝히고 있다.

원래 대종교가 1909년초 중광(重光)될 당시는 밝혀지지 않았던 경전이나 그 시절 묘향산에서 수도하던 계연수(桂延壽)가 10여년 동안 정성을 들인 끝에 암벽에 새겨진 『천부경』을 찾아내어 1916년 9월 9일 이를 탁본(拓本)하여, 뜻을 살펴보려 해도 헤아릴 도리가 없어, 고심하던 끝에 서울에 한배검[檀君]을 신봉하는 단군교가 있다는 소문을 듣고 1917년 초 대종교로 전하여옴으로써 밝혀진 것이 바로 천부경이다.

천부경에서 나타내는 '일종무종일(一終無終一)'은 맨 처음의 '일시무시일(一始無始一)'과 대조적으로, 一이 체로서의 근본으로 우주만물을 '비롯됨'이 있게 하였다면, 또한 '되돌아옴'의 회복 또한 있어야 할 것이다. 라는 영원한 생명의 절대성을 표현한 내용이다.

†

계시록과 천부경(天符經)

일시무시일(一始無始一)이니, 석삼극무진본(析三極無盡本)이고, 천일일지일이인일삼(天一一地一二人一三)이라. 일적십거무궤화삼(一積十鉅無櫃化三)이니라.

천이삼지이삼인이삼(天二三地二三人二三)이니, 대삼합육생칠팔구(大三合六生七八九)하고, 운삼사성환오칠(運三四成環五七)하니, 일묘행만왕만래(一妙衍萬往萬來)라, 용변부동본(用變不動本)이요, 본심본태양(本心本太陽)이니, 앙명인중천지일(昂明人中天地一)할지니, 일종무종일(一終無終一)이니라

♦ 一始無始一(일시무시일)

"일은 시작되지 않고 시작된 일이며"라는 뜻이다. 그렇다면 이 일(一)이 무엇인가?

옛날 사람들이 첫 번째로 궁금하고 두려운 존재는 하늘이고, 그곳은 무한히 높고 천체가 떠 있으며, 천둥과 벼락이 치고, 비가 오며, 해가 지고 뜨고, 돌고 돌아서 신비, 경이의 대상이었

다. 그래서 一은 태양 같은 모양(ㅇ 圓)이고 하늘의 수다. 태양열을 받으니 물이 수증기가 되어 위로 오르고 뜨거워진 것은 부풀고 커지기 때문에 볼록(凸)하게 표시했고, 그것은 마치 남자의 성기와 닮았으며 태양(日)이 있는 글자는 陽(一)이고 一은 인체에서 밝게 빛나는 눈을 뜻한다.

♦ 一始無始一(일시무시일) 一終無終一(일종무종일)

하늘 즉, '우주는 시작됨이 없이 시작되고 끝남이 없이 끝나니라' 하고 이 우주의 생성원리를 한마디로 요약해 말하고 있다. 따라서 천부경의 첫 문장은 우주란 무엇인가에 대한 답이요, 결론이요, 정의이다. 시작이 없는 우주, 끝이 없는 우주. 이것이 고대의 우리 선인들이 이미 밝혀 놓은 우주의 실체이다. 그러므로 천부경의 첫 문장과 마지막 문장을 붙여서 읽어야 이해가 쉽다.

♦ 析三極無盡本(석삼극 무진본)

여기서 쓰인 삼(三)은 사람(人)의 상징이 아닌 석삼(三)의 뜻이다. 이 문장은 여기에서 말하는 세 가지의 극(極)이 무엇인지를 알아야 한다.

다음 문장에서 '하늘(天)의 수는 일일(一一)이요, 땅(地)의 수는 일이(一二)요, 사람(人)의 수는 일삼(一三)이다.' 라고 명확하게 말하고 있다. 천부경에서 사용된 모든 일(一)이란 수는 하늘이고, 이(二)란 수는 땅이며, 삼(三)이란 수는 인간을 지칭하는 대명사이다.

석삼극무진본(析三極無盡本)은 '세극을 나누어도 그 본은 다하지 않는다.'라는 뜻이다. 여기서의 삼극은 천지인(天地人)의 삼신(三神)을 뜻한다. 이 천부경에서 나온 한 단어 '삼극'에서 한사상의 삼신사상이 나왔고, 하늘을 양, 땅을 음, 사람을 중으로 보는 음양사상이 나왔다. 무진본은 무진장과 같은 뜻의 단어이다. 엄청나게 많아서 결코 마르지 않는, 다하지 않는, 다함이 없는 그런 뜻이다. 하늘과 땅과 사람으로 나뉘어도 궁극적인 근본은 다함이 없다. (변함이 없다)의 뜻이다. 천지인과 음양중의 삼극이 비롯되는 이 다하지 않는 본(本)을 우리는 태극(太極)이라 부른다. 불가의 진아일여(眞我一如). 우리 한사상이 지향하는 삼신합일(三神合一)의 상태가 우주본래의 자리, 그대로의 본모습인 태극 이다. 곧 무진본(無盡本)인 것이다.

아주 먼 옛날, 인체의 구조가 천지, 자연, 우주의 모든 질서 법칙과 일치한다는 사실을 발견하고 신인합일(神人合一)로 생각하고 우리 민족은 고대사회의 정신과 문화, 종교의 스승으로 천부경을 우선으로 삼았다. 주역(周易)은 물론이고, 이 세상의 어떤 종교나 사상학설도 천부경의 석삼극(析三極)이며 무궤화삼(无匱化三)으로 표현되지 않은 것이 없다.

♦ 天一一地一二人一三(천일일 지일이 인일삼)

하늘을 일(一)이라는 수로, 땅을 이(二)라는 수로, 사람을 삼(三)이라는 수로 대치한 말이다. 그런데 왜 천지인에 각각 일이라는 수가 하나씩 더 들어갔느냐? 여기에 천부경의 기막힌 압축법(즉 여든한 글자를 가지고 우주를 설명하는 놀라운 비결)의 요체가 담겨있다.

천부경은 댓귀법을 쓰고 있으므로 같은 형태의 두 문장을 찾아 한꺼번에 보지 않으면 숨은 뜻을 찾을 수가 없다. 이 문장과 같은 형태의 문장이 천이삼지이삼인이삼(天二三地二三人二三) 이것이다. 일시무시일과 일종무종일을 붙여서 읽고 해석하듯이 이 두 문장도 붙여서 해석해야 한다.

天一一地一二人一三, 天二三地二三人二三. 두 문장을 나란히

붙여 놓으면 천지인에 각각 네 개씩의 숫자가 있다. 그것을 모아 보면 다음과 같다.

천(天)에 사용된 수 : 일일이삼
땅(地)에 사용된 수 : 일이이삼
인(人)에 사용된 수 : 일이삼삼

천지인은 각각 자기 고유의 수를 두개씩 가지고 있다. 천은 일을 두개 가지고 있고, 지는 이를 두개 가지고 있고, 인은 삼을 두개 가지고 있다. 그러면서 천지인은 자신의 고유수 외에 나머지 둘의 고유수를 하나씩 가지고 있다. 즉 하늘은 땅의 수, 이(二)와 인의 수, 삼(三)을 하나씩 가지고 있고, 땅은 하늘의 수, 일(一)과 사람의 수, 삼(三)을, 사람은 하늘의 수, 일(一)과 땅의 수, 이(二)를 가지고 있다. 즉 하늘과 땅과 사람은 각각 자신의 고유한 성질을 나타내고 있지만 각각은 나머지의 성질을 부분적으로 다 가지고 있다는 뜻이다. 즉 하늘은 하늘이면서 땅이고 사람이요. 땅은 땅이면서 하늘이고 사람이며, 사람은 사람이면서 하늘이요 땅이라는 말이다.

이 천지인의 삼극(三極)에 음(陰)과 양(陽)과 중(中)을 대입시켜도 그대로 들어맞는다. 이것이 음양학의 기본 원리이고 기본 법칙이다.

천부경에 숫자가 사용된 이유는 수백 수천의 단어로 설명해야 할 것을 극도로 압축하기 위한 방법에서다. 하늘과 땅과 사람이 각각 모습이 다르게 보여도 천지인은 동일한 본성을 가지고 있다는 것을 설명하자면 아마 수십 페이지는 족히 필요할 것을 단 두 문장으로 표현한 것이다.

♦ 一積十鉅無櫃化三(일적십거 무궤화삼)

그대로 풀이하면 "일이 쌓여서 십이 되는데 상자가 없어서 삼(三)으로 변한다" 이다. 일(一)이란 하늘이다. 삼(三)은 사람이다. 그렇다면 해석된 뜻은? 하늘의 정기가 쌓이고 충만해지는데 그것을 담을 상자(櫃)가 없으므로 사람으로 변한다는 것이다. 인간은 하늘이 모습을 바꾼 것이다. 동학에서 주장한 인내천이 바로 천부경의 가르침에서 나온 말이다. 사람을 섬기기를 하늘과 같이 하라 했던 유교의 인본주의 사상이 여기서 발원되었음이다.

하늘이 있고, 사람이 따로 있는 것이 아니라, 즉 창조주와 피조물이 나뉘는 것이 아니라 하늘이 변한 것이 사람이니 사람이 곧 하늘이라는 궁극의 가르침이다. 이것이 일만 년 전 고대인의 종교관이었다고 누가 믿을 것인가? 우리민족의 종교적 차원은 태양신을 섬기거나 창조주를 찾던 타민족들의 그것과는 하늘과 땅만큼의 격차가 있었다.

유불선을 포함한 동양사상을 단 하나로 압축하면 바로 '인간'이란 두 글자가 된다. 하늘의 기가 쌓이고 충만한 과정을 거쳐 인간(혹은 생명이란 말로 대치)으로 화한다는 이 말은 이 우주에서 생명이 모습을 드러내는 원리를 극명하게 표현한 것이다. 현대과학이 생명의 탄생을 밝히게 되는 날, 과학자들은 이 이상의 말로 표현할 수 없을 것이다. '인간이란 하늘을 담아 놓은 그릇(상자)이다.' 그 그릇을 함부로 하고 가벼이 대해서야 되겠는가? 모든 사람이 다 하늘인 것이다. 서양이 인본주의라면 동양은 신본주의이다. 서양의 신과 인간은 대립관계요 종속관계라면 동양은 일체관계요 수평관계이다. 사람이 곧 하늘인데 어찌 사람 밖에서 신을 찾을 것인가? 마음 밖에 하나님(성령)이 있겠는가? 천부경의 전체 문장은 그 뜻이 애매하거나 모호한 것이 한귀절도 없다. 모든 것을 가장 명료하게 분명한 문장으로 밝히고 있는 경전이다.

♦ 大三合六生七八九(대삼합육 생칠팔구)

대삼합육은 글자 그대로 큰 삼(三)을 더하면 육(六)이 된다. 여기서 큰 삼(三)이란 바로 천지인(天地人)의 삼극(三極)이다. 즉 천(天)의 수, 일(一)과, 지(地)의 수, 이(二)와, 인(人)의 수, 삼(三)을 합하면 육(六)이 된다는 말이다.

이 당연한 덧셈을 왜 하고 있을까? 앞에서 하늘의 수가 네 가지였다. 천(天)의 수는 일일이삼, 땅(地)의 수는 일이이삼, 사람(人)의 수는 일이삼삼 여기에서 천지인이 가지고 있는 고유수 하나씩을 빼면 1+2+3은 모두 6으로 같다는 말이다. 즉, 천지인은 동본이상(同本異象)이다. 그 모양은 다르나 그 뿌리는 같다는 말이다.

생칠팔구(生七八九), 칠팔구가 생긴다고 했는데, 이 칠팔구를 더하면 천하의 절기가 스물네 개이다. 일 년의 운행이 24로 나누어지는 것이다. 또한 하루의 시간 역시 24로 나눠어진다. 이와 같이 삼극이 존재하면서 우주의 운행이 시작됨을 말하고, 음양이 조화를 이루면서 천지가 돌기 시작한다.

♦ 運三四成環五七(운삼사성 환오칠)

삼(三)이 움직여 사(四)를 이루고, 오(五)와 칠(七)을 덮는다는 뜻이다. 삼(三)이 움직인다는 것은 석삼극(析三極), 즉 천지인 또는 음양중의 3극으로 나누어진 태극은 고정되어 제자리에 있는 것이 아니고 서로 상생상극하며 돌게 되는데 이것은 천지의 운행이고 음양의 회전이다. 삼극은 움직인다(運). 이 삼극의 움직임이 만들어내는(成) 것이 사(四)다. 이 사(四)가 바로 기(氣)이다. 기(氣)의 부실함은 바로 삼극의 움직임이 바르지 못하기 때문이다. 이 기가 오(五)와 칠(七)을 둘러싼다(環). 오(五)는 오행(五行) 즉 모든 물질과 제반 현상이고, 칠(七)은 칠기(七氣) 즉, 칠정(七

情)인 마음이다. 태극이 나뉘어 삼극(三神)이 되고 이 삼극이 조화로 운행하면 기가 생기며 이(二)가 몸(물질)과 마음(정신)을 같이 둘러싼다고 하는 음양오행의 이론적 시원이 여기서 나왔다.

◆ 一妙衍萬往萬來(일묘행 만왕만래)

하늘의 움직임은 묘하고도 묘하여라. 삼라만상이 가고 오는 도다.

◆ 用變不動本(용변 부동본)

세상만물이 그 쓰임(형태, 모습)이 변해도 근본자리는 바뀌지 않음이니.

◆ 本心本太陽(본심 본태양)

근본마음이 본래 밝은 빛이다.

◆ 昻明人 中天地一(앙명인 중천지일)

사람을 우러러 비추어라. 천지 중에 으뜸이니라. 이 지구상에 이보다 더 인간을 존중하는 종교나 사상은 찾아볼 수 없음이다.

해서 석가는 "천상천하에 유아독존"이라 표효했다. 한 생명이 우주만큼 소중한 것이었다.

◆ 일종무종일(一終無終一)

"우주는 끝남이 없이 끝나니라."

천부경은 그 내용이 길지 않으면서도 우주와 신과 인간에 대한 모든 것을 담고 있다. 불교의 8만대장경을 200여 글자로 압축한 것이 〈반야심경〉이다. 이 〈반야심경〉의 내용을 여든한 글자로 압축하면 천부경의 내용과 크게 다르지 않다. 반야심경을 한 글자로 줄이면 마음(心)이다. 천부경을 한글자로 줄이면 인간(人)인데 이를 올 래(來)자로 함축하면 이해가 더욱 쉽다. 십자가(十) 즉 삼신(三神)인 성부, 성자, 성령님이 인간(人)의 심령 안에 거할 때 거기가 바로 십승지(십자가)요, 성경 전체의 이야기를 81자로 천부경이 전부 표현해 놓은 것이다.

하나는 우주에 대해 말하고 있다. 시작도 끝도 없는 우주. 현재 우주물리학은 시작이 있는 세계, 즉 '빅뱅'이라 말하는 대폭발이론으로부터 그게 전부가 아니다하는 쪽으로 가고 있다. 즉 '빅뱅'이 우주의 시작이 될 수 없다는 것을 알게 된 것이다. 대폭발설 이후에 거품우주, 다원우주이론 등이 폭 넓은 지지를 얻어가고 있는 중이다. 현대우주물리학은 결론의 가닥을 "시종이 없는 우주" 쪽으로 잡아가고 있다.

천부경을 대개 종교적인 경전으로 생각하는데, 이 천부경에 신에 대한 말은 한마디도 없다. 불교의 가르침도 신은 종속적인 개념에 지나지 않는다. 내세에 대한 이야기도 없다. 구원의 희망도 말하지 않는다. 그저 인간은 하늘, 즉 우주 그 자체이다. 라고 말하고 있고, 우주는 시작도 끝도 없다고 말한다. 인간은? 태어남과 죽음이 없이 영원한 우주이다. 세계의 모든 민족들이 태양과, 달과, 염소와, 독수리와, 뱀을 신으로 받들고, 신들의 기쁨을 위해서 인간의 심장을 바쳤던 때에 우리민족은 우상을 세우지 않았던 민족이다. 그러나 불교가 들어온 이후에 불상이 세워지기 시작했다. 하늘에 제사지내는 신성한 장소인 소도는 그저 평평한 마당에 작대기 하나(솟대) 세워 놓은 것이 전부였다. 그 제사의 성격은 신에게 봉행하는 자리가 아니라 하늘(하나님)님을 모시고 산사람들이 먹고 마시는 잔치였다. 인간을 벌하는 신이란 생각할 수도 없는 일이었다. 세계의 모든 민족은 신 앞에 죄의식에 사로잡힌 채 두려운 심정으로 나아간다. 그러나 한민족은 원래 신 앞에서 더욱 명랑한 민족이었다. 신을 공경했지(敬天), 두려워하지 않았다. 신에 대한 공경은 인간에 대한 사랑(愛人)의 다른 방법이었다. 경천애인(敬天愛人)의 밝은 마음이 우리민족의 종교관을 형성한 것은 환인천제시절부터 이어져 내려온 것으로 천부경에 그 뿌리를 두고 있다. 무엇인가를 만드는 신(그것이 우주건 사람이던 간에), 질투하는 신, 시험(test)하는 신, 분노하는 신, 복수하는 신, 편드는 신, 파괴하는 신, 벌주는 신이란 개념은 우리 민족에게는 황당하고 우스운 것이었다. 우리 민족이 알고 있는 신은 그렇게 경망스런 신이 아닌 것이다. 우주의 본질 다음으로 천부경이 가르치는 것이 바로 인간의 본질이다. 하늘의 기가 형상으로 나타난 것, 이것이 인간이다. 우주에서 가장 소중한 것이 하늘의 백성으로 영원의 생명을 말하고 있다.

이러한 천부경의 깊은 배경을 모르다보니 이 하늘 경전을 타종교에 빼앗기게 되므로 그로인해 신흥종교들이 우리나라에 우후죽순으로 생겨났다. 그러니까 오늘날 교회들조차도 뉴에이지 운동이니 뭐니 하면서, 기독교도 이제는 시대에 맞게 개혁을 해야 한다고 부르짖고 있다. 교회(목사)들이 불교와 유교와 기독교가 하나로 통일되어야 한다고 주장하고 있으나, 기독교는 종교가 아니라 하나님 나라의 통치 원리인 십자가의 원리이다.

그리스도인은 창세전에 택함 받은 하나님의 백성들이다. 이 우주가 창조됨과 동시에 이미 택함 받은 자들의 이름이 하나님의 생명책에 기록되어 있었다. 아니 좀 더 정확하게 말하면 하나님은 그 생명책을 근거로 우주와 역사를 창조하셨고 지금도 여전히 창조하고 계시다는 사실이다.

우리나라만 유독 이단들이 판치는 이유도 알고 보면 하늘의 경전인 천부경을 사단들의 손에 넘겨주었기 때문이다. 그로인해 신흥종교들이 난무하게 된 현실자체가 바로 마지막 때에 심판과 구원을 이루기 위한 하나님의 계획이었음을 계시록을 통해 깨달아야 한다.

†

신흥종교가 왜 생겼는가?

신흥종교는 기성종교보다 역사가 짧기 때문에 교리의 정교화, 종교의례의 제도화, 교단조직의 체계화 측면에서 초보적인 수준으로 '결핍된 종교'로 비춰지기 쉽다. 또한 기존의 종교와 다른 측면을 내세우거나 강조되기 때문에 제도종교로부터 이단 · 유사종교 · 사이비종교 · 사교(邪敎) 등으로 배척받았다.

신흥종교의 발생원인은 사회구조적 결함과 기존종교의 결함의 관점에서 설명하는 것이 일반적이다. 기존종교의 문제점을 보면 물질주의 성장 위주의 정책, 중산층 중심 경향, 권위주의적, 경쟁주의적 성향을 지적하면서 바로 소외된 하층민들을 겨냥하게 된 것이 신흥종교의 원인이다.

한국의 신흥종교는 19세기말에서 20세기 초반에 걸친 시기와 1950~70년대에 걸친 시기에 초점을 맞추는 경우가 일반적이다. 처음에는 동학 · 증산교 · 대종교 · 원불교 등이었으나 현재에는 통일교 · 대순진리회 · 전도관, 천부교 · 영생교 등이 주류를 이루고 지금은 새로운 집단 체제로 구성된 신천지가 이단종교로 주목받고 있다.

동학은 서학, 즉 서양종교 및 서구적 세계관에 대해 대응하기 위해 성립된 종교운동으로 반외세의 민족운동과 반봉건의 민중운동을 결합시켰다는 관점에서 높이 평가되고 있다. 최제우가 죽은 뒤 최시형이 탁월한 지도력으로 교단조직과 교리체계를 정비했으나 갑오농민전쟁의 패배 후 체포되었다. 그후 손병희에 의해 천도교로 개명되어 지금에 이르고 있다. 동학계 신흥종교로는 시천교(侍天敎) · 수운교(水雲敎) · 진동학제화교(眞東學濟和敎) · 동학본부(東學本部) 등이 있다.

증산교는 증산(甑山) 강일순에 의해 창시된 종교로 갑오농민전쟁 패배 후의 사회적 상황을 배경으로 하고 있다. '후천개벽'(後天開闢) '해원상생'(解冤相生)이 주요사상이며 주술적 측면이 부각되어 있다. 강일순이 죽은 뒤 후처인 고씨부인(본명은 高判禮福)이 1941년에 선도교(仙道敎) 또는 태을교(太乙敎)를 창립했으며 그밖에 증산대도교 · 제화교(濟化敎) · 미륵불교 · 보천교(普天敎) 등이 나타났다.

그중에서 보천교가 가장 두드러지게 신장되어 교주인 차경석(車京石)이 차천자(車天子)로 불리면서 황제 즉위식을 갖기도 했다. 신도수가 자칭 600만 명, 간부가 60만 명이라고 주장할 정도로 교세가 강성했으나 일제의 탄압을 받고 위축되었다. 그후 보천교 내에서 계속 분파활동이 일어나 동화교(東華敎), 태을교, 무을교(戊乙敎), 삼성교(三聖敎), 천인교(天人敎), 보화교(普化敎), 인천교(人天敎) 등이 생겨났으며 다른 증산계에서도 증산교본부, 순천교(順天敎), 태극도(太極道), 법문파(法文派), 김사모파(金師母派), 오동정이파 등이 분파되어 일제강점기에는 100여 개에 달하는 신종교군이 형성되었다.

1938년 조선총독부의 '유사종교해산령'으로 교단이 해산되었으나 8 · 15해방 후 재건되어 현재 증산계가 매우 활발한 활동을 벌이고 있다. 대표적인 것으론 조철제의 태극도에서 파생된 대순진리회(大巡眞理會)로 1972년 박한경에 의해 창시되었다. 30만 명이 넘는 신도수를 지니고 있고 1992년 대진대학을 설립했으며 교육사업 및 의연금 기탁 등으로 유명하다. 증산사상연구회의 학술활동을 중심으로 하는 증산진법회(甑山眞法會)는 1973년 배용덕에 의해 창시되었으며, 증산사상에 관한 활발한 관심을 불러일으키는 데 기여했다. 대학생 조직을 중심으로 활동하는 증산도는 경전(耕田) 안중건(安重建)이 1980년 대법사증산교(大法社甑山敎)에서 개명하고 종정(宗正)으로 취임하면서 더욱 활발해졌다. 대학 내의 동아리와 강연회를 통해 포교활동을 벌이고 있다.

대종교는 단군신앙을 조직화한 것으로 1909년 홍암(弘巖) 나철(羅喆)이 창시했다. 민족주의적 성향이 매우 강하여 한일합병 이후 독립운동을 전개했고, 항일무장투쟁 중 유명한 청산리대첩은 바로 대종교신자들이 주축이 되었다. 그러나 일제의 혹독한 탄압으로 교세는 많이 위축되었고 8 · 15해방 후에도 신장세를 보이지 못하고 있다. 1980년대의 새로운 민족주의 분위기가 형성되면서 자체 정비작업이 진행되고 있다. 그밖에도 개천교(開天敎) · 단군영모회(檀君永慕會) · 아아신궁(亞亞神宮) · 광명도(光明道) · 단군성주교(檀君聖主敎) · 한얼교 등 50여 개의 단군신앙계가 있다.

동학계, 증산계, 단군신앙계 이외에도 1915년 이선평에 의해 창시된 각세도(覺世道)와 그로부터 파생된 대각교(大覺敎), 정도교(正道敎), 천인교(天人敎), 귀임교(歸任敎) 등의 신흥종교들이 있다. 또한 김봉남에 의해 창시된 봉남교(奉南敎) 계통의 신종교군도 20여개 존재한다. 찬물을 마시게 하여 질병을 고치게 하므로 찬물교의 물법계[水法界] 또는 봉남교계의 신종교로는 무량교(無量敎), 용화삼덕교(龍華三德敎), 태화교(太和敎), 천지대안교(天地大安敎), 삼법수도원(三法修道院), 대한도교(大韓道敎) 등이 있다.

원불교는 소태산(少太山) 박중빈에 의해 1916년 창시된 종교로 저축운동과 간척사업을 통해 기반을 닦으면서 독자적인 불교계 교단을 형성했다. 8 · 15해방 후 전라북도 이리의 원광대학교를 중심으로 교리체계화작업과 교단정비작업을 펴서 현재 건실한 교단운영을 하고 있다.

1950년대 이후에는 기독교계 신흥종교가 두드러졌는데 이는 사회 전반적으로 기독교가 급성장하기 시작한 시대 분위기와 연관되어 있다. 이중 통일교는 정식명칭이 '세계기독교통일신령협회'로서 1954년 문선명에 의해 창시되었다. 교주의 체험에서 비롯된 반공주의와 성적 타락을 주장하는 성서 해석이 독특하며, 방대한 기업경영과 세계적 규모의 언론계 및 학계를 소유하고 있다. 국제적 명성에 비하면 국내 신도수는 적은 편이나 최근 적극적인 전도활동을 벌이고 있다.

1950년대부터 활발한 전도활동을 전개한 박태선은 교단 전도관(傳道館)을 세우고 곳곳에 신앙촌을 건립하면서 스스로가 메시아임을 자처했다.

승리제단 또는 영생교의 조희성은 전도관에서 나와 1980년에 만든 교단으로 급박한 종말을 주장하면서, 교인이면 영원히 죽지 않는다고 하며 전도활동을 벌이고 있다. 그밖에도 1980년 통일교를 탈퇴하고 정명석이 세운 애천교회, 1964년 안상홍이 세운 안상홍증인회 등이 활동하고 있다.

이와 같이 동학계 · 증산교계 · 단군신앙계 · 유교계 · 불교계 ·

남학계 · 기독교계뿐만 아니라 관성교(關聖教) · 무량천도(無量天道)와 같은 무속계 신흥종교도 있고 점술과 관련된 구통도가(九統道家), 외계인과 UFO에 관련된 우주신령학회 같은 신흥종교도 있다. 한편 외국의 종교들이 한국에 유입된 경우에도 그것을 신흥종교의 범주에 넣어 파악할 필요가 있다. 일본계의 천리교(天理教), 선린회(善隣會), 중국계의 일관도(一貫道), 미국계의 여호와의 증인, 몰몬교, 안식교, 하나님의 교회 등이 그것이다.

사단의 세력들인 이단의 실체를 계시록강해 두 권의 책에 이어 곧바로 다음 책에서 신천지, 통일교, 전도관, 여호와의 증인, 몰몬교, 안식교, 하나님의 교회 등 이단들의 실체를 좀 더 상세히 밝히고, 구원파, 순복음교회, 만민교회, 명성교회, 소망교회 등 우리나라를 대표하는 대형교회들의 실상을 성경을 통해 낱낱이 파헤쳐 이들에게 쏟아지는 진노의 대접이 얼마나 무시무시한가를 주님의 이름으로 쓸 작정이다.

†

종교와 기독교

신에 대한 신앙을 종교라 하고, 이성으로써 관찰하고 사유함으로써 지식을 얻는 것을 철학이라 한다. 종교의 궁극적 목적은 무한(無限), 절대(絕對)의 초인간적인 신을 숭배하고 신앙하여 선악을 권계하고 행복을 얻고자 하는 일이다. 또 그 힘을 빌려 통상의 방법으로 해결이 불가능한 인간의 불안, 죽음의 문제, 일상의 난제 등 인간사 내적 결함의 문제들을 절대자의 힘을 빌려 해결하려는 것이 오늘날의 종교다.

이것들은 단순한 사상이나 이론이 아니라 종교적 상징으로 불교의 만자(卍字)나 기독교의 십자가(十字架)로 신상(神像)과 같은 구체적인 형태로 표현되고 있다. 즉 일상의 경험에서 도저히 믿기지 않는 체험들이 종교를 갖게 하는 원동력으로 작용한 이유다.

무엇보다 신앙을 함께하는 자들끼리 신앙적 공동체를 갖고자 하는데, 같은 신앙을 가진다는 원칙하에 결성된 집단을 교단(教團)이라 한다. 교단은 승려나 목사와 같은 전문가를 양성하여 신

자에게 교리를 가르치고 공동체의 유지를 도모하는 한편, 외부에 대해서는 새로운 신자를 획득하는 행동, 즉 전도(포교) 등의 행위도 갖게 한다. 초경험적, 초자연적인 의지를 가진 어떤 존재를 통해 이상을 얻고자 하는 것이 신을 통한 영혼 구현이며, 또한 이를 원리로 인정되는 것이 법과 도덕이다.

이외에 또 다른 신앙으로 주술적인 의미에서 서물숭배와 정령숭배가 있다. 이는 마력 또는 호신부(護身符)를 의미하며 정령이나 마력이 그 물건에 붙어, 그 물건을 통해서 신과 접촉할 수 있다고 믿었다. 우상 숭배의 최초의 단계이다. 우리나라의 부적(符籍)도 일종의 서물숭배로 볼 수 있다. 정령 숭배는 사물 속에, 정령이 있어 그 정령의 활동이 인간 생활에 중대한 영향을 끼친다고 믿어 갖가지 방법으로 그 정령을 섬기어 화를 피하려고 하는 것이 원시 신앙의 한 형태이다.

고대의 민중은 소박한 애니미즘 속에 살면서, 생활에 행복을 가져다주거나 죽음 또는 질병, 재난으로써 자기네들을 위협하는 여러 가지 정령에 작용하여 생활을 지키려 하였고, 그로인해 주술(呪術)과 점, 기도 등이 성행하였다.

자연숭배 · 조상숭배 · 샤머니즘 등의 형태로 유지되어온 민간 신앙은 일반적으로 행복이나 길운(吉運) 등으로 현세 기복(祈福)에 그 목적을 두어왔다. 이런 신앙행위는 유교 · 불교 · 도교 등의 종교가 유입되자 이들과 융합함으로써 보다 구체적으로 표현되어 복의 개념이 형성되었다.

복의 개념은 두 가지 관점에서 풀이할 수 있다. 첫째는 불교와 관련된 개념이다. 불교의 대삼재(大三災)인 화재 · 수재 · 풍재와 소삼재(小三災)인 도병재(刀兵災), 질역재(疾疫災), 기근재(饑饉災), 그리고 팔고(八苦)인 생 · 로 · 병 · 사와 애별리고(愛別離苦 : 사랑하는 사람과 이별의 고통), 원증회고(怨憎會苦 : 미워하는 사람과 마주쳐야 하는 고통), 구부득고(求不得苦 : 얻고 싶은 것을 얻지 못하는 괴로움), 오음성고(五陰盛苦 : 色 · 受 · 想 · 行 · 識의 五蘊이 성하여 일어나는 고통) 등과 같이 불교에서 말하는 삼재팔고가 모두 현세의 액이나 어려움에서 벗어나고자 하는 복의 관념을 지니고 있다.

복을 얻기 위한 행위로서 소극적으로는 액막이, 나례(儺禮 : 악귀를 쫓는 축귀의례), 부적, 방귀매(防鬼枚 : 복숭아나무 가지로 만든 빗자루로 창살을 두드려 잡귀를 문 밖으로 내쫓는 민간신앙) 등으로 표현되었고, 보다 적극적으로는 성공제(誠貢祭), 기은제(祈恩祭), 고사(告祀), 굿 등으로 표현되었다. 그런데 이런 기복행위는 구체적인 대상이 필요했기 때문에 복을 주관한다고 믿었던 제석신(帝釋神), 대감신(大監神), 성주 등의 신격이 등장하게 되었다. 이들 신격은 인간의 수명, 재물, 성공을 주관하는 신으로 숭배되었다. 민간신앙에서 토착화된 불교의 형태라고 할 수 있는 삼성각(三聖閣), 산신각(山神閣), 칠성각(七星閣) 등에 모셔진 신격도 역시 이들과 동격이다.

한편 복을 비는 행위나 상징은 가신(家神) 신앙을 통해 잘 나타났다. 가신 신앙은 집안에 깃들어 있는 신을 모시는 무속의 일종으로 집에는 다양한 신격들이 있어 이들이 집안의 요소요소를 도맡아 보살펴준다는 믿음이다. 명절이 되거나 별식(別食)이 생기면 우선 가신에게 바쳤고, 정초의 안택(安宅)이나 가을 상달고사 때는 이들 가신에게 고사를 지냈다. 이들 신이 보살펴주기 때문에 가족 구성원들이 복을 받고 편히 살며 집안의 대소사가 평안하다고 믿었다. 가신에는 집안의 죽은 조상을 모시는 조상신, 출산신인 삼신, 외양간신인 우마신, 뜰의 신인 지신, 샘의 신인 우물신, 장독의 신인 철룡신 등 다양했다.

또한 의식주생활 등을 통해 쉽게 찾을 수 있다. 식생활의 경우는 명절의 음식에서 잘 나타났다. 설날에는 새해를 맞이하여 새로운 정신과 몸가짐으로 조상에게 차례를 지내고 복을 빌며 세배를 하는데, 떡국을 먹어야 복을 받는다고 믿었다.

인간을 신을 위해 봉사하는 피조물로 여기는 대부분의 종교들과 엄청 난 차이를 보이고 있다. 그래서 천부경으로 시작된 하늘의 개념이 지배한 고대동양에서는 신을 위한 건축물을 짓지 않았다. 그랬기에 2000년 전에 오신 예수 그리스도께서도 46년 동안 지은 성전을 헐라고 했다. 즉 성령이 거하는 우리의 심령 자체가 성전이지 건물이 아니라는 뜻에서다. 신은 혼자서 존재하는 것이 아니라, 반드시 삼신(三神)이 함께 하는 것이고 그것이 바로 천지인의 삼신사상인 것이다.

천부경(天符經)은 9천년 전 환국시대부터 전해져 내려온 삼신상제님의 천강서이며 인류문화 최초의 경전이자 계시록이다. 이는 환인 천제께서 삼신 상제님으로 부터 계시를 받은 것인데 처음에는 입에서 입으로 전해졌다. 그러다 환국 이후 신시배달시대에 고대 문자인 녹도문(鹿圖文)으로 쓰이고 나중에 신라 때 최치원에 의해 81자 한자로 바뀌어 기록되었다. 비록 81글자의 짧은 글이지만 이와 같이 그 속에는 실로 놀라운 우주의 진리가 담겨 있다. 따라서 세상 뭇 종교와 사상의 출원이 바로 여기 있다 할 수 있다.

따라서 '천부경'을 제대로 알면 '한단고기'의 대의와 한민족과 인류 창세역사, 동서 4대문명의 원형문화, 제천단(祭天壇)문화, 상제문화의 틀 또한 제대로 볼 수 있다. 유 · 불 · 선과 기독교의 신 · 구약, 유교의 사세오경이며 불교의 팔만대장경, 도교의 장경보다 방대하고 깊은 진리의 핵심이 『천부경』 81자에 다 들어 있다. 자연수 1에서 10까지, 열 개의 수를 가지고 하늘과 땅과 인간과 만물을 설명해 전한다.

한마디로 신이란 도대체 무엇이며, 역사와 인간 삶의 목적은 무엇인가를 답하는 인간론, 신관, 우주론, 역사관을 선언한 것이다. 만물이 어떻게 존재하는가, 어떻게 생성되는가 하는 존재론과 생성론도 융합되어 있다.

천일, 지일, 태일이라고 하는 정의를 담고 있는 것도 바로 이 『천부경』이다.

따라서 이 천부경의 뜻을 바로 깨닫지 못하다보니 오늘날 많은 교회들이 자기들의 신을 만들어 놓고 엉뚱한 신을 마치 하나님인양 찬양하고 있다. 하나님은 참 빛으로 오신 예수 그리스도 한 분 뿐이시다. 그분이 하늘에 계실 때는 성부요, 이 땅에 말씀으로 계실 때는 성자요, 부활하시어 하늘 보좌서 다시 성령(말씀)으로 우리 심령 안으로 찾아오실 때는 성령이시다. 그러므로 성경이 곧 하나님의 진리의 말씀이며 하나님의 비밀인 그리스도의 계시로 영생의 문이 성경 66권 안에 전부 기록되어 있다. 따라서 신약이 만들어지기 전에는 많은 유대인과 바리새파들이 참 빛으로 오신 참 하나님을 알아보지 못하고 율법에 매여 모세의 법을 세밀하게 지키는 데만 급급했다.

> 저희 모든 행위를 사람에게 보이고자하여 하나니 곧 그 자는 경문을 넓게하며 옷술을 크게 하고. 잔치의 상석과 회당의 상좌와. 시장에서 문안 받는 것과 사람에게 랍비라 칭함을 받는 것을 좋아하느니라(마23;5-7)

그들은 멋진 행위로 사람들로부터 칭찬받기를 즐겼고 또한 그러한 행위가 창기나 세리들보다 낫다고 스스로 자기들의 의를 쌓는데 주력했다. 그러나 하나님께서는 그들을 향해 너희가 바로 독사의 새끼요, 마귀의 자식이며, 회칠한 무덤이라고 질타하셨다. 그런데 그러한 바리새인들의 행위가 오늘날 한국교회의 설교 단상에서 그대로 펼쳐지고 있다. 따라서 예수님의 가르침은 너희의 지도자는 하나이니 곧 그리스도라고 하셨고, 너희 중에 큰 자는 너희를 섬기는 자가 되어야 하고, 누구든지 자기를 높이는 자는 낮아지고, 누구든지 자기를 낮추는 자는 높아지리라 하셨는데 작금의 교회들이 율법에 매여 바리새인들의 행위를 그대로 따라 하고 있다.

예수님은 광야에서 5,000명을 먹인 기적에서 하나님 나라의 풍요를 암시하셨고, 십자가의 처형으로 구원이 이루어짐과 동시에 인류의 죄를 대신한 은혜의 사랑을 보이셨다. 그럼에도 오늘날 교회들이 이러한 십자가의 은혜 뒤로 숨을 생각은 않고 자기들의 행위로만 평가 받기를 원하고 있다.

무엇보다 사도 바울은 그 시대에 성령(그리스도의 말씀)에 관해 자신의 의견을 뚜렷하게 남긴 유일한 인물이다. 그는 구약성서를 우의적(상징적)으로 해석하였으며, 예수께서 안식일을 자유로운 관점에서 비유했듯이 그도 문자에 대한 영(靈)의 우위성을 주장하였다. 그러므로 바울은 구원이란 양심에 호소하는 도덕주의에 있는 것이 아니라, 십자가의 도를 통한 은혜의 선물로 성령이 주어졌음을 강조하고 그랬을 때 율법으로 부터 해방될 수 있다고 했다.

'신을 외부에서 찾지 말라' 즉 나는 육아(肉我)와 신아(神我)의 둘이 있으니 육아의 껍질을 벗으면 신아가 드러난다. 우리의 신앙은 이 육아(육신의 생각)를 벗는 수업을 뜻한다. 그러므로 종교의 지도자도 스승도 필요 없고, 오직 내 안에 하나님(성령)을 만나는 것이 곧 영생이요, 천국으로 가는 길이다. 그러므로 기독교는 종교적 차원으로 취급해서는 안되고, 자기 안의 그리스도(성령)가 계시는가, 안계신가부터 스스로 자각해야 된다.

그렇다면 종교와 기독교의 차이는 무엇인가?

종교는 어떤 강한 세력의 신(神)의 힘을 빌려 자기의 소원을 성취시키는 것이라면, 기독교는 성경말씀을 통해 내 안에서 하나님(성령)을 만나는 일이다. 따라서 종교는 인간의 소원을 들어주는 대신에 대가(물질, 시간, 노력) 등을 요구하지만, 하나님은 인간의 소원(영생)을 들어 주시지만 그 어떤 대가도 바라지 않으시고 오직 그의 아들들로부터 영광 받기만을 원하신다. 그게 바로 하나님이 인간을 창조하신 근본목적이다. 이를 깨달아야 계시록 말미에 있는 '아멘 주 예수여 오시옵소서'의 기다림의 고백을 할 수 있다.

제2부

계시록과 교회론

†

계시록 어떤 책인가?

교회는 복음을 전하는 것이지 사회운동을 하는 단체가 아니다. 교회가 구제나 선행이나 계도를 하면서 이 세상을 밝게 변화시켜 행복한 세상을 만들어보겠다는 계몽은 성경과는 많이 어긋나는 일이다.

무엇보다 죄악된 세상을 인간의 선행과 구제와 교육을 통해 절대 밝아질 수 없다는 사실이다. 그러므로 교회는 세상을 향해 그 죄의 문제가 해결될 수 있는 길이 있다는 것을 선포하고 천국백성으로 만들어 가는 곳이지 그들의 환경을 바꾸어주어, 여기서 잘 먹고 잘살게 해 주는 곳이 아니다. 따라서 교회는 죄악으로 물든 이 땅에서 하나님의 백성들을 흑암에서 건져내어 하나님의 아들의 나라로 옮기는 것이지 이 땅에 장막을 짓고 사는 것이 아니다.

예수께서 대답하시되 내 나라는 이 세상에 속한 것이 아니라 만일 내 나라가 이 세상에 속한 것이었다면 내 종들이 싸워 나로 유

> 대인들에게 넘겨주지 않게 하였으리라 이제 내 나라는 여기에 속한 것이 아니니라(요18;36)

그런데 지금도 교회는 이 땅에서의 지상낙원을 꿈꾸며 물질의 복을 추구하게 한다. 예수께서는 분명 하나님 나라는 이 땅에 속한 것이 아니라고 말씀하셨음에도 교회는 여전히 천년왕국을 기다리며 하나님의 축복을 받아 번영을 누리며 세상을 살아가야 한다고 가르치고 있다. 교회는 이 땅의 축복을 누리기 위해 천년왕국을 기다리는 것이 아니라 우리 자신이 바로 하나님 나라이다. 그러기에 예수 그리스도가 이 땅에 오심으로 하나님 나라가 이미 임했으며 영적으로 완전하게 이루어졌다는 것을 믿는 것이 믿음이다.

천년왕국은 예수께서 초림하셨을 때 이미 이루어진 것이지, 먼 훗날 이 땅에서 이루어지는 것이 아니라는 사실이다. 그러므로 예수께서 '회개하라, 천국이 가까이 왔다'라고 말씀하셨다. 이는 천국 즉 하나님 나라가 우리들 심령 안에 이미 와 있다는 뜻이다. 그러기에 우리는 예언의 말씀을 듣고 보고 지키는 자가 되어야 천국이 내 안에 있다는 것을 깨닫게 된다.

> 이 예언의 말씀을 읽는 자와 듣는 자들과 그 가운데 기록한 것을 지키는 자들이 복이 있나니 때가 가까움이라(계1;3)

이와 같이 분명하게 때가 가까웠으니 읽고, 듣고, 기록한 것을 지키라 했고 또한 그런 자들이 복이 있다고 말씀하셨다.

아울러 계시록 전체는 친절하게도 그 내용이 성경 자체에서 상당 부분 풀어주고 있다. 계시록 자체 내에서 그 답을 제시하고 있지만 구약의 여러 곳에서도 계시록의 의문에 대한 해법이 나와 있다. 계시록의 404구절 중에 거의 300구절 가까이가 구약의 내용을 그대로 표현된 것이다. 그러므로 구약을 깊이 있게 공부한 사람이라면 계시록을 쉽게 이해할 수 있다. 흰 옷 입은 자는 큰 환난에서 나오는 성도들을 말하는 것이고, 큰 용은 사단 곧 마귀(이단)이다.

계시록은 표면상으로는 아시아의 일곱 교회에게 보낸 편지의 형식을 띄고 있지만 실제는 전체 교회를 뜻한다. 7이란 숫자는 전체, 충만, 완전, 안식을 나타낸다. 일곱 교회는 모든 시대, 모든 지역을 초월한 전체 교회에 편지를 쓴 것이지, 꼭 일곱 교회만을 지칭하여 쓴 것이 아니다. 아울러 각 교회마다 책망과 권고와 회개를 달리 설명한 것 같지만 실상은 교회에 대한 하나님의 계시를 하나로 엮어 교회마다 부분적으로 나누어 표현해 놓은 것이 바로 일곱 교회에 보내는 편지의 형식이다.

그러므로 24장로라든지 7장의 14만 4천이라든지, 셀 수 없는 무리, 11장의 두 증인과 성전과 도시, 12장의 여인, 14장에 다시 나오는 14만 4천, 15장의 승리자들, 그리고 19장 어린양의 신부, 이런 표현들은 전부 하나님의 백성 교회를 상징하는 표현들이다. 그러므로 천국백성이 되면 예수 그리스도의 말씀을 깨닫게 되고 그러한 자들이 하나님의 아들이 되어 어디서나 아버지의 보호를 받게 된다.

> 삼가 이 소자 중에 하나도 업신여기지 말라 너희에게 말하노니 저희 천사들이 하늘에서 하늘에 계신 내 아버지의 얼굴을 항상 뵈옵느니라(마18;10)

이 구절은 매우 중요하다. 하나님 아버지를 만날 수 있는 유일한 방법은 이 땅에 말씀으로 오신 그리스도의 성령(말씀)의 인도함으로 하나님 앞에 바로 갈수 있다. 그러므로 우리가 지극히 작은 자라 하더라도 하나님의 사람이면 업신여겨선 안된다. 왜냐하면 하나님이 부리는 천사(영)들이 일거수일투족을 그대로 하나님께 보고하기 때문이다. 따라서 율법을 정확하게 깨달아야 죄에서 해방될 수 있다.

> 그러면 율법이 하나님의 약속들을 거스리느냐 결코 그럴 수 없느니라 만일 능히 살게 하는 율법을 주셨더면 의가 반드시 율법으로 말미암았으리라(갈3;21)

하나님께서는 죄를 깨닫게 하기 위해 이 땅에 율법을 주셨다. 그러므로 죄를 깨달은 자만이 하나님 앞에 온전히 갈 수 있는데 죄 또한 하나님 앞에서의 죄냐, 아니냐로 구별된다.

죄에 대하여라함은 예수 그리스도를 믿지 않음이 죄다. 즉 하나님의 음성을 듣지 못해 그 명에 순종하지 못하면 그게 죄다. '너희는 저희 말을 들으라' 즉 예수님의 말씀을 듣게 되면 그런 자들한테는 천천만만의 영들이 함께 하기 때문에 하나님의 음성이 들린다. 따라서 그 음성(말씀)이 들리면 복이 있는 자가 되고 또한 복 받은 자들이 영생의 말씀이 마음 안에 스며들게 된다. 그 말씀이 심령 안에 들어오는 자들만이 계시록의 진위를 깨달을 수 있다.

사탄은 시대와 지역을 초월해서 계속해서 교회를 공격하고 있다. 때로는 육체적 핍박으로 사람들을 두려움에 떨게 하고, 또는 온갖 잔인한 방법으로 교회를 분열시켜 왔다.

그런데 이제는 사탄이 방법을 바꿨다. 핍박을 가해 교회를 분열시키고 겁을 주던 방법에서 인간들에게 풍요와 번영과 쾌락을 선물하고 있다. 사단은 인간들에게 재미있고 흥미 있는 것들을 많이 만들어 주어 사람들이 그런 세상 재미에 빠져들어 하나님을 잊게 만들고 있다.

그러나 하나님의 참 교회인 진리의 성읍은 핍박 속에서도 실패하지 않았고 사단들이 주는 물질의 풍요와 세상적인 쾌락에도 흔들리지 않았다. 성도는 눈에 보이는 것으로 살지 않고 오직 믿음으로 사는 자들이다. 다시 오시는 그날을 믿음으로 굳게 붙잡고 있기에 이단의 미혹에 넘어가지 않는 것이다. 그러므로 계시록은 말세의 때, 즉 마지막 때의 이야기임을 인지하고 영적전쟁에서 싸워 이길 수 있어야 한다.

> 그 날 환난 후에 즉시 해가 어두워지면 달이 빛을 내지 아니하며 별들이 하늘에서 떨어지며 하늘의 권능들이 흔들리리라. 그때에 인자의 징조가 하늘에서 보이겠고 그때에 땅의 모든 족속들이 통곡하며 그들이 인자가 구름을 타고 능력과 큰 영광으로 오는 것을 보리라. 저가 큰 나팔소리와 함께 천사들을 보내리니 저희가 그 택하신 자들을 하늘 이 끝에서 저 끝까지 사방에서 모으리라(마24;29-31)

최후의 심판 때, 그러니까 이미 여섯 번째 인을 뗄 때 최후의 심판이 일어난다. 계시록은 연대기적 사건으로 읽게 되면 절대 이해할 수 없다.

아마겟돈 전쟁이 일어나서 다 죽었는데 곡과 마곡의 전쟁이 다시 일어난다. 이 두 전쟁의 이야기는 에스겔서에 나오는 곡과 마곡의 전쟁을 보면 한 이야기라는 것을 알 수 있다. 요한이 그 최후의 심판 때 사탄과 그 무리가 심판을 당할 것을 에스겔을 인용해서 반복하여 묘사하고 있다. 에스겔서 38-39장에는 곡과 마곡을 하나님께서 멸망시키는 장면이 나온다. 하나님께서 에스겔에게 마귀의 무리들을 이와 같이 심판하실 것을 일러주셨다.

너 인자야 나 주 여호와가 말하노라 너는 각종 새와 들의 각종 짐승에게 이르기를 너희는 모여 오라 내가 너희를 위한 잔치 곧 이스라엘 산 위에 예비한 큰 잔치로 너희는 사방에서 모여서 고기를 먹으며 피를 마실지어다(겔39;17)

따라서 아마겟돈 전쟁과 곡과 마곡의 전쟁은 한 전쟁을 반복해서 표현한 것이다.

그 나머지는 말 탄 자의 입으로 나오는 검에 죽으매 모든 새가 그 고기로 배불리우더라(계19;21)

일곱 인과 일곱 나팔과 일곱 대접 또한 같은 사건이다. 그것을 계속해 점진적으로 표현함으로써 심판을 강조하고 있다. 아마겟돈 전쟁이나 마곡의 전쟁은 상징적인 단어들로 표현되었지만 그 전쟁은 초대교회 시대 때부터 예수께서 재림하실 때까지 교회가 마귀의 공격과 대적하여 싸우는 영적 전쟁을 다 종합한 것이다. 이를 또한 곡과 마곡의 전쟁이라 표현하고 있다. 적그리스도나 거짓 선지자도 마찬가지다.

아이들아 이것이 마지막 때라 적그리스도가 이르겠다 함을 너희가 들은 것과 같이 지금도 많은 적그리스도가 일어났으니 이러므로 우리가 마지막 때인 줄 아노라.(요일2;18)

이미 요한은 그 시대에 적그리스도와 거짓 선지자가 많다고 말했다. 그리고 앞으로 더욱 거세게 발악하는 적그리스도가 나올 것이다. 그러므로 계시록은 미래에 일어날 어떤 일을 기록해 놓은 것이 아니다. 교회시대를 통해 교회가 겪어야 할 일들과 하나님은 그들을 어떻게 보호하시며 우리 교회는 어떻게 그 승리의 나팔을 불며 어린양의 혼인 잔치에 참여하게 되는지를 보여주는 위로와 격려와 복음이 적힌 책이다.

따라서 예수 그리스도는 하나님의 구원사역인 창조의 목적을 성취키 위해 예수라는 인간의 몸으로 오셔서 손수 십자가에 달리시므로 우리를 하늘나라의 왕 같은 제사장으로 만들어 주셨다.

> 오직 너희는 택하신 족속이요 왕 같은 제사장들이요 거룩한 나라요 그의 소유된 백성이니 이는 너희를 어두운데서 불러내어 그의 기이한 빛에 들어가게 하신 자의 아름다운 덕을 선전하게 하려 하심이라(벧전2;9)

우리를 어둠에서 건져내어 참 빛에 들어가게 하므로 하늘나라의 아름다움을 성도를 통해 세상에 밝히 나타내시려고 하나님의 소유된 백성들을 죄악에서 빼내셨다.

> 저희가 어린양으로 더불어 싸우려나와 어린양은 만주의 주시오 만왕의 왕이시므로 저희를 이기실 터이요 또 그와 함께 있는 자들 곧 부르심을 입고 빼내심을 얻고 진실한 자들은 이기리로다
> (계17;14)

그리스도의 영이 거하는 자들이 진실한 자들이고 이들이 이기는 자들이다. 그러기에 이들한테는 육신의 생각이나 거짓말이 들어갈 수 없고 오직 기록된 말씀만 증거하게 된다. 이는 예수님 자체가 성전이기 때문이다. 그러므로 하나님이 거하시는 성전이면 우리도 성전이기에 거짓말이 나올 수 없게 된다.

너희가 하나님의 성전인 것과 하나님의 성령이 너희 안에 거하시는 것을 알지 못하느뇨(고후3;16)

그리스도 예수 안에 들어가 있는 자는 하나님의 가르침이 들어가 있다. 그러나 이 땅의 교회들은 사람의 교훈이 들어가 있다. 성경을 갖고 사람 생각이 조금이라도 들어가면 그건 다 사단의 거짓증거다.

주께서 가라사대 이 백성이 입으로는 나를 가까이하며 입술로는 나를 존경하나 그 마음은 내게서 멀리 떠났나니 그들이 나를 경외함은 사람의 계명으로 가르침을 받았을 뿐이라(사29;13)

외식하는 자들아 이사야가 너희에게 대하여 잘 예언하였도다 일렀으되. 이 백성이 입술로는 나를 존경하되 마음은 내게서 멀도다(마15;7–8)

이와 같이 사람의 생각이 들어가면 외식이다. 예수님은 하나님의 진리의 말씀만을 온전히 전하고 가셨다. 그러한 예수 그리스도의 영을 우리의 심령 안에 그대로 새겨야 된다. 그런 사람들한테는 하나님의 능력과 지혜가 담겨 있어 성령으로 하나님의 모든 비밀을 깨닫게 하신다.

여자가 가로되 메시야 곧 그리스도라 하는 이가 오실 줄을 내가 아노니 그가 오시면 모든 것을 우리에게 고하시리이다(요4;25)

하나님의 비밀인 그리스도를 깨달으려면 자기를 부인하고 예수 그리스도의 십자가를 지고 따라가야 진리의 영이 우리를 인도하신다.

> 아무든지 나를 따라오려거든 자기를 부인하고 자기 십자가를 지고 나를 좇을 것이니라(마16;24)

보혜사는 진리의 영이다. 진리가 아버지 말씀이다. 진리의 영을 가져오신 분이 예수님이다. 그러므로 예수 그리스도를 온전히 믿으면 우리도 노아처럼 은혜를 입게 된다. 그런데 인간들이 착각하는 것이 있다. 그 착각이 바로 지금 교회가 마귀의 손아귀에서 놀아나게 하는 원인 제공이 되고 있다. 하나님께서는 인간들이 하나님께 뭔가를 드리려고 하는 헌금이나 선행, 구제로 드리는 제사나 번제를 원하신다고 생각한다. 그러나 그에 앞서 사랑의 하나님이시라는 것을 먼저 깨닫기를 원하신다.

> 나는 인애를 원하고 제사를 원치 아니하며 번제보다 하나님을 아는 것을 원하노라(호6;6)

노아는 은혜를 입었다. 노아가 은혜를 받아 순종하니까 노아의 집이 구원을 얻었다. 그러려면 우리도 이 시대의 의인이 되어야 한다.

> 그런즉 이 일에 대하여 우리가 무슨 말 하리요 만일 하나님이 우리를 위하시면 누가 우리를 대적하리요(롬8;31)

이와 같이 이 세대에 하나님이 보시기에 우리도 노아처럼 의롭게 되면 그 누구도 우리를 대적하지 못한다. 무엇보다 죄가 있으면 안되는데 구원사역을 믿지 않으면 죄다. 이러한 죄인의 기도는 하나님께서 듣지 않으신다.

믿음 안에 있는 사람이라 하더라도 아담의 죄에 의해 인간은 누구나 육신의 생각과 하나님의 생각(영)이 번갈아 들어간다. 그러므로 성도는 날마다 죽어야 한다. 내 생각은 죽고 그리스도의 말씀만이 오롯이 살아나야 한다. 예수 그리스도께서 십자가에 달리시므로 부활이 되셨듯이, 성도도 자기가 살면 안된다. 따라서 첫 장막의 별들이 일곱 별들과 일곱 촛대인데 여기가 바로 교회이다. 그런데 이 장막 안에 하늘에서 떨어진 타락한 영들이 교회 안을 점령하고 있다. 이들한테 붙들리면 절대 부활하지 못한다.

> 너 아침의 아들 계명성이여 어찌 그리 하늘에서 떨어졌으며 너 열국을 엎은 자가 어찌 그리 땅에 찍혔는고(사14;12)

> 짐승의 입을 벌려 하나님을 향하여 훼방하되 그의 이름과 그의 장막 곧 하늘에 거하는 자들을 훼방하더라(계13;6)

하늘에서 떨어진 계명성이 첫 장막에 있는 교회에 들어와 있다. 이들이 하나님의 백성들을 미혹시키고 있다. 그러니까 바다에서 올라온 일곱 머리 열 뿔의 짐승한테 잡아먹히게 한다.

> 내가 보니 여섯째 인을 떼실 때에 큰 지진이 나며 해가 총담같이 검어지고 온 달이 피같이 되며. 하늘의 별들이 무화과나무가 대풍에 흔들려 선 과실이 떨어지는 것같이 땅에 떨어지며(계6;12-13)

성경은 하나님의 백성들만이 보고 듣고 깨달아 뉘우칠 수 있도록 대부분 비유로 되어 있다. 이 구절 또한 육적 지진을 빌려다가 하늘의 별들이 땅에 떨어지는 모습으로 묘사했다. 즉 교회들이 육신의 생각으로 떨어지는 것을 표현함으로 종말의 심판 때를 예고하고 있다.

그러므로 창세 이후로 비유가 아니면 아무것도 말하지 않았다. 비유란 자기의 목적 달성을 위하여 사물을 빗대어 가르쳐 주는 거다

> 내가 여러 선지자에게 말하였고 이상을 많이 보였으며 선지자들을 빙자하여 비유를 베풀었노라(호12;10)

하늘의 것을 가르쳐 주기 위해 이 땅의 우리의 눈으로 보고 들었던 모든 것으로 비유를 들어 하늘의 법도를 가르쳐 준 것이 성경이다. 종말의 때도 예수께서 불 심판의 묘사를 소돔과 고모라의 비유로 들었다.

> 또 롯의 때와 같으리니 사람들이 먹고 마시고 사고팔고 심고 집을 짓더니(눅17;28)

오늘날의 교회도 롯의 때와 같이 종말의 심판이 먼 훗날에 있다고 생각하고 이 땅에서의 행복만을 추구하게 한다. 그러나 계시록은 일곱 교회에 보내는 편지 내용이다. 교회가 불의의 모든 속임으로 멸망하는 자들을 많이 생산해 내니까 그들한테 심판의 경고성을 내 비치고, 반대로 이기는 자들에게는 생명나무 과실을 약속했다.

교회가 진리의 말씀을 받지 않아 구원함을 얻지 못하고 있는 것 또한 하나님의 계획이다. 하나님께서는 아담이 유혹받을 것을 알았다. 그런데도 방치하여 둔 것은 진리를 믿지 않고 불의를 좋아하는 모든 사람을 심판하기 위해서다, 그래서 처음 창조물인

아담조차도 역사하기 위해 놔두신 거다. 그러나 여기서 회개 하고 돌이켜 이긴 자가 되면 항상 기다리고 계신 분이 하나님이시다.

그런 사람들은 그리스도의 옷으로 갈아입은 자들이고 그들이 그리스도와 함께 영의 세계로 올라가게 된다. 그러한 자들을 위해 그리스도께서 첫 성소에 거한 자들이 하루 속히 마음 문을 열고 하늘 양식을 먹기를 고대하며 기다리고 계신다.

> 볼찌어다 내가 문 밖에 서서 두드리노니 누구든지 내 음성을 듣고 문을 열면 내가 그에게로 들어가 그로 더불어 먹고 그는 나로 더불어 먹으리라.(계3;20)

이와 같이 음성을 듣고 문을 열면 그리스도께서 그에게 들어가신다고 하셨다. 그리스도와 더불어 먹고 마시는 것은 영생 양식을 먹는 것이다. 영생의 양식이 생명수고 성령인데 이를 선물로 받으려면 먼저 알아야 할 것이 있다.

> 너희가 회개하여 각각 예수 그리스도의 이름으로 세례를 받고 죄 사함을 얻으라 그리하면 성령을 선물로 받으리니(행2;38)

이걸 깨닫지 못하면 성경이 열어지지 않는다. 첫째 회개하고, 둘째 각각 예수 그리스도의 말씀으로 세례를 받아야 하고, 셋째 죄사함을 받게 되면 그들한테 성령이 함께 하신다. 넷째 성령을 받고 나면 그리스도의 말씀인 거룩한 영이 함께하므로 영생으로 인도된다. 따라서 성령에 의해 죄에서 건짐을 받으면 땅(육신)의 소리는 하지 않는다. 이들만이 하나님의 소리를 온전히 들을 수 있고, 또한 그 심령 안에 그리스도의 영이 함께하기 때문에 진리의 말씀만 대언하게 된다.

> 예수는 영원히 계시므로 그 제사 직분도 갈리지 아니하나니. 그러므로 자기를 힘입어 하나님께 나아가는 자들을 온전히 구원하실 수 있으니 이는 그가 항상 살아서 저희를 위하여 간구하심이니라 (히7;24-25)

예수님을 따라 올라간 자들은 이미 영원한 생명을 얻었다. 그러므로 그리스도 예수께서 온전한 믿음을 소유한 자들의 연약함을 도우기 위해 항상 간구하신다.

> 이와 같이 성령도 우리 연약함을 도우시나니 우리가 마땅히 빌 바를 알지 못하나 오직 성령이 말할 수 없는 탄식으로 우리를 위하여 친히 간구하시느니라(롬8;26)

이들한테는 성령이 함께 하시기에 우리가 빌 바를 알지 못해도 하나님께서 친히 간구하시므로 생각과 마음에 하나님의 법이 기록되어 있다. 그리스도는 하나님의 비밀이기 때문에 계시록을 알려면 그리스도를 꼭 깨달아야 한다. 그리스도는 창세기서 잘 나타내 주고 있듯이 하늘 보좌에 계신 광명한 새벽별이시다.

> 하나님이 가라사대 하늘의 궁창에 광명이 있어 주야를 나뉘게 하라 또 그 광명으로 하여 징조와 사시와 일자와 연한이 이루라 (창1;14)

하늘의 궁창에 광명이 있다. 계시록 22장 16절에 예수께서 직접 '나는 다윗의 뿌리요 자손이니 곧 광명한 새벽별이라' 말씀하셨듯이 하늘의 궁창에 광명이 있다. 따라서 예수께서 십자가로 열어 놓으신 길이 있는데 사시와 일자와 연한의 때가 차면 그때에 비로소 심판이 전개된다.

휘장은 곧 십자가다. 예수께서 십자가에 달려 운명하실 때 성소 휘장의 한가운데가 찢겨졌다. 그러므로 성소와 지성소가 나뉘었는데 첫째 휘장장막이 교회인 성소이고, 교회 안에서 사단들과 싸워 이긴 승리자들이 올라가는 곳이 둘째 휘장 장막인 지성소다. 이게 하늘의 모형과 그림자다,

하늘의 궁창에 별들이 있듯이, 오늘날의 교회가 바로 별들의 전쟁이다. 따라서 성소는 이 땅의 교회고 지성소는 하늘이다. 하늘에는 그룹들이 지키고 있어 죄인들은 절대 갈 수 없다. 거기는 세상 나라가 우리 주와 그 그리스도의 나라가 되어 세세토록 왕노릇하는 흠 없고 티 없는 나라기 때문에 이 땅에서 자기가 죽고 내 영이 부활한 자만 하늘로 올라가는 곳이다.

이와 같은 것은 내가 깨닫고 싶다고 깨달아지는 것이 아니고 순종할 때 깨달아진다. 그리스도는 하나님의 능력이요 지혜고 하나님의 비밀이다. 그러기에 그 말씀에 순종만 하면 그리스도의 영이 함께 하시므로 자연스레 깨달아진다.

> 내 아버지께서 모든 것을 내게 주셨으니 아버지 외에는 아들이 누군지 아는 자가 없고 아들과 또 아들의 소원대로 계시를 받는 자 외에는 아버지가 누군지 아는 자가 없나이다(마11;27)

지금은 모든 것을 예수께서 승리해 갖고 계신다. 그러므로 하나님의 아들이 되어야 열어진다. 하나님을 이론적으로 아무리 많이 안다고 해도 그 마음 안에 그리스도의 영이 함께하지 않으면 구원은 요원하다. 따라서 계시록을 내 맘대로 해석해도 안 되고

육신의 생각으로 전해도 안 된다.

> 이는 내가 사람에게서 받은 것도 아니요 배운 것도 아니요 오직 예수 그리스도의 계시로 말미암은 것이라(갈1;12)

이와 같이 예수님이 믿음의 주다. 믿음의 주니까 그리스도가 열어주어 배우면 신학(信學)이 된다. 인학(人學)을 갖고 성경을 열면 진리가 엉뚱한 곳으로 흐른다.

> 우리 주 예수 그리스도의 하나님, 영광의 아버지께서 지혜와 계시의 정신을 너희에게 주사 하나님을 알게 하시고(엡1;17)

여기서의 정신은 영이다. 이 성경이 마음 판에 받아지면 사람 소리를 듣지 않는다. 능력을 입으려면 이 길을 통과해야 된다. 즉 십자가의 도가 멸망하는 자들에게는 미련한 것이요 구원을 얻은 우리에게는 하나님의 능력이 되는 것으로 곧 십자가의 도(道)다. 이러한 십자가의 도를 깨닫는 길이 우리를 위하여 휘장 가운데 열어 놓으신 새롭고 산 길인 예수 그리스도시다.

> 그 길은 우리를 위하여 휘장 가운데로 열어놓으신 새롭고 산 길이요 휘장은 곧 저의 육체니라(히10;20)

예수께서 십자가에 달리시므로 아버지 앞으로 갈수 있는 휘장 길이 열려있음을 뜻한다. 이는 우리의 기업에 보증이 되시고 그 얻으신 것을 구속하시고 그의 영광을 찬미케 하기 위해 십자가의 휘장으로 계시의 정신을 열어주셨다.

따라서 계시의 정신이 반석 곧 그리스도다. 그리스도 자체가 믿음의 주고, 온전케 하시는 이가 그분이기 때문에 항상 믿음(信)을 지녀야 한다. 믿는 자는 영생을 얻게 하시고 하나님의 아들로 사망에서 생명으로 옮겨 주신다. 따라서 하나님의 말씀을 따라가지 않으면 그보다 더 미련한 것이 없다. 성소인 교회가 소경인 목사를 따라가므로 전부 거짓말투성이다.

> 소경이 누구냐 내 종이 아니냐 누가 나의 보내는 나의 사자같이 귀머거리겠느냐 누가 나와 친한 자같이 소경이겠느냐 누가 여호와의 종같이 소경이겠느냐(사42;19)

하나님의 백성들을 위해 일하는 지도자가 목사다. 그런데 이들 목사가 바로 귀머거리고 소경이라 했다. 누구든 듣기만 하면 눈이 떠지고 귀가 열리고 복이 주어지는데 이들 목사들 때문에 성도가 귀머거리가 되고 소경이 되어가고 있다.

> 그러나 너희 눈을 봄으로, 너희 귀는 들음으로 복이 있도다
> (마13;16)

그러므로 예수께서 이 땅에 오셔서 먼저 하신 것이 죄의 용서다. 죄가 없어져야 깨달아 보여 지고 그런 자들이 복이 있게 된다.

> 그러나 인자가 세상에서 죄를 사하는 권세가 있는 줄을 너희로 알게 하려 하노라 하시고 중풍병자에게 말씀하시되 일어나 네 침상을 가지고 집으로 가라 하시니(마9;6)

죄가 사해져야 용서함을 받는다. 예수께서도 모든 병을 고치시고 나서 하신 말씀이 '니 믿음이 너를 구원했다'. 즉 그리스도의

말씀이 들리고 보여 믿으면 이와 같이 죄가 해결된다.

성경전체가 영적으로 병들어 있는 자에게 예수님의 말씀이 들어가면 다 고쳐진다. 그걸 이해시키기 위해 예수께서 위의 구절처럼 육체의 병을 들어 하늘의 복음을 전하신 거다.

그러므로 가장 미련한 사람들이 이 땅에 있는 사람들이다. 믿음의 실체를 깨달아야 구원에 이른다. 그걸 깨닫게 하기 위한 방안으로 사도요한을 통해 그리스도의 계시를 담게 한 것이 바로 계시록이다. 그러므로 요한계시록이 어떤 책인가부터 먼저 파악해야 심판과 구원의 중대성을 인식하게 된다.

> 예수 그리스도의 계시라 이는 하나님이 그에게 주사 반드시 속히 될 일을 그 종들에게 보이시려고 그 천사를 그 종 요한에게 보내어 지시하신 것이라(계1;1)

구약의 선지자들이 이미 일어났던 출애굽 사건을 근거로 구속 사건을 예견한 것처럼, 요한은 계시록에서 그리스도 십자가 사건을 근거로 현재의 경험되고 미래의 완성될 하나님의 구속 사건을 설명하고 있다. 그래서 예언의 말씀이라 했다.

따라서 계시록 1장 1절에서 8절까지가 서론이고, 22장 6절에서 21절까지가 결론으로 본다. 그리고 서론과 결론 사이의 내용을 일곱 부분으로 나누었다.

첫 번째가 일곱 교회를 설명하는 2장-3장이다. 두 번째가 일곱 인을 설명하는 4장에서 7장까지다. 7장 1절에서 17절까지가 삽입이 들어가 있다. 세 번째가 일곱 나팔을 설명하는 8장에서 11장까지다. 네 번째가 계시록의 주제 장인 12장에서 14장이다. 거기에는 여자, 남자 아이, 용, 666, 144.000등이 나온다. 다섯 번째가 일곱 대접을 설명하는 15장에서 16장까지다. 여섯 번째가 마지막 심판을 묘사하고 있는 17장에서 21장 8절까지다. 일곱 번째가 영광스러운 천국성취를 보여주는 21장 9절에서 22장 5절까지다.

이와 같이 일곱 개로 나누어진 부분은 모두 예수 그리스도의 초림부터 재림까지의 교회시대를 나타내고 있다. 그러기 때문에 계시록은 창세기에서 하나님께서 천지를 창조하시고 에덴을 창조하시면서 갖고 계셨던 '창조의 목적'을 완전하게 완성하여 나타내셨다.

따라서 창세기에서 하늘과 땅을 창조하셨다면 계시록은 새 하늘과 새 땅이 있다.

창세기에서는 빛을 창조하셨지만 계시록은 빛과 비교할 수 없는 주님의 영광의 빛이 거룩한 성을 밝혀준다.

또한 창세기는 교활한 사탄이 등장하여 인간을 미혹하지만 계시록에서는 그 사탄이 결박당한 채 불 못에 던져 진다.

창세기는 인간이 낙원을 상실하지만 계시록에서는 그 낙원이 회복된다.

창세기는 인간이 하나님과 결별하지만 계시록에서는 하나님의 백성과 하나님이 혼인관계에 들어간다.

창세기는 자연이 가시덤불을 내고 엉겅퀴를 내어 인간을 해치지만 계시록에서는 자연이 사람을 부양하고 위로한다.

창세기에서는 생명나무가 천사의 징계로 누구도 그 과실을 먹을 수 없었으나 계시록에서는 인간이 생명나무에 접근할 수 있는 길이 회복된다. 또한 에덴동산 가운데서 발원하여 동산을 흐르던 강물이 계시록에서는 하나님의 보좌로부터 생명수로 흐른다.

창세기에서는 하나님으로부터 만물을 통치하라고 위탁받았으나 실패했던 인간이 새 하늘과 새 땅에서는 영원히 왕 노릇하며 그 만물을 통치한다. 아울러 창세기의 낙원, 에덴동산은 인간의 타락으로 말미암아 문이 닫히고 말았지만 계시록에서는 영원히 변치 않는 다시는 타락할 수 없는 진짜 낙원이 묘사되어 있다. 다만 창세기에 있던 선악과만 계시록에 없다. 이는 새 하늘과 새 땅은 참 낙원이기에 더 이상의 시험은 없다는 뜻이다.

이와 같이 창세기에서 계시록까지의 성경은, 벌거벗은 인간을 어떻게 그 완전한 낙원에 데리고 들어가시는가가 기록되어 있는 책이다.

하나님께서 그 방법으로 예수 그리스도의 십자가로 제시한 것이고 계시록의 내용 또한 십자가의 복음이다. 따라서 계시록 자체가 이미 구약에서 다 밝혀 놓았기 때문에 수수께끼처럼 풀려고 하면 신천지(이단)한테 속게 된다.

그동안 '신천지'와 '하나님의 교회'가 너무나 터무니없이 요한계시록을 해석하여 사람들을 미혹시켜 왔다.

계시록은 앞서와 같이 그리스도의 영이 임해야 묵시의 세계를 제대로 열수 있다. 계시의 영으로 기록된 책은 반드시 성령으로 깨닫게 해주어야 밝히 펼칠 수 있다. 그런데 교회(목사)가 육신의 지식으로 성경을 열려고 하니 그 진리를 깨달을 수 있겠는가?

특히 계시록은 난해하고 어려운 책이니 함부로 읽거나 해석하지 말라는 방향으로 그동안 계시록을 봉인하여 왔다. 그러다보니 그 틈새를 타고 도맥을 이용하여 계시록을 여는 이단들이 특히 '신천지'와 '하나님의 교회'들이 판을 치고 있다. 따라서 성경을 사사로이 푸는 들짐승들(사단)이 바로 통일교, 여호와의 증인, 전도관, 대순진리교, 구원파, 만민 중앙교회 등의 이단들이다.

무엇보다 요한계시록의 해석은 신앙인의 척도가 될 수 있다. 그러므로 마지막의 때에 들짐승들한테 교회인 하나님의 백성들이 잡아먹히지 않으려면 최소한 계시록이 어떤 책인가 정도는 알아야 한다. 그래야 하나님의 말씀과 예수 그리스도의 증거 곧 구약의 말씀에서 이미 밝혀 놓은 계시록의 진위를 파악하여 깨달을 수 있다.

무엇보다 바다에서 올라온 일곱 머리 열 뿔의 짐승들한테 잡혀 먹히지 않으려면 짐승들의 실체를 온전히 알고 깨달아야 한다. 그래야 영적 전쟁에서 이길 수 있고, 또한 싸워 이겨야 하늘의 생명과실을 먹을 수 있다.

†

계시록! 어떻게 해석할 것인가

예수님께서 2000년 전에 육체의 옷을 입고 이 땅에 어떻게 오시게 되었나. 그 점을 먼저 심령에 새기고 계시록을 대해야 한다.

최초의 하나님의 창조물이었던 아담은 그의 사랑하는 아내 하와가 뱀의 꼬임에 넘어가 그도 하나님의 명을 어겼다. 그러므로 창조되었던 아담이 피조물로 바뀌면서, 즉 명(말씀)을 어기므로 그때부터 하나님과의 관계가 단절되었다. 하나님의 명령을 어긴 자는 반드시 사망에 이르게 되지만 거기에 다시 하나님의 말씀이 들어가면 생명으로 회복하게 된다.

그러기에 하나님의 창조의 목적을 정확하게 깨달아야 성경을 올바로 이해할 수 있다. 따라서 성경을 한마디로 요약하면 예언서고 곧 하나님의 법이다. 즉 하나님과 하나님께서 택정한 백성과의 언약서가 바로 성경이다.

세계가 다 네게 속하였나니 너희가 내 말을 잘 듣고 내 언약을 지

> 키면 너희는 열국 중에서 내 소유가 되겠고(출19;5-6)

구약에서의 첫 언약은 하나님께서 모세를 통해 육적 이스라엘인 유대인과 제물인 짐승의 피로써 세우신 언약이었다면 신약에서의 새 언약은 하나님께서 예수를 통해 영적 이스라엘인 교회와 예수님의 피로 세우신 언약이다.

> 이 잔은 내 피로 세우는 새 언약이니 곧 너희를 위하여 붓는 것이라(눅22;20)

예수 그리스도는 자기 백성을 죄에서 구원할 자시다. 죄가 없어야 하나님의 백성이 되기 때문에 예수께서 이 땅에 오셔서 죄부터 먼저 해결해 주셨다.

> 아들을 낳으리니 이름을 예수라 하라 이는 그가 자기 백성을 저희 죄에서 구원할 자이심이라 하니라(마1;21)

> 보라 세상 죄를 지고 가는 하나님의 어린양이로다(요1;29)

그러기에 우리는 세상 죄를 지고 가는 하나님의 어린양의 길을 따라가야 생명의 길로 들어설 수 있다.

> 저희는 잠시 자기의 뜻대로 우리를 징계하였거니와 오직 하나님은 우리의 유익을 위하여 그의 거룩하심에 참예케 하시느니라(히12;10)

이와 같이 예수님은 하나님이 원하시는 하나의 제물이 되셨다.

구약 때는 자기 죄를 위해서 염소나 송아지로 제물을 드렸지만 지금은 예수께서 속죄 제물이 되셨기 때문에 그분만 믿으면 된다.

> 이와 같이 그리스도도 많은 사람의 죄를 담당하시려고 단번에 드리신 바 되셨고 구원에 이르게 하기 위하여 죄와 상관없이 자기를 바라는 자들에게 두 번째 나타나시리라(히9;28)

그러므로 우리가 그리스도의 영안에 들어가기만 하면 영원한 속죄가 되고 그게 생명이고 빛이다. 따라서 말씀이 우리를 믿음의 길로 인도하고 성취시키는 것이 구원이며 영생에 이르는 길이다. 즉 말씀으로 오신 예수님 자체가 언약의 보증이신 기록된 생명나무라는 점이다.

> 이와 같이 예수는 더 좋은 언약의 보증이 되셨느니라(히7;22)

예수님과 우리와는 언약의 피로 맺어졌다. 이것을 깨달은 사람만이 생각과 마음에 예수 그리스도를 담을 수 있다. 그렇지 않으면 육신의 생각으로 거짓말만 나온다. 즉 예수님 말씀이 육신이 되어 우리한테 들어오므로 말씀의 피가 되는 거다. 육체의 생명은 피에 있다. 하나님의 언약대로 예수께서 제물이 되셨기 때문에 피 흘림이 없이는 죄사함이 없다. 그러기에 하나님과 우리와의 사이에 예수님이 증보자로 계시는 거다. 예수님은 대제사장이고 우리는 제사장이다. 즉 예수님은 만왕의 왕이시고 우리는 왕의 아들들이다. 이걸 깨달아야 구원을 받게 되고 하나님의 말씀을 받은 자만이 성령으로 깨닫게 해주신다.

이는 영생이란 복의 언약을 이루기 위해서다. 그러기에 구약의 선지자들을 비롯해 수많은 예언과 여러 인물들의 발자취가 모두 예수 그리스도를 설명한 것이다.

> 옛적에 선지자들로 여러 부분과 여러 모양으로 우리 조상들에게 말씀하신 하나님이 이 모든 날 마지막에 아들로 우리에게 말씀하셨으니 이 아들을 만유의 후사로 세우시고 또 저로 말미암아 모든 세계를 지으셨느니라(히1;1-2)

그랬기에 구약의 믿음의 조상들도 그리스도를 신앙했으며, 여러 인물과 역사를 통해 예수 그리스도를 설명했다. 이를 밝히 나타내 표현되었던 구약에서의 그리스도가 바로 신약에 와서 예수의 이름으로 오시므로 그 실체가 드디어 명쾌하게 밝혀졌다.

그러므로 성경의 모든 이야기들이 예수 그리스도 안에서 완성품으로 계시되었다. 그것이 구속사적 언약의 결론인 요한계시록이며, 그래서 예수님을 마지막 계시라 한다. 따라서 성경의 모든 예언들은 예수 그리스도로 결론지어야 모든 게 명쾌하게 밝혀진다.

그러나 대부분의 교회들이 원하는 예언은 자기의 길흉화복에 관한 것뿐이다. 개중에는 복의 근원이신 하나님을 잘 섬기면 그 복을 목사를 통해 받을 수 있다고 생각해 물심양면으로 교회에 헌신하는 교인들이 많지만 안타깝게 성경에서의 복은 이 땅에서의 복이 아닌 영생의 복임을 깨우쳐야 한다. 그러므로 현존하는 목사들이 예언을 한다면 그건 은사가 아니라 신접한 점쟁이일 뿐이다.

따라서 성도는 이 땅에서 영원한 세상을 바라보고 하늘의 백성들로 거듭남을 추구하며 살아가야 한다. 그런 의미에서 계시록이 바로 그 새 하늘과 새 땅의 소망에 관한 책이며, 속죄양으로 오신 예수 그리스도와의 연합으로 인해 영원한 안식을 누리게 하는 묵시의 책이다.

따라서 하나님의 계시의 말씀은 이미 완성되어 성경으로 우리에게 주어졌다. 그래서 하나님은 이 책에다가 무엇을 보태거나 빼면 저주를 받을 것이라고 강력한 경고의 말씀을 직접 기록해 놓으셨다.

그럼에도 불구하고 하나님께서는 성경 곳곳에 뭔가 더 보태거나 빼면 저주를 받을 것이라 분명하게 말씀하셨는데, 오늘날의 교회는 여전히 하나님의 계시의 말씀 외에다가 '내가복음'을 쓰고 있는 목사들이 거의 대부분이다.

아울러 말씀은 이미 완성되었고 하늘나라에 대한 계시는 성경 66권 안에 다 담겨 있다. 그러므로 영생으로 가는 길은 성경 한 권이면 충분하다. 따라서 우리는 성경이 하나님의 말씀이라는 것을 깨닫고 그 성경을 통해 하나님의 뜻을 배우는 성도들로 살아가야 한다. 전신갑주에서 유일한 공격무기가 성령의 검(말씀)이다. 성령의 검은 '이는 곧 하나님의 말씀'임을 깨달아 성경만이 사단의 공격을 물리칠 수 있는 유일한 무기임을 인식해야 한다.

따라서 성경은 완성된 하나님의 말씀이고 계시이기에, 인간의 구원 여정에 필요한 모든 것들이 분명하게 다 기록되어 있다. 오직 성경만이 하나님께서 직접 우리에게 계시한 내용들이 담겨 있기에 성경(말씀) 이외에는 그 어떤 것으로도 하나님을 알 수 없도록 되어 있다.

무엇보다 예수 그리스도는 하나님의 능력이요 하나님의 지혜다. 그 비밀을 깨닫게 하기 위해 하나님께서 직접 이 땅에 육체로 오셔서 십자가를 택하셨다. 그로인해 우리는 성령을 통해 하나님과 한 몸이 되었다. 죄로 인해 죽을 수밖에 없었던 우리가 예수 그리스도의 대속으로 인해 사망에서 풀려났지만 그러나 그 신앙

여정의 길에는 반드시 십자가의 도가 수반되어야 한다.

> 좁은 문으로 들어가라 멸망으로 인도하는 문은 크고 그 길이 넓어 그리로 들어가는 자가 많고. 생명으로 인도하는 문은 좁고 길이 협착하여 찾는 이가 적음이니라.(마7;13–14)

십자가의 삶 자체가 그만큼 험난하고 고단함을 표현하고 있다. 따라서 이 말씀 안에 거짓선지자들의 대한 경각심이 들어 있다. 그들의 속은 노략질하는 이리로서 양의 옷을 입고 너희를 꾀고 있으니 단단히 주의하라는 경계의 속뜻이 담겨있는 말씀이다.

이러한 사단의 역사가 창조이래로 지금까지 6000년 동안 계속해 끊이지 않고 이어져 내려왔다. 그랬기에 창세기에서 뱀에 의해 하나님과 분리된 타락한 인간을 계시록에서 새 하늘과 새 땅으로 들어가는 과정을 점진적 계시의 형식으로 써 놓은 것이다. 따라서 그러한 하나님의 창조의 계획이 계시록에서 전부 완성되었음을 시사하고 영적 전쟁에서의 승리를 기원하고 있다.

성경의 모든 내용들을 살펴보면 하나님의 명을 어기면 심판이요, 회개하고 하나님의 말씀 안으로 회귀하여 돌아서면 쌓을 곳이 없도록 부어 주시는 영생에 관한 복 이야기뿐이다.

따라서 성경의 전체적 배경은 여호수아 때 가나안에 입성하므로 한 차례 그 주제 설명이 끝나고, 사사기에서 또 타락하여 사무엘하에서 솔로몬이 성전을 완성함으로 또 한 차례 끝나고, 열왕기에서 또 타락을 보여주고 에스라, 느헤미야, 에스더에서 성전을 완성하고 잔치를 벌이는 장면으로 또 한 차례 끝났다.

아울러 욥기, 시편, 잠언, 전도, 아가서에서 그 지혜의 예수 그리스도가 누구냐를 설명하고 아가서에서 하나님과 그 백성들과의 천국에서의 사랑을 묘사하고 또 한 번 끝이 난다.

그리고 이사야, 예레미야, 예레미야애가, 에스겔, 다니엘, 호세아에서 또 다시 인간의 타락을 보여주고 학개, 스가랴, 말라기에서 또 성전을 완성하여 천국잔치를 다시 보여주었다.

무엇보다 말라기에서 인간들의 힘으로는 구원이 되지 않음의 실체를 고발하고 비로소 신약에서 예수 그리스도를 등장시켜 지금까지 그림자로 보여주셨던 하나님의 백성의 구속의 실체를 나타내셨다.

주님은 니고데모를 통해 네가 가지고 있는 배경으로 절대 너를 구원할 수 없다는 것을 알려주시고, 인간적인 면에서 전혀 불가능한 사마리아 여인을 등장시켜 그녀가 구원을 받음으로 구원은 이렇게 인간 쪽에서 아무런 근거를 찾을 수 없는 것이란 것을 비교해 설명해 주셨다.

그리고 단 한 발자국도 움직일 수 없는 38년 된 병자를 통해 구원이란 인간측의 노력에서가 아닌 하나님의 의(義)에 의해서만 이루어지는 것이라는 것을 밝히 나타내셨다. 그러기에 인간에게 구원 받을 만한 어떤 근거도 없다는 것을 보여주므로 구원이란 이런 것이라는 걸 몸소 밝히셨다.

뿐만 아니라 오병이어의 기적으로 예수 그리스도라는 풍성한 하늘의 떡에 관해 설명해 주셨다. 그리고 그 십자가의 은혜가 성령에 의해 어떻게 우리 하나님의 백성들에게 적용되는지를 설명해 주신 것이 사도행전이며 그것을 교리적으로 정리해 놓은 것이 로마서다. 고린도부터 유다서까지 그리스도인들의 행동지침을 나타내므로 구약의 시내산 언약이 이와 같다는 것을 밝히 나타내었다. 그리고 대단원의 계시록을 마치는 것이 성경이다. 그래서 성경은 모두 예수 그리스도에 관한 내용뿐이다.

물론 구약의 아브라함, 에녹, 노아, 모세 때도 그리스도가 계셨다. 즉 믿음 속에 그리스도의 영이 담겨 있다는 뜻이다. 그러므로 믿음이 통과되고 나야 그때 비로소 그리스도의 계시를 통해 이를 열어 보이는 것이 성경의 비밀이다.

아울러 성경의 모든 말씀(信)은 하나님의 가르침이다. 때문에 육신의 생각으로 말씀을 대하면 성경은 절대 열리지 않는다. 뿐만 아니라 성경 안에 하나님이 말씀해 놓은 언약들이 그 어딘가에 반드시 그에 따른 답이 있다는 사실이다. 그게 바로 내 정신을 여는 일이고 그리스도의 영이 함께 할 때 비로소 성경이 열리고 보이는 것이다.

> 내 아버지께서 모든 것을 내게 주셨으니 아버지 외에는 아들을 아는 자가 없고 아들과 또 아들의 소원대로 계시를 받는 자 외에는 아버지를 아는 자가 없느니라(마11;27)

따라서 하나님은 영이시다. 그래서 하나님의 영만이 아들을 바로 알 수 있고, 또한 아들을 바로 아는 자만이 성경을 소원대로 열어볼 수 있다. 계시는 받는 자 외에는 하나님을 알 수 없는데, 하나님 자체가 바로 말씀(성령)이다.

> 태초에 말씀이 계시니라 이 말씀이 하나님과 함께 계셨으니 이 말씀은 곧 하나님이시니라(요1;1)

태초에 말씀이신 하나님께서 우리 안에 거하셔야 말씀이 육신이 되신 그리스도를 알 수 있다. 아버지를 알려면 예수님 안에 들어가 있으면 알게 된다. 하나님의 소원이 아들을 보고 믿는 자마다 영생을 얻는 이것으로 영생을 얻으면 아버지를 안다. 또한 아버지를 아는 이들이 가장 큰 복이다.

> 가라사대 미련하고 선지자들의 말한 모든 것을 마음에 더디 믿는 자들이여. 그리스도가 이런 고난을 받고 자기의 영광에 들어가야 할 것이 아니냐 하시고. 이에 모세와 및 모든 선자자의 글로 시작하여 모든 성경에 쓴바 자기에 관한 것을 자세히 설명하시니라
> (눅24;25-27)

아브라함의 믿음의 대상은 그리스도였다. 그는 우상을 섬겼으며 자기의 유익을 위해 아내를 두 번씩이나 팔아먹는 자였다. 그러나 하나님의 은혜로 아브라함을 모리아산의 아브라함으로 만들어 가셨다. 그러므로 그리스도이신 하나님께 초점을 맞추고 읽어야 성경이 열린다. 그러기에 그렇게 불가능한 죄인을 하나님의 벗으로 만들어 갈 수 있는 유일한 방법으로 택하신 것이 자신을 죽여 원수들을 살려내는 하나님의 은혜의 사랑이다. 즉 이삭을 하나님께 제물로 바치는 신실한 아브라함의 모습을 통해 우리는 예수 그리스도의 십자가의 구원의 완성을 보아야 한다.

> 믿음으로 모세는 장성하여 바로의 공주의 아들이라 칭함을 거절하고. 도리어 하나님의 백성과 함께 고난 받기를 잠시 죄악의 낙을 누리는 것보다 더 좋아하고. 그리스도를 위하여 받는 능욕을 애굽의 모든 보화보다 더 큰 재물로 여겼으니 이는 상 주심을 바라봄이라(히11;24-26)

아브라함이나 모세가 그랬듯이 구약의 믿음의 조상들도 그리스도를 신앙했으며 그분을 알았다. 그러므로 구약의 여러 인물들과 역사들도 그리스도를 설명한 것으로 그러한 그리스도가 신약에 와서 예수라는 이름의 실체로 오심으로 명쾌하게 밝혀졌다. 따라서 구약의 선지자들의 수많은 예언과 여러 인물들의 발자취가 모

두 예수 그리스도를 설명한 것을 알아야 하고, 그 이야기들이 예수 그리스도의 십자가로 완성되어 우리에게 은혜의 선물로 성령이 주어졌음을 인식해야 한다. 그래야 계시록이 예수님의 마지막 계시라는 것이 깨달아진다.

> 내가 진실로 진실로 너희에게 이르노니 내 말을 듣고 또 나보내신 이를 믿는 자는 영생을 얻었고 심판에 이르지 아니하나니 사망에서 생명으로 옮겼느니라(요5;24)

그러므로 말씀이 내 마음 안에 이루어져 가야 한다. 열어 보여주어야 알 수가 있는데 계시를 받은 자 외에는 아버지를 아는 자가 없다. 그렇게 되려면 반드시 믿음이 수반되어야 진리의 말씀이 원대로 내 심령 안에 거한다. 그들이 바로 믿는 자들이다.

> 여자야 네 믿음이 크도다 네 소원대로 되리라 하시니 그 시로부터 그의 딸이 나으니라(마15;28)

믿음이 들어가면 이와 같이 귀신이 나가고 성경도 소원대로 열려진다. 그게 가장 큰 복이고 또한 영생의 복을 받은 자다. 그러나 교회들은 이 땅의 썩는 양식들만 구하게 한다.

> 썩는 양식을 위하여 일하지 말고 영생하도록 있는 양식을 위하여 하라 이 양식은 인자가 너희에게 주리니 인자는 아버지 하나님의 인치신 자니라(요6;27)

이 땅에서의 가장 큰 복이 영생의 양식이다. 이러한 자들은 자기 이름을 세상에 알리려고 노력하지 않고 물질의 복에 착념하지 않는다. 오직 그리스도의 계시만을 마음 판에 새기고 살아간다.

> 이는 내가 사람에게서 받은 것도 아니요 배운 것도 아니요 오직 예수 그리스도의 계시로 말미암은 것이라(갈1;12)

이와 같이 사람에게서 성경을 배우면 물질의 복을 구하기 위해 하나님께 기도하고 헌금과 봉사로 자신들의 의를 나타내는 데만 애쓴다. 그런 자들은 성령의 인도함을 받지 못하다보니 자그마한 시련에도 금방 신앙이 흔들린다. 성도는 오직 예수 그리스도의 계시로 성경의 비밀이 열려야 천국백성으로 살아갈 수 있고 그래야 어떠한 시련에도 성령이 굳건하게 지켜주므로 담대하게 나아갈 수 있다. 따라서 성경(계시)이 열어지려면 반드시 믿음이 따라야 한다.

> 믿음이 오기 전에 우리가 율법 아래에 매인 바 되고 계시될 믿음의 때까지 갇혔느니라(갈3;23)

누구나 믿음이 오기 전에는 율법아래 메인바가 된다. 그러나 회개하여 죄사함을 받고 성령을 받으면 그리스도의 옷으로 갈아입게 된다. 그런 사람만이 성경의 계시가 열리면서 죄에서 해방된다. 또한 믿음 자체가 말씀(성령)으로 그리스도의 말씀이 내 안에 거하면 율법아래 메이지 않게 된다. 이걸 깨달은 영혼만이 흑암에서 건저져 하나님의 사랑의 나라로 옮겨지는 것을 느낄 수 있다.

이와 같이 하나님의 말씀이 완성되어 우리에게 성경으로 이미 주어졌기 때문에 하늘나라에 대한 복음의 계시는 이 한권이면 족하다. 따라서 성경 그 자체가 하나님의 말씀임을 인식하고 그 성령(성경)을 통해 하나님의 뜻을 알아가는 것이 성도들의 온전한 믿음으로 가는 길이다.

예수께서 이 땅에 오신 궁극적인 목적이 첫째는 죄인된 인간을 구원하기 위해 창세 때 약속된 구속의 언약을 이루기 위해서고, 둘째는 이러한 타락한 인간들이 하나님의 섭리를 깨닫지 못하고 계속해 불순종으로 살아가자, 하나님께서 창조의 목적을 이루기 위해 직접 말씀으로 이 땅에 오셨다. 그러므로 말씀(성령)을 깨달아 아는 자들을 위해 십자가를 손수지심으로 우리 안에 성령으로 다시 오셨다. 그 성령께서 사도 요한을 통해 천국백성으로 살아가는 길을 계시하신 책이 바로 요한 계시록이다. 그러므로 우리는 사단(이단)들이 들끓는 세상에 마지막 때를 위해 말씀하신 하나님의 계시를 심령 안에 각인하고 살아가야 한다.

†

계시록이 쓰여진 목적

무엇보다 계시록은 하나님의 백성, 교회에게 주는 책이다. 노아, 에녹, 아브라함, 모세 다 교회이다, 그 모든 교회에게 적용되는 것이 계시록이다. 구약의 그들은 계시록을 받아보지 못하고 하늘나라로 갔는데도 불구하고, 우리는 왜 이렇게 정확한 신앙생활의 지침서를 받아들고도 해매고 있는가!

그러므로 신약의 교회가 하나님으로부터 크나큰 은혜의 선물을 받았고 얼마나 존귀하게 취급 되고 있는지부터 알아야 한다.

무엇보다 계시록은 미래에서 현재로 돌격해 오시는 하나님을 강조하고 있다. 따라서 하나님은 미래의 어느 시점에 정지해 계신 분이 아니고, 분명하게 '장차 오실 이'라고 기록하고 있다. 이 말을 좀 더 명확하게 구별하자면 '오시고 계신 이'라 할 수 있다. 따라서 미래에 영원히 계실 하나님이 바로 현재 속으로 오시고 있는 하나님이시다. 이는 하나님의 역동적 미래상을 특징짓는다.

따라서 교회가 아닌 언약 밖의 사람들은 성경을 절대 이해할 수 없다. 성경의 수신자는 오직 하나님의 백성들이다. 그러므로 계시록에 나오는 수많은 경고와 책망과 회개의 권고도 역시 교회들에게 하시는 말씀이다.

그러므로 계시록에서는 인의 재앙, 나팔 재앙, 대접 재앙을 통해 믿지 않는 자들을 심판하는 모습을 그렸다. 따라서 그 장면들은 동시에 믿는 자들에게 경고와 책망과 회개의 권고를 하고 있다.

따라서 성경의 모든 예언은 성령의 감동에 의해 쓰여진 것이다. 누구라도 사사로이 풀면 안 되고, 반드시 성령의 감동으로 하늘의 비밀을 풀어야 한다. 그러려면 그리스도의 영(말씀)이 심비에 새겨져야 한다.

> 하나님께 속한 자는 하나님의 말씀을 듣나니 너희가 듣지 아니함은 하나님께 속하지 아니하였음이로다(요8;47)

이와 같이 하나님께 속한 자는 하나님의 말씀을 듣게 되나, 듣지 아니하는 자는 하나님께 속하지 않아서 그렇다. 하나님께 속한 자는 성경 말씀 그대로만 대언하여 전하나 속하지 않은 자는 육신의 생각으로 모든 성경을 대한다. 육신의 생각 자체가 사망이요, 영의 생각은 생명과 평안이기에 이를 제대로 깨달아야 성령을 선물로 받을 수 있다. 그러므로 성령의 인도함으로 의롭게 된 자들은 믿음의 법으로 성경을 알게끔 되어 있어 말씀을 통해 이를 깨닫게 된다.

> 무릇 흙에 속한 자의 형상을 입은 것같이 또한 하늘에 속한 이의 형상을 입으리라.(고전15;48)

이와 같이 하늘에 속한 자와 땅에 속한 자가 분명하게 갈라지므로 계시록을 열 때는 성령의 인도함으로 조명 받아야 많은 이들을 영생으로 안내할 수 있다.

> 육체의 소욕은 성령을 거스르고 성령은 육체를 거스르나니 이 둘이 서로 대적함으로 너희가 원하는 것을 하지 못하게 하려 함이니라(갈5;17)

육체의 소욕은 성령을 거스리고 성령의 소욕은 육체를 거스린다. 그러므로 계시록을 대할 때 사람의 마음 자체가 탐심과 악독이 들어갔기 때문에 육신의 생각으로 해석하면 이단(특히 신천지)처럼 거짓교리만 나오게 된다.

그러므로 모든 성경은 패역한 족속들, 하나님을 거역한 족속들에게 띄우는 경고의 메시지지만 그중 유독 한국교회의 폐단을 이미 2000년 전에 내다보고 심판과 경고에 대한 메시지를 담은 것이 바로 계시록이다.

아울러 성도는 지금 우리에게 닥치는 자연재해라든지 기근(말씀고갈), 전쟁(이단과의 전쟁), 온역(코로나) 같은 예비적인 심판을 보면서 하나님의 최종적인 심판이 얼마나 무서운 것인가를 생각하고 우리의 삶을 뒤돌아 볼 줄 알아야 한다.

따라서 계시록은 사랑의 본체이신 예수님께서 이 땅에 오셔서 그 말씀을 듣고 따라가는 자들한테 천국의 열쇠가 어떻게 주어지는가를 일곱(전체) 교회를 통해 선명하게 밝히셨다. 그러므로 천국나라의 역사를 시간이란 공간속에서 하나하나 이루어 가시는 하나님의 뜻을 분명하게 깨달아야 한다.

그러기에 일곱 교회에 보내는 편지 말미마다 후렴구처럼 '이기는 자에게는' '이기는 자에게는' 의 말씀을 반복적으로 나타내셨다. 영적전쟁에서 싸워 이긴 자들에게 주어지는 약속의 말씀들이, 생명나무의 과실과 둘째 사망의 해를 받지 않는 구원의 은혜와, 감추었던 만나와, 새 이름을 기록한 흰 돌과, 만국을 다스리는 권세와, 생명책에 이름을 기록하는 영생의 복과, 성전의 기둥이 되게 하는 은혜와, 아버지 보좌에 함께 앉는 영광을 주시겠다는 약속들이다.

그러므로 창세기에 기록된 창조의 역사를 뚜렷하게 인식하고 계시록을 읽어야 하나님의 계획과 섭리를 깨달아 십자가의 은혜 뒤로 숨을 수 있다. 그래야 성경의 결론이라 할 수 있는 새 하늘과 새 땅에 입성할 수 있다. 따라서 계시록의 쓰여진 목적을 분명하게 알아야 여호와의 신이 우리 영(정신)안에 강림하신다.

> 여호와의 신 곧 지혜와 총명의 신이요 모략과 재능의 신이요 지식과 여호와를 경외하는 신이 그 위에 강림하시리니(사11;2)

따라서 이런 자들한테 하나님의 모략과 재능의 신이 강림하여 인도하신다. 모략(謀略) 그 자체가 하나님의 말씀인 성령이다. 그러므로 가장 중요한 것은 성경 말씀에 다른 것을 혼합하면 그 자체가 죄고 사망이다. 이러한 것을 생각과 마음에 새기고 성경을 읽어야 하나님의 신이 강림하여 성령으로 인도하신다.

> 기록된바 하나님이 자기를 사랑하는 자들을 위하여 예비하신 모든 것은 눈으로 보지 못하고 귀로도 듣지 못하고 사람의 마음으로도 생각지 못하였다 함과 같으니라. 오직 하나님이 성령으로 이것을 우리에게 보이셨으니 성령은 모든 것 곧 하나님의 깊은 것이라도 통달하시느니라(고전2;9-10)

이렇게 보지도, 듣지도, 생각지도 못하는 하늘의 일을 성령을 통해서 우리에게 밝히 보여주시는 것을 계시라고 한다. 따라서 인간에게 주어진 하나님의 특별계시는 유일하게 성경밖에 없다.

그러므로 가인과 아벨과 셋의 이야기를 통해 하나님 백성의 계보는 무죄한 자의 흘린 피로 이어진다는 예수 그리스도의 이야기를 읽을 수 있어야 하고, 또한 노아의 방주를 통해 하나님의 택하신 백성들은 방주 안으로 넣으셔서 소수의 남은 자들을 살리시는 은혜의 하나님을 느껴야 한다. 또한 예수께서 저주의 비를 맞으시고 믿음에 의해 택함 받은 그들을 감싸 안으시고 그리스도의 영으로 살려내시는 사랑의 하나님이심을 방주를 통해 분별할 줄 알아야 한다.

아울러 아브라함을 통해 한 사람이 복의 근원이 되어 그 아래로 하나님의 백성들이 살아나는 예수 그리스도를 볼 줄 알아야 하고, 자기를 죽일 나무를 지고 모리아 산으로 올라가는 이삭을 통해 자신이 매달린 나무를 짊어지고 골고다로 올라가는 예수님을 볼 수 있어야 한다. 또한 거기서 죽어야 할 자가 준비된 어린 양이 대신 죽음으로 살아나는 예수 그리스도의 십자가의 도를 깨달아야 한다.

따라서 '아브라함이 나의 올 때를 기다리다 보고 기뻐했다' 라는 요한복음 8장의 예수님의 말씀이 바로 이러한 장면들을 두고 말씀하신 것이다.

뿐만 아니라 얍복강 강가의 야곱을 통해 하나님께서 예수 그리스도의 십자가의 도를 다시 한번 더 되새기게 했다. 하나님과 겨루어 어떻게 해서든 이기적인 축복만을 끌어내려는 인간들의 속성을 가차 없이 죽여 버리시고 새 사람으로 태어나게 만드셨다. 환도 뼈가 부러졌다는 것은 전인(全人) 전존재가 무너진 것을 의미한다. 그러므로 야곱은 죽었고 다시 살아 이스라엘(교회) 즉 '승리'라는 이름을 받았다. 사기꾼 야곱이 하나님의 복을 받을 수 있는 유일한 길은 그의 옛 이름이 죽고 새 이름으로 태어나야 가능하기에 그것을 예수께서 야곱을 품으시고 대신해 이루어 주실 것을 야곱의 얍복 강가 사건으로 기록하고 있다.

그리고 요셉을 통해 무죄한 자가 고통을 받음으로 어떤 한 무리의 백성 전체가 구원을 받게 되는 예수 그리스도를 보여주시고, 이스라엘이 출애굽 할 때, 문설주에 바른 피가 장자의 죽음을 나타내는 십자가를 상징적으로 나타내면서 그로 말미암아 건져진 하나님의 백성들이 어떻게 새 하늘과 새 땅에 들어가게 되는지를 일목요원하게 보여주고 있다.

모세 또한 예수님과 똑같은 이스라엘의 삶을 먼저 살았다. 당시 애굽에서 사내아이들은 죽어야 했을 때 모세는 살아났다. 그리고 홍해를 건너듯 물에서 건져졌다. 미다안 광야에서 40년을 보내면서 자기가 누구인지를 알게 되었다. 그리고 시내 산에 올라가 하나님을 만났다. 모세가 시내 산에서 십계명 돌판을 받아서 내려오는데 아래에서는 금송아지를 만들고 우상을 섬기는 것을 보고 돌판을 그들에게 던져 깨버렸다. 그 십계명 돌판은 하나님이 준비하시고 하나님께서 직접 쓰신 하늘의 거룩을 상징하는 것인데 죄와 함께 할 수 없다. 그래서 그 죄를 심판하신 것이다.

그리고 올라가서 이제 모세가 준비한 돌판에 하나님이 쓰시는 하늘의 것과 땅의 것이 합쳐진 계명이 내려와 이스라엘(교회)을 끌고 갔다. 하늘의 것과 땅의 것이 합쳐진 존재가 바로 예수님이다. 십계명 돌판이 깨지는 사건을 통해 우리는 또 다시 예수 그리스도를 볼 줄 알아야 된다.

그리고 사사기를 통해 하나님은 예수 그리스도가 어떤 모습으로 오셔서 이 땅에서 하나님의 백성들을 구원하실 것인지 보여주고 있다. 하나님은 하나같이 바보 같은 사사들을 들어 이스라엘(교회)을 구원하셨다. 왼손잡이 에훗, 소 모는 작대기의 삼갈, 여자 드보라, 바람둥이 삼손 등등의 연약한 모습에 성령이 임하자 큰 능력이 나타나 적을 섬멸하게 했다.

이렇게 우리 주님은 세상 사람들이 보기에 약한 자의 모습으로 이 땅에 오신다는 것을 힌트해 주고 있다. 그리고 엘리야를 통해 또 다시 예수님을 보여주셨다.

엘리야는 갈멜산에서 850대 1의 전투를 마치고 이세벨의 저주의 전갈을 받고 두려워 떨었다. 로뎀 나무 아래에 머리를 박고 차라리 하나님께 죽여달라고 하나, 하나님은 그를 살려 내셨다. 그릿 시냇가에서 까마귀를 시켜 물과 떡을 날라다 주셨다. 그는 그릿 시내를 건너 광야 40일을 걸어서 호렙산, 시내 산으로 가서 하나님을 만났다. 이 모든 것은 예수님이 이 땅에서 사신 삶과 동일하다.

예수님은 사마리아 여인에게 자신을 생수라 하셨고 오병이어의 사건에서 자신이 하늘의 만나 하늘의 떡이라 하셨으며 그리고 놋뱀처럼 십자가에 달리셨다. 그런 연후 영광스럽게 하나님 보좌로 복귀하셨다. 바로 그 내용이 성경에 기록된 계시의 내용이다.

따라서 계시록은 서론이 있고 결론이 있고 이야기의 전개 과정이 있다. 그리고 공간적 초월과 시간적 초월의 이야기의 근간을 이룬다. 교회는 이 땅에 존재하지만 동시에 하늘에 존재한다. 그러므로 교회는 우리가 누리게 되는 새 하늘과 새 땅에서의 종말적 축복은 가시적으로 우리에게 닥치지 않았지만 현재 교회는 그러한 축복을 누리고 있다는 사실을 깨달아야 계시록이 쓰여진 목적을 바로 알 수 있다.

따라서 하나님은 계시록 1장에서 자신을 소개할 때, '이제도 계시고 전에도 계셨고 장차 오실 이' 라고 말씀하셨다. 즉 과거와 현재와 미래의 주인이시며, 역사라는 시간의 주관자임을 이와 같이 먼저 알리셨다.

무엇보다 계시록은 예수 그리스도께서 아시아에 있는 일곱 교회에 보내는 편지사건으로 계시록 해석에서 가장 중요한 키워드가 바로 교회이다. 따라서 교회는 공동체로 존재하는 그리스도며, 하나님 나라의 전진기지이며, 성령의 전이다.

그러므로 계시록에서 교회에게 요구하는 가장 대표적인 것이 영적 전투에서 싸워 이기라는 요지다. 개(목사)들에게 충성하면 들짐승(신천지)한테 끌려가니 오직 하나님의 말씀과 그리스도의 증거만을 붙잡고 신앙생활 하라는 것이다. 이러한 말씀을 충분히 깨닫고 말씀(성경)대로 충실히 이행할 때, 교회는 신부로서 잘 단장되어 혼인잔치에 참여할 수 있게 된다.

무엇보다 교회가 하나님의 명령에 순종해야 하는 가장 큰 이유중에 하나가 그리스도가 우리의 스승이요, 우리의 지도자기에 그 말씀만 따라가면 사탄은 자동으로 저절로 제어된다. 마지막 때에 짐승을 따르면 결국 멸망으로 간다.

따라서 결코 무너질 것 같지 않던 큰 성(대형교회)들이 지금 무너지고 있는 사건들을 보면서 성도는 속히 그곳서 빠져나와야 한다. 그동안 바벨론의 교회들이 아성처럼 두터운 장막으로 둘러쳐져 있었으나, 계시록 18장 2절에 '무너졌도다. 무너졌도다. 큰 성 바벨론이여' 예시와 같이 지금 그렇게 무너져 가고 있다.

수년전부터 교회와 목사들의 비리가 방송에서 계속해 들쳐 내는 사건들을 보면서 마지막의 때에 하나님의 심판을 피할 수 없음을 실감해야 한다.

아울러 이 땅에 쏟아 붓는 재앙을 통해 교회들은 책망과 회개의 권고의 소리인 하나님의 음성을 들을 수 있어야 한다. 계시록 18장 4절의 '내 백성아, 거기서 나와 그의 죄에 참예하지 말고 그의 받을 재앙들을 받지 말라'고 애타게 소리치는 주님의 음성이 들려야 회개하고 돌아설 수 있다. 보고 듣고 깨닫지 못한 자들은 전부 바다에서 올라온 일곱 머리 열 뿔의 들짐승들한테 잡아먹힌다. 지금 교회들은 코로나19를 통해 신천지에 펼쳐지고 있는 예비적 심판을 눈앞에서 보면서 그리스도의 말씀 안으로 속히 회개하고 돌이켜야 한다.

> 내가 보니 바다에서 한 짐승이 나오는데 뿔이 열이요 머리가 일곱이라 그 뿔에는 열 면류관이 있고 그 머리들에는 참람된 이름들이 있더라. 내가 본 짐승은 표범과 비슷하고 그 발은 곰의 발 같고 그 입은 사자의 입 같은데 용이 자기의 능력과 보좌와 큰 권세를 그에게 주었더라.(계13;1-2)

바다에서 올라온 한 짐승의 뿔이 열이요 머리가 일곱인 그 뿔에 열 면류관이 있는 그 짐승이 바로 신천지의 이만희 교주다. 또한 땅에서 올라온 짐승들 중에 집짐승과 들짐승의 두 가지가 있다.

> 큰 이적을 행하되 심지어 사람들 앞에서 불이 하늘로부터 땅에 내려오게 하고. 짐승 앞에서 받은바 이적을 행함으로 땅에 거하는 자들을 미혹하며 땅에 거하는 자들에게 이르기를 칼에 상하였다가 살아난 짐승을 위하여 우상을 만들라 하더라(계13;13-14)

이적과 기사를 갖고 하나님의 백성들을 미혹하는 땅에서 올라온 짐승(거짓목사)들이 있는가 하면, 성령 하나님을 그대로 흉내내고 있는 성령의 은사를 받았다고 자랑하는 교회들을 심판하기 위해 교회에 들짐승을 침투시켜 하나님의 백성들을 잡아먹는 신천지 등을 포함한 수많은 들짐승(이단)들이 있다.

마귀의 세력은 거짓선지자, 거짓교사, 거짓교회들을 세상에 많이 만들어 예수를 믿는 것처럼 착각하도로 꾸미고 있다.

마귀는 거짓 교리, 거짓 가르침, 기복신앙, 신비주의 같은 것을 동원하여 인간의 죄성을 충족시켜주고 이 세상만을 바라보게 만들어 평생 예수 믿고도 지옥가게 만든다.

사탄은 교회라는 간판을 많이 세워주고 그곳을 세속적인 오락 장소나 친목 장소로 만들어 무당짓거리를 하게 한다. 또한 그것들을 좋아하는 사람들을 많이 보내어 소위 부흥이라 것을 일으켜 그것들한테 속게 만들고 있다.

그러나 한 가지 분명한 것은 사탄마귀가 아무리 방해를 한다 해도 하나님의 참 교회는 절대 실패하지 않는다는 것을 계시록을 통해 알 수 있다.

> 용이 자기가 땅으로 내어 쫓긴 것을 보고 남자를 낳은 여자를 핍박하는지라. 그 여자가 큰 독수리의 두 날개를 받아 광야 자기 곳으로 날아가 거기서 그 뱀의 낮을 피하여 한 때와 두 때와 반 때를 양육 받으매. 여자의 뒤에서 뱀이 그 입으로 물을 강같이 토하여 여자를 물에 떠내려가게 하려 하되. 땅이 여자를 도와 그 입을 벌려 용의 입에서 토한 강물을 삼키니. 용이 여자에게 분노하여 돌아가서 그 여자의 남은 자손 곧 하나님의 계명을 지키며 예수의 증거를 가진 자들로 더불어 싸우려고 바다 모래 위에 섰더라(계12;13-17)

14절에 하나님께서 교회인 여자를 양육한다는 구절이 나온다. 교회가 하나님께 양육을 받는다는 것은 하나님께서 지키신다는 뜻이다. 뱀이 입에서 강같이 물을 뿜어내는데 뱀(이단)이 거짓이다. 성경에서의 물은 생수로 상징되는 하나님의 말씀이다. 그러나 뱀이 뿜어내는 물은 거짓 교리다.

또한 이 시대가 말씀의 홍수임을 나타내고 있다. 그 거짓 말씀에 그것이 진리인줄 알고 세상은 떠내려간다. 그런데 땅이 여자를 도와 그 용이 뿜어낸 물을 삼켜버린다. 하나님께서 하나님의 백성들을 지키시어 거짓 복음에 속지 않게 하신다는 의미이다.

여자의 남은 자손은 곧 하나님의 계명을 지키고 예수의 증거를 가진 자들이라 밝히고 있다. 즉 하나님의 교회는 마귀가 아무리 미혹해도 하나님께서 지키시기 때문에 육신의 생각으로 가지 않고 하나님의 계명만을 굳건히 지키게 된다. 그들만이 참 하나님을 증거 하는 자들이다.

마귀가 이들과 싸우려고 용이 바다 모래 위에 서있다. 용은 교회를 미혹하는 거짓세력들로 666으로 총칭하나 이는 666의 숫자 자체가 탐심이며 우상이다. 그러므로 세상 것만 바라보게 하는 거짓 선지자, 거짓 사도, 사단의 총체인 이단의 실체들이다. 또한 자신과 남을 속이는 악독한 마음 자체가 666의 실체로 탐심이다.

> 너희는 도를 행하는 자가 되고 듣기만 하여 자신을 속이는 자가 되지 말라(약1;22)

하나님의 말씀을 듣기만 하고 행하지 않는 자들이야말로 자신을 속이는 666에 속한 탐심이 가득한 자들이다. 따라서 우리에게 요구하는 삶은 예수 그리스도의 십자가의 삶이다.

> 네가 어디 사는 것을 내가 아노니 거기는 사단의 위가 있는 데라 네가 내 이름을 굳게 잡아서 내 충성된 증인 안디바가 너희 가운데 곧 사단의 거하는 곳에서 죽임을 당할 때에도 나를 믿는 믿음을 저버리지 아니하였도다(계2;13)

계시록이 기록된 시기는 핍박이 있었던 시기였고, '사단의 위'와 '사단이 거하는 것'이라는 단어로 미루어 보아 신성 숭배가 있던 시기였다는 것을 알 수 있다. 우상숭배의 정도가 아니라 아예 황제를 신으로 여길 정도의 시대였으니 그만큼 믿음을 갖기 어려운 상황이었다.

당시의 시대상황이나 작금의 교회가 사단이 난무하는 거짓된 세상에서 오직 참 하나님이신 예수 그리스도의 말씀만 붙잡고 신앙 생활하는 일이 그만큼 힘겹고 고통스럽다는 것을 나타내고 있다. 그러므로 인의 재앙, 나팔재앙, 대접재앙을 통해 거짓(사단)과 참(하나님의 백성)을 구별하는 장면을 반복해 표현하고 있다.

> 내가 보니 여섯째 인을 떼실 때에 큰 지진이 나며 해가 총담 같이 검어지고 온 땅이 피 같이 되며(계6;12)

이와 같이 하나님은 천재지변을 들어 바벨론 교회를 심판하는 장면을 묘사하고 있지만, 그에 앞서 마지막 때가 되면 천사들의 나팔소리를 듣고 시온 산으로 도피하라는 권고의 메시지가 더 크게 담겨 있다. 무엇보다 하나님께서 천사(영)들을 시켜 진노의 대접을 교회에 사정없이 쏟아 부을 때, 성도들은 큰 성(교회)들이 붕괴되는 사건들을 보면서 마지막 때에 천사(영)들의 나팔 소리를 듣고 속히 돌아서라는 것이 계시록이 쓰여진 진짜목적이다.

> 그 날 환난 후에 즉시 해가 어두워지면 달이 빛을 내지 아니하며 별들이 하늘에서 떨어지며 하늘의 권능들이 흔들리리라. 그때에 인자의 징조가 하늘에서 보이겠고 그때에 땅의 모든 족속들이 통곡하며 그들이 인자가 구름을 타고 능력과 큰 영광으로 오는 것을 보리라. 저가 큰 나팔소리와 함께 천사들을 보내리니 저희가 그 택하신

자들을 하늘 이 끝에서 저 끝까지 사방에서 모으리라(마24;29-31)

지금 이 땅에 예비적 심판이 한창 내려지고 있는데도 아직도 교회(교인)들이 갈 곳을 몰라 우왕좌왕 헤매고 있다. 성도라면 마지막 때가 지금인 것을 깨닫고 온전히 그리스도 예수 안으로 들어가야 택정한 자들 안으로 합류될 수 있다. 그러려면 예수 그리스도의 피 뿌린 옷을 입어야 한다. 그래야 주님을 신랑으로 맞이해 천국잔치에 참여할 수 있다.

또 그가 피 뿌린 옷을 입었는데 그 이름은 하나님의 말씀이라 칭하더라(계19;13)

예수님의 정결한 피 뿌린 옷을 입으려면 교회가 예수님의 말씀을 따라가는 거다. 그게 옳은 행실이고 그게 신부가 입어야 할 세마포다. 그 옷을 입고 신랑 따라가야 혼인잔치에 초대될 수 있다. 천국잔치하면 한 남편인 예수 그리스도로 이 땅에 말씀으로 오셨다.

태초에 말씀이 계시나니 이 말씀이 하나님과 함께 계셨으니 이 말씀은 곧 하나님이시니라(요1;1)

말씀 자체가 하나님이시다. 성경은 사람이 썼으나 저자한테 감동을 시켰기 때문에 하나님이 시키는 대로 쓴 거다. 즉 하나님의 글이다. 그래서 이 말씀을 심령 안에 담으면 하나님의 신(영)을 받은 것이 된다.

성경은 폐하지 못하나니 하나님의 말씀을 받은 사람들을 신이라

하셨거든(요10;35)

예수님의 말씀이 내 안에 들어가면 신(信)이 들어간 거다. 그러나 짐승의 소속에는 미혹하는 영이 들어가서 귀신의 말(악령)이 들어갔다. 뱀의 말(거짓)이 들어간 거다.

큰 용이 내어 쫓기니 옛 뱀 곧 마귀라고도 하고 사단이라고도 하는 온 천하를 꾀는 자라 땅으로 내어 쫓기니 그의 사자들도 저화 함께 내어 쫓기니라(계12;9)

옛 뱀 곧 마귀라고 하는 사단이 오늘날 서기관(신학자)과 바리새인(목사)들까지 포함한 온 천하를 꾀는 모든 짐승(이단)들이다. 그러므로 계시록은 아시아에 있는 일곱(전체) 교회한테 전하는 강력한 권고의 편지 사건이다. 사단에 미혹되어 그들한테 넘어가지 말고 영적 전투에서 싸워 이기라는 하나님의 은혜의 경고이다.

무엇보다 오늘날의 한국교회에 그리스도의 일군으로 가장한 광명한 거짓 천사(거짓성령)가 교회에 너무나 많다. 이들 교회가 바로 하나님의 말씀을 배반한 교회들이다. 배반 자체가 성경말씀에 육신의 생각을 섞은 그것이 바벨(혼잡)인데 그 자체가 성경에서 말하는 간음이다. 안타깝게 지금 대부분의 교회들이 세상과 간음하고 있다. 이를 신천지를 통해 간음의 죄악성을 깨닫게 하고 있는데도 불구하고 아직도 교회가 정신 차리지 못하고 있다. 그리스도의 말씀 위에 우뚝 세워진 교회만이 반석위에 지어진 하나님의 교회이다. 그런 교회만이 하나님을 기쁘게 섬길 수 있다.

그러므로 우리가 진동치 못한 나라를 받았은즉 은혜를 받자 이로

말미암아 경건함과 두려움으로 하나님을 기쁘시게 섬길지니 (히12;28)

그 찬란한 하나님의 교회는 계시록 21장과 22장에서 새 하늘과 새 땅에 대해 상세히 기록되어 있다. 이미 진동치 못한 나라를 우리가 받았다고 히브리 기자가 과거로 이야기 하고 있다. 그러기에 주님께서 사도요한한테 그 완성된 하나님 나라를 먼저 보여주고 나서 이를 요한에게 하늘나라의 모형을 그대로 기록하게 한 것이다. 따라서 그 나라가 이미 영적으로 완성된 나라이니 어서 빨리 회개하고 돌아서라는 간구를 요한이 교회들한테 하고 있는 거다.

아울러 천년왕국의 천년은 영적인 상징이지 다가올 시간의 개념이 아니다. 그러므로 천년왕국은 이미 시작되었고 지금 그 천년의 시대를 살아가고 있다. 즉 예수께서 초림하시고 나서 재림하실 때까지의 기간을 교회시대라 하고 그 기간을 천년의 시간개념으로 잡은 것이다.

그가 장차 많은 사람으로 더불어 한 이레 동안의 언약을 굳게 정하겠고 그가 그 이레에 절반에 제사와 예물을 금지할 것이며 또 잔포하여 미운 물건이 날개를 의지하여 설 것이며 또 이미 정한 종말까지 진노가 황폐케 하는 자에게 쏟아지리라 하였느니라(단9;27)

여기를 보면 남은 한 이레의 절반에 제사와 제물이 금지되는 일이 생긴다. 제사와 제물이 금지된다는 것은 성전이 없어진다는 말이다. 예루살렘이 파괴되었다는 것은, 이제 죄사함의 길은 제사나 예물이 아니라 오직 예수 그리스도의 믿음으로만 가능해졌다는 것을 상징한 것이다. 이렇게 종말까지 남아 있는 한 이레의 절반은 예루살렘 성전 파괴라는 것이 자명해 졌다.

이제 그때부터 종말까지 반 이레 남았다. 반 이레는 3과 2분의 1이다. 계시록에 자주 반복해 나오는 3년 반, 한 때 두 때 반 때, 1,260일, 42개월 이게 모두 예루살렘 성전파괴에서부터 종말까지의 기간인 말세의 기간이다.

그 때부터 예수님께서 다시 오시는 그 날까지를 우리는 교회시대 바로 은혜의 시대를 살고 있다. 그러므로 7년 대환난이 언제 올까. 두려워할 필요가 없다. 우리가 지금 그 대환난의 시기를 견디고 있는 것이다. 그러므로 우리의 마음 밭에 하나님의 말씀(씨)이 뿌려져야 환난을 이길 수 있다.

> 여호와께서 가라사대 보라 내가 사람의 씨와 짐승의 씨를 이스라엘 집과 유다 집에 뿌릴 날이 이르리니(렘31;27)

짐승의 씨를 받으면 이단한테 미혹되어 어둠으로 끌려간다. 어둠이 곧 사망이요 심판이다. 따라서 사람의 씨가 들어가려면 '씨는 하나님의 말씀'(눅8;11)이다. 이와 같이 하나님의 씨가 심령안에 심어지면 하나님의 영으로 바뀌진다. 즉 육신(탐심)의 생각에서 영(진리)의 생각으로 바뀌어 진다.

> 육신의 생각은 사망이요 영의 생각은 생명과 평안이니라(롬8;6)

육신의 생각은 사망이나 영의 생각은 생명과 평안이다. 그런 자들만이 '영'안에서 쉼을 얻어 진리가 우리를 자유케 한다. 하나님의 생각으로 바뀌는 그 자체가 신령과 진정으로 예배드리는 거다. 그러할 때 그리스도 예수께서 우리와 함께 계신다.

> 다 같은 신령한 음료를 마셨으니 이는 저희를 따르는 신령한 반석으로부터 마셨으매 그 반석은 곧 그리스도시라(고전10;4)

그리스도는 하나님의 비밀이고, 하나님의 능력이며 하나님의 지혜다. 그리스도의 말씀(영)과 함께 동행 할 때 믿음이 있는 자들이 된다.

> 그러므로 믿음은 들음에서 나며 들음은 그리스도의 말씀으로 말미암았느니라.(롬10;17)

믿음은 들음에서 나고 들음은 그리스도의 말씀 안에서 듣고 깨닫게 된다. 그러므로 모든 성경은 택정한 백성들을 구원하기 위한 진리의 첩경으로 하나님의 감동으로 쓰여진 하나님의 말씀이고 또한 말씀 그 자체가 바로 하나님이시다.

> 하나님은 모든 사람이 구원을 받으며 진리를 아는데 이르기를 원하시느니라(딤전2;4)

하나님은 모든 사람이 구원을 받으며 진리에 이르기를 원하신다. 따라서 내 영혼이 지성소로 올라온 사람이라면 거짓이 들어가면 안된다. 거짓 없이 복음을 전하려면 성경대로만 하면 된다. 그래서 말씀이 중요하다.

> 하나님은 약속을 기업으로 받는 자들에게 그 뜻이 변치 아니함을 충분히 나타내시려고 그 일에 맹세로 보증하셨나니(히6;17)

이와 같이 하나님(말씀)께서 약속을 받는 자들에게 복 주시겠다고 약속하셨다. 그리스도의 말씀이 곧 빛이기 때문에 이들은 어둠에 다니지 않는다. 성경 전체를 크게 나누면 빛과 어둠으로 갈린다.

계시록의 목적 자체가 빛에 속한 자들은 구원이고 어둠에 속한 자들은 심판임을 깨닫고 아마겟돈(영적) 전쟁에서 꼭 싸워 이기라는 요지다. 그래야 새 하늘과 새 땅이 우리에게 은혜의 선물(영생)로 주어진다. 성도는 십자가의 승리로 이긴 예수 그리스도의 말씀만을 꼭 붙잡아야 한다. 말씀 안에는 하나님께서 우리를 꼭 지키고 계신다는 것이 강하게 나타나 있다.

그러므로 예수 그리스도께서 계시록의 일곱 교회를 향해, '이기는 자는, 이기는 자는, 끝까지 이기는 자는' 생명나무의 과실을 먹게 하고, 둘째 사망의 해를 당하지 않게 하고, 만국을 다스리는 권세를 주시겠다고 약속하셨다. 우리는 그 은혜의 말씀을 우리의 심령에 새기고 신앙 생활해야 한다.

우리의 승리는 예수 그리스도 안에서의 승리이다. 사탄이 결박되었고 우리가 승리하고 있다는 것은 오늘도 하나님의 백성들은 온갖 방해에도 불구하고 구원으로 향하고 있다. 하나님의 계획은 단 한 번도 실패한 적이 없다. 예수를 믿으면 이 땅에서 잘 먹고 잘살게 되는 것이 아니라 영적인 승리에 의해 영생이 보장되는 은혜의 길이다.

예수를 믿으면, 예수의 축복으로 부자가 되고, 예수의 능력으로 병이 낫고, 예수의 이름으로 출세를 하게 된다고 성경 어디에 나와 있는가? 우리의 승리는 매일 매일 죽는 모습으로 살아가는 것이다. 성도는 이 세상에서 예수 그리스도의 이름 때문에 교회로부터 멸시를 당하고, 예수 그리스도의 십자가의 도 때문에 세상으로부터 배반당하며, 하나님의 말씀을 온전히 전함에 있어 사단으로부터 공격을 받아 고난을 당한다.

그러므로 예수 그리스도의 말씀만을 증거하고 하나님 나라의 복음을 성경대로 일점일획도 더하거나 빼는 것 없이 전파 하는 삶이 앞서의 선진들처럼 이 세상에서는 고문이고 순교이다. 그래서 사도요한도 '내가 천사의 손에서 작은 책을 갖다 먹어 버리니 내 입에는 꿀같이 다나 먹은 후에 내 배에서는 쓰게 되더라(계10;10)' 에서 이와 같이 복음의 어려움을 고백한 것이다.

†

예수 그리스도의 계시

창세기에서 하나님께서 천지를 창조하시고 에덴을 창조하시면서 인간의 타락으로 말미암아 무너져 가는 창조의 질서가 예수 그리스도의 십자가의 도(道)로 인해 완전히 회복되는 것을 나타낸 것이 바로 계시록이다.

따라서 창세기에서는 하나님께서 하늘과 땅을 창조하시면서 빛이 있으라 하시매 빛이 창조되었다. 그러나 교활한 사탄이 등장하여 인간을 미혹하므로 인간이 낙원을 상실했다. 그러므로 인간이 하나님과 분리되었다. 그로인해 자연이 가시덤불을 내고 엉겅퀴를 내어 인간을 헤치면서, 생명나무가 천사의 보호를 받아 그 누구도 접근하지 못하도록 차단이 되었다. 하나님으로부터 최초로 생령을 받은 아담은 에덴동산에서 만물을 통치하라는 위임을 받았지만 뱀에 의해 낙원에서 쫓겨나는 실수를 범하고 말았다.

그러나 계시록에서는 범죄한 아담이지만 하나님께서 손수 십자가에 달리시므로 하나님의 백성들을 성령으로 구원하여 이들한테 새 하늘과 새 땅을 주셨다. 창세기의 그 빛과는 비교할 수 없는 영원한 주님의 영광의 빛이 예루살렘 성을 환하게 밝히고 있는 거룩한 빛이다.

그러나 하나님의 백성들을 꾄 사탄은 결박당한 체 영원히 꺼지지 않는 유황불 못에 던져져 고통을 받는다. 반면에 하나님의 백성들은 낙원이 회복되므로 인간이 하나님과 혼인관계로 묶인다. 사람을 부양하고 위로하면서 생명나무로 가는 길이 열린다. 거기는 하나님의 보좌로부터 생명수 강이 흐르는 곳이다. 새 하늘과 새 땅에서 왕 노릇하면서 만물을 통치한다. 천국에서는 더 이상의 선악의 분별이 필요치 않아 유일하게 창세기에 있던 선악과만 계시록에 없다.

이와 같이 하나님께서는 계시록의 21장과 22장의 새 하늘과 새 땅을 목적하시고 인간을 창조하셨다. 그러므로 계시록이 성경의 결론이다. 즉 복음이 계시되어 있는 책이 요한이 기록한 예수 그리스도의 계시이다.

요한이 계시록을 쓸 당시인 AD 90년대는 로마의 압제를 받고 있던 교회의 시대다. 그래서 로마가 알아볼 수 없도록 그들만이 상징, 소문, 구약의 언어로 천국의 비밀을 감추어 기록했다. 즉 교회가 이 땅에서 사단에 의해 고난을 당하고 타락으로 부패되어 심판을 받게 되지만 참 하나님의 백성들은 사단과 싸워 반드시 승리한 교회로 영적으로 하늘에 존재하고 있다. 라는 것을 보여주는 것이 요한계시록이다.

지금 이 교회시대가 일곱 머리 열 뿔의 짐승에 의해 급속도로 타락으로 병들어가고 있다. 그러나 그중 몇 안 되는 소수의 무리가 성령의 감동으로 힘차게 나팔을 불고 있다. 빨리 그곳에서 회개하고 돌아오라고. 그리하여 빛나고 깨끗한 세마포로 갈아입고 어린양의 혼인잔치에 청함을 입으라고, 그래야 복이 있는 자라고 힘차게 이 시대 교회에게 메시지를 선포하고 있다. 그러려면 우리가 부패된 마음에서 믿음의 주로 환골탈퇴 되어야 한다.

> 만물보다 거짓되고 심히 부패한 것은 마음이라 누가 능히 이를 알리요마는(렘17;9)

무엇보다 믿음의 주를 따라가야 하는데 예수님 자체가 믿음의 주다. 그 길이 십자가의 길이고 날마다 죽는 일이며 자기가 없어지는 일이다. 즉 육신의 생각은 사망이다. 자기가 없어져야 다윗의 이름으로 오신 예수님을 맞이할 수 있다. 그래야 다윗의 열쇠를 가지신 이의 지혜가 들어오고, 그리스도의 영이 들어와야 그런 사람들이 신음(信音)이다. 믿음의 소리를 들을 수 있는 자들은 이미 심비에 신령이 들어와 있기 때문에 그 입에서 성경말씀 갖고 절대 거짓말 할 수가 없다. 그리스도의 영이란 즉 하나님의 생각(生覺)을 우리가 알고 터득하여 깨닫는 거다. 그래야 영생이란 생각(生覺)이 우리한테 선물로 주어진다.

> 내가 또 다윗의 집의 열쇠를 그의 어깨에 두리니 그가 열면 닫을 자가 없겠고 닫으면 열 자가 없으리라(사22;22)

> 일곱째 천사가 나팔을 불매 하늘에 큰 음성들이 나서 이르되 세상 나라가 우리 주와 그의 그리스도의 나라가 되어 그가 세세토록 왕 노릇 하시리로다 하니(계11;15)

하나님께서 요한한테 계시록을 쓰게 하신 주된 목적이 사단에 의해 타락한 인간들을 이 세상에서 구원하기 위해서다. 그러나 타락한 교회는 세상 신에 얽매여 하나님의 생각을 알지도 터득하지도 못하기 때문에 심판의 나락으로 떨어진다.

> 그중에 이 세상의 신이 믿지 아니하는 자들의 마음을 혼미하게 하여 그리스도의 영광의 복음의 광채가 비치지 못하게 함이니 그리스도는 하나님의 형상이니라(고후4;4)

그리스도 밖에 있는 그들한테는 마음을 혼미케 하여 복음의 광채를 비치지 못하게 한다.

> 간음하는 여자들아 세상과 벗된 것이 하나님과 원수 됨을 알지 못하느냐 그런즉 누구든지 세상과 벗이 되고자 하는 자는 스스로 하나님과 원수 되는 것이니라(약4;4)

성경에서의 간음은 다른 신을 받은 게 음녀고 간음이다. 교회는 예수신랑만 섬기고 살아가야 하는데 세상의 벗과 친하게 되면 그 자체가 하나님과 원수가 된다. 예수 그리스도의 신부인 교회가 세상과 친하면 친할수록 신랑(말씀)으로부터 철저히 버림받는다.

> 이 세상이나 세상에 있는 것들을 사랑하지 말라 누구든지 세상을 사랑하면 아버지의 사랑이 그 안에 있지 아니하니(요일2;15)

그러나 사단(뱀)은 이 세상 것에 관심을 갖게 한다. 바로 하와가 보암직도 먹음직도 탐스럽기만 한 이 세상 것을 보았다. 그게 바로 가시떨기에 떨어진 씨앗(사람)들이다. 즉 하나님의 말씀을 주었는데 그 말씀을 기쁘게 받았다가도 곧 세상의 염려와 욕심이라는 가시에 걸리고 말게 된다.

> 또 어떤 이는 가시떨기에 뿌려진 자니 이들은 말씀을 듣기는 하되. 세상의 염려와 재물의 유혹과 기타 욕심이 들어와 말씀을 막아

결실치 못하게 되는 자요(막4;18-19)

이와 같이 말씀을 듣는데 세상의 염려로 말씀을 가로 막는 가시에 찔린다. 그러므로 성도라면 회개하고 죄사함을 받아야 성령을 선물로 주시는 것을 느낄 수 있다. 즉 심령 안에 그리스도의 영이 찾아오셔야 계시록이 열린다.

계시록은 그리스도의 계시를 받고 사도요한이 쓴 책이다. 요한은 그리스도의 종이다. 종은 주인의 명령에 순종해야 진정한 종이다. 성도도 하나님의 종이다. 종한테는 반드시 그 주인이 계시는데 우리의 주인은 예수 그리스도시다. 따라서 성도한테는 하나님의 종이 되어야지, 세상(탐심) 신(우상)의 종이 되면 멸망으로 인도하는 짐승 따라가게 된다.

성경에서 말하는 종도 두 가지가 있다. 세상의 신은 애굽(육체)의 종이나, 사도요한은 예수 그리스도의 종이다. 그러므로 이 사람한테는 하나님께서 그리스도의 영을 담아서 일을 시키신다.

그러나 네게 책망할 일이 있노라 자칭 선지자라 하는 여자 이세벨을 네가 용납함이니 그가 내 종들을 가르쳐 꾀어 행음하게 하고 우상의 제물을 먹게 하는 도다.(계2;20)

이세벨은 우상을 제물로 먹게 하고 행음하게 하는 자칭 선지자다. 여자(교회)가 이 땅에 있는 하나님의 백성들을 꾀는 일을 종용하고 있다. 예수 그리스도의 종이라 자처하는 오늘날의 목사들이 탐심에 눈이 어두워 이세벨의 거짓 가르침에 합세하고 있다. 이들 목사들이 하나님의 백성들을 잘못되게 하는 거짓 선지자요 광명한 천사로 둔갑한 거짓 사역자들이다. 그러나 성경의 결론은 하나님의 종들한테만 인을 치신다는 사실이다.

이르되 우리가 우리 하나님의 종들의 이마에 인치기까지 땅이나 바다나 나무들을 해하지 말라 하더라(계7;3)

땅(백성)이나 바다(세상)는 이 세상 교회의 하나님의 백성들이다. 즉 하나님의 종들한테 인을 치는 거다. 여기서의 인(印;도장)은 소유권을 상징한다.

다니엘이 진술하여 이르되 내가 밤에 이상을 보았는데 하늘의 네 바람의 큰 바다로 몰려 불더니. 큰 짐승 넷이 바다에서 나왔는데 그 모양이 각각 다르더라(단7;2-3)

다니엘서에서의 바다에 올라온 짐승이 계시록 13장에서 '내가 보니 바다에서 한 짐승이 나오는데 뿔이 열이요 머리가 일곱이라 그 뿔에는 열 면류관이 있고 그 머리들에는 참람된 이름들이 있더라' 이같이 정확하게 표현하고 있다.

짐승에 대한 답이 바로 다니엘 7장 17절에서 '그 네 짐승은 세상에 일어날 네 왕이라' 라고 분명하게 밝히고 있다. 짐승이 왕이고, 지금 한창 교회를 크게 지어 놓고 자칭 '보혜사' 또는 '메시야' 니 하고 떠드는 사단의 조직체들이다.

위로부터 오시는 이는 만물 위에 계시고 땅에서 난 이는 땅에 속하여 땅에 속한 것을 말하느니라 하늘로부터 오시는 이는 만물 위에 계시나니. 그가 친히 보고 들은 것을 증언하되 그의 증언을 받는 자가 없도다. 그의 증언을 받는 자는 하나님이 참되시다는 것을 인쳤느니라(요3;31-33)

예수님의 증거를 받은 자들은 하나님이 참되시다 하여 인을 치신다. 이들이 하나님의 소유권을 인정받은 인 맞은 자들이다. 이러한 종들한테는 주인이 하나님이라 자기 생각이 나올 수가 없다. 자기(육신의 생각)가 없어진 자들이 올라가는 곳이 바로 영의 세계인 지성소다.

요한의 주인은 예수 그리스도시다. 신실한 종은 말씀에 복종하면서 주인을 따른다. 그들만이 성경을 온전히 깨달아 바로 알기에 그 입에서 거짓말이 나오지 않는다.

> 일곱째 천사가 소리 내는 날 그의 나팔을 불려고 할 때에 하나님이 그의 종 선지자들에게 전하신 복음과 같이 하나님의 그 비밀이 이루어지리라 하더라(계10;7)

일곱째 천사가 나팔을 불게 될 때, 하나님의 비밀이 이루어지는데 그게 '세상 나라가 우리 주와 그의 그리스도가 되어 세세토록 왕 노릇'하게 되는 것이다.

창세기 2장 초반에 '천지와 만물이 다 이루어지니라. 하나님이 그가 하시던 일을 일곱째 날에 마치시니 그가 하시던 모든 일을 그치고 일곱째 날에 안식하셨음이니라' 이와 같이 성경전체는 일곱의 날 밖에 없다.

> 일곱째 천사가 나팔을 불매 하늘에 큰 음성들이 나서 이르되 세상 나라가 우리 주와 그의 그리스도의 나라가 되어 그가 세세토록 왕 노릇 하시리로다 하니(계11;15)

따라서 계시록에서는 인치는 사명이 있는데 하나님의 종을 인친 데가 있고, 계시록 13장에서 짐승들한테 인치는 장면이 나온다. 즉 사단도 그들의 교리로 인을 친다. 실제적으로 신천지나 그밖에 이단 또한 그들이 조직체를 만들어 놓고 그 안에 종사하는 자들한테 교리로 인(자기들만의 소유)을 친다.

> 그가 모든 자 곧 작은 자나 큰 자나 부자나 가난한 자나 자유인이나 종들에게 그 오른손에나 이마에 표를 받게 하고. 누구든지 이 표를 가진 자 외에는 매매를 못하게 하니 이 표는 곧 짐승의 이름이나 그 이름의 수라. 지혜가 여기 있으니 총명한 자는 그 짐승의 수를 세어 보라 그것은 사람의 수니 그의 수는 육백육십육이니라. (계13;16-18)

그 표가 바로 666의 사단인 짐승의 표다. 오늘날의 이단(신천지)들도 일곱 머리 열 뿔의 조직체를 만들어 그들의 교리로 교육하고 훈련시켜 결속을 다진다. 그러므로 그 과정을 이수하지 못하면 함부로 설교하거나 그 안에서 공부를 못하게 한다. 자기들만의 조직체를 만들고 놓고 첫 장막에 있는 교회들을 잡아먹게 하는 교육을 철저하게 훈련시킨다. 바다에서 올라온 짐승과 일곱 머리 열 뿔이 666인데 모두 열여덟 명이다.

> 솔로몬의 세입금의 중수가 육백육십 금 달란트요(왕10;14)

스바 여왕이 이방여인이다. 세입금이 666 금달란트다. 달란트가 교리다. 그걸로 방패를 만든다. 우리의 싸움은 혈과 육이 아니다. 계시록 때는 남방여인이 스바 여왕이다. 주작이 공작인데 남두칠성이다. 남두칠성은 '정.귀.유.성.장.익.진'으로 남쪽은 맡은 일곱 귀신의 총칭이다. 주작이나 공작이 남두칠성이다. 남쪽 귀신을 맡은 게 즉 스바 여왕이다.

이 땅의 교회가 거의 대부분이 솔로몬 성전이다. 솔로몬이 성전을 지었다. 그러한 교회를 스바(신천지) 여왕(이만희)이 솔로몬(교회)을 높이 들어 꼬셔 잡아먹으려 드는 거다.

> 그 외에 또 상고와 객상들의 가져온 것이 있고 아라비아 왕들과 그 나라 방백들도 금과 은을 솔로몬에게 가져온지라.(대하9;14)

그들(이단)의 교리를 첫 장막인 교회에 갖다 놓은 것이다. 666이란 숫자는 사단마귀로 솔로몬시대에 스바 여왕이 가지고 온 금달란트인데 이는 세상 부귀를 나타내는 숫자를 상징한 거다. 교회가 금달란트의 유혹 때문에 전부 짐승(거짓선지자)을 따라가지만, 하나님의 참 교회는 어린양의 노래만 찬양한다.

> 하나님의 종 모세의 노래, 어린 양의 노래를 불러 이르되 주 하나님 곧 전능하신 이시여 하시는 일이 크고 놀라우시도다 만국의 왕이시여 주의 길이 의롭고 참되시도다(계15;3)

이와 같이 하나님의 종 모세의 노래와 어린양을 찬양하는 자들은 모세오경의 말씀(율법)과 어린양의 노래(십자가의 도)를 부르며, 예수 그리스도가 이 땅에 오셔서 말씀하신 그 길(성령)만 따라 간다.

> 내가 그 발 앞에 엎드려 경배하려 하니 그가 나에게 말하기를 나는 너와 및 예수의 증언을 받은 네 형제들과 같이 된 종이니 삼가 그리하지 말고 오직 하나님께 경배하라 예수의 증언은 예언의 영이라 하더라(계19;10)

이와 같이 온전히 하나님의 말씀만을 전하는 자들은 오직 하나님만 경외하고 경배한다. 이들이 빛의 아들이고 낮의 아들이며 하나님의 참된 종들이다.

> 또 그가 내게 말하기를 이 말은 신실하고 참된지라 주 곧 선지자들의 영의 하나님이 그의 종들에게 반드시 속이 되어질 일을 보이시려고 그의 천사를 보내셨도다(계22;6)

계시록의 말씀은 신실하고 참되다. 왜냐하면 하나님께서 계시의 말씀을 예수께 주셨고 예수께서는 반드시 속히 될 일들을 주님이 부리는 천사(영)한테 보내어 요한한테 지시했다. 영을 보내서 하나님의 말씀을 증거하게 한 것이 바로 예수 그리스도의 계시이다. 그리스도의 종이 되려면 반드시 사도바울이나 요한, 베드로, 야고보처럼 성령의 감동으로 인도함을 받아야 한다.

오늘날의 목사들이 다 자기가 주의 종이라 하지만 거의 대부분이 성경 말씀에 육신의 생각을 섞어 설교를 하기 때문에 종이 아니라 삯꾼들이다. 주인의 명령을 온전히 따르는 자가 진정한 종이고 그리스도의 말씀을 그대로 대언하는 자가 올바른 종이라 할 수 있다.

> 우리가 알거니와 우리 옛 사람이 예수와 함께 십자가에 못 박힌 것은 죄의 몸이 죽어 다시는 우리가 죄에게 종 노릇하지 아니하려 함이니(롬6;6)

성령의 인도함을 받은 사람은 이와 같이 죄에게 종노릇하지 않는다. 따라서 죄가 하나님 앞에 있느냐 없느냐가 가장 중요하다. 무엇보다 주인을 믿지 못하면 그의 명을 무시하고 어기게 된다. 아담 또한 하나님을 믿지 않아서 사망으로 떨어졌듯이, 오늘날의 교회들도 하나님을 믿지 않아서 짐승이 주는 미끼에 덥석 물고 만다. 그러기에 죄인들의 속성을 너무나 잘 알고 계신 하나님께서 십자가로 그 죄를 다 도말하시고 자기를 부인하고 십자가만 좇으라고 하셨다. 이 말씀에 순종하는 자들만이 영이 부활한다.

> 말할 때에 홀연히 빛난 구름이 그들을 덮으며 구름 속에서 소리가 나서 이르시되 이는 내 사랑하는 아들이요 내 기뻐하는 자니 너희는 그의 말을 들으라 하시는지라.(마17;5)

이와 같이 그리스도 예수의 말씀을 들으라는 거다. 그래야 영이 살아난다.

> 진실로 너희에게 이르노니 죽은 자들이 하나님의 아들의 음성을 들을 때가 오나니 곧 이때라 듣는 자는 살아나리라.(요5;25)

이와 같이 듣는 자는 반드시 살아난다고 예수께서 직접 말씀하셨다.

> 아담 안에서 모든 사람이 죽은 것 같이 그리스도 안에서 모든 사람의 삶을 얻으리라(고전15;22)

영이 살아 있어야 계시록이 열리고 말씀의 의미가 깨달아진다. 또한 그리스도의 영이 임한 자들만이 세상(탐심)과 싸워 이길 수 있고 짐승(신천지)의 미혹에 넘어가지 않는다. 그런 자들이 계시록의 진위를 파악하고 개(목사)들을 좇지 않게 되어 그리스도 안에서의 새 삶(구원)을 얻는다.

> 너희가 아들인 고로 하나님이 그 아들의 영을 우리 마음 가운데 보내사 아바 아버지라 부르게 하셨느니라. 그러므로 네가 이 후로는 종이 아니요 아들이니 아들이면 하나님으로 말미암아 유업을 받을 자니라(갈4;6-7)

그리스도의 영이 심령 안에 거한 자들이 바로 아들의 영을 받은 사람들로 하나님 아버지를 아바 아버지라 부를 수 있고 하나님의 자녀가 될 수 있다. 이와 반대로 마음속에 마귀(육신의 생각)가 들어있는 사람은 마귀의 지배를 받게 되므로 절대 성령의 마음으로 바뀌지 않는다. 그렇기 때문에 예수께서도 '죄란 저희가 나를 믿지 않음이 죄'라 분명하게 말씀하셨다. 그러나 지혜 있는 종은 주인을 따르게 되어 있다.

> 충성되고 지혜 있는 종이 되어 주인에게 그 집 사람들을 맡아 때를 따라 양식은 나눠 줄 자가 누구라(마24;45)

따라서 충성되고 지혜 있는 종이 되려면 그리스도 영이 반드시 들어가야 한다. 즉 믿음이 들어가야 우리가 그리스도의 종이 되는데 종은 주인의 말만 따르면 된다. 그러므로 그 주인의 속성을 잘 아는 종들은 그 앞에서 자기의 잘못을 솔직하게 인정하고 다시 순종(회개)을 하게 되므로 안정(영생)된 삶을 보장 받는다. 그런 종들은 그 주인 앞에서 절대 거짓말을 할 수가 없다.

> 가서 그 나라 백성 중 한 사람에게 붙여 사니 그가 저를 들로 보내어 돼지를 치게 하였는데. 그가 돼지 먹는 쥐엄 열매로 배를 채우고자 하되 주는 자가 없는지라. 이에 스스로 돌이켜 이르되 내 아버지에게는 양식이 풍족한 품꾼이 얼마나 많은가 나는 여기서 주려

죽는구나. 내가 일어나 아버지께 가서 이르기를 아버지 내가 하늘과 아버지께 죄를 지었사오니. 지금부터는 아버지의 아들이라 일컬음을 감당하지 못하겠나이다 나를 품꾼의 하나로 보소서 하리라 하고. 이에 일어나서 아버지께로 돌아가니라 아직도 거리가 먼데 아버지가 그를 보고 측은히 여겨 달려가 목을 안고 입을 맞추니. 아들이 이르되 아버지 내가 하늘과 아버지께 죄를 지었사오니 지금부터는 아버지의 아들이라 일컬음을 감당하지 못하겠나이다 하니. 아버지는 종들에게 이르되 제일 좋은 옷을 내어다가 입히고 손에 가락지를 끼우고 발에 신을 신기라(눅15;15-22)

우리가 너무나 잘 아는 탕자의 비유다. 여기서의 돼지는 타락한 사람이다. 타락한 자는 거렁뱅이(영적거지)가 되어 돼지 밥(영적양식)도 못 얻어먹는다. 그 뒤에 그(죄인)가 뉘우쳐 고쳐 회개하고 나니까 아버지(하나님)가 그가 돌아오기를 학수고대하며 바라보고 있다가 먼발치에서 그(죄인)를 발견하고 단걸음에 달려나가 반겨 안아 주셨다. 그리고 종(영)들을 시켜 제일 좋은(그리스도) 옷과 손에 가락지를 끼워주고 발에 신을 신겨 주셨다.

여기서의 종은 아버지(하나님)가 부리는 영(천사)이다. 또한 제일 좋은 옷이 바로 그리스도의 옷인데 이 옷을 손수 입혀 주신 것이다. 이게 아버지(하나님)의 마음이다.

누구든지 그리스도와 합하기 위하여 세례를 받은 자는 그리스도로 옷 입었느니라(갈3;27)

적은 무리여 무서워 말라 너희 아버지께서 그 나라를 너희에게 주시기를 기뻐하시느니라. 주인이 와서 깨어 있는 것을 보면 그 종들은 복이 있으리로다 내가 진실로 너희에게 이르노니 주인이 띠를

띠고 그 종들을 자리에 앉히고 나아와 수종들리라.(눅12;32.37)

회개하여 아버지 앞으로 돌아오는 자가 극히 적은 무리에 불과하므로 우리는 늘 깨어 있어야 한다. 그러므로 언제 오실지 모르는 주인을 맞이하기 위해 기름(말씀)을 준비한 다섯 처녀처럼 신랑을 맞을 준비를 해야 한다. 따라서 하나님의 백성들에게는 깨어 있는 신을 주셨다면, 반대로 거짓선지자들한테는 잠들게 하는 신을 부어 보지 못하도록 눈을 감기게 하셨다.

대저 여호와께서 깊이 잠들게 하는 영을 너희에게 부어 주사 너희의 눈을 감기셨음이니 그가 선지자들과 너희의 지도자인 선견자들을 덮으셨음이라(사29;10)

이와 같이 하나님께서 오늘날의 목사들한테 잠들게 하는 신을 주었음을 상기해야 한다. 그러므로 이들 술객(교회)한테 잡혀 먹히지 않으려면 영이 깨어나서 정신 바짝 차리고 있어야 한다.

이 세상은 바닷물이다. 그 바닷물(세상)에 빛(예수님의 말씀)이 내리 쏘이면 물이 말라 소금(진리)이 된다. 이런 사람들만이 하나님의 말씀을 온전히 전할 수 있다.

너희는 세상의 소금이니 소금이 만일 그 맛을 잃으면 무엇으로 짜게 하리요 후에는 아무 쓸데없어 다만 밖에 버려져 사람에게 밟힐 뿐이니라(마5;13)

소금이 하는 일은 맛(진리)을 내는 일이다. 그러므로 소금(진리)이 녹으면 도로 바다(세상)로 흘러간다. 바닷물은 음녀가 앉는 물이다.

또 일곱 대접을 가진 일곱 천사 중 하나가 와서 내게 말하여 가르되 이리로 오라 많은 물 위에 앉은 큰 음녀가 받을 심판을 네게 보이리라(계17;1)

많은 물 위에 음녀(교회)가 있다. 그 음녀를 심판하시는 것이 바로 계시록이다.

또 천사가 내게 말하되 네가 본 바 음녀가 앉아 있는 물은 백성과 무리와 열국과 방언들이니라(계17;15)

물이 세상 교리(비진리)다. 이러한 세상 교리가 예수님의 빛(말씀)을 받으면 없어진다. 그러려면 일차적으로 먼저 소금이 되어야 한다.

너희는 세상의 빛이라 산 위에 있는 동네가 숨겨지지 못할 것이요(마5;14)

빛(말씀)이 들어와서 결정체(진리)를 만든 게 소금이다. 그래서 너희는 세상의 빛이라고 말씀하셨다. 그러므로 그 소금으로 생명을 살리는 소금이 되라고 하신 거다. 빛(말씀)을 받은 자만이 소금(진리)이 될 수 있고 생명을 살리는 일을 할 수 있다. 그런 자들이 예언의 말씀을 들을 줄 아는 자다.

이 예언의 말씀을 읽는 자와 듣는 자와 그 가운데에 기록한 것을 지키는 자는 복이 있나니 때가 가까움이라(계1;3)

말씀을 읽고 깨달아 알아듣고 지키는 자가 되어야 복이 있다.

이런 자들한테 하나님의 신(信)이 들어온다. 사도요한 또한 신(信)이 임했기 때문에 성령의 감동으로 보고 들은 하늘의 것을 감추어 계시록에 기록해 놓았다. 그러므로 이를 열어 보일 수 있는 자 또한 그리스도의 영(말씀)을 받은 사람만이 펼칠 수 있다. 하나님의 영을 받은 사람은 이 예언의 말씀에 더하거나 감하면 안 된다.

이 시대의 목사가 하나님의 종인지 아닌지를 구별하는 가장 좋은 방법으로 성경을 갖고 육신의 생각으로 푸느냐 아니냐만 보면 된다.

특히 이 시대에 이단이 왜 그렇게 많이 득세를 하느냐 하면 유독 계시록을 갖고 자기들 편의대로 해석해 교회들을 미혹하기 때문이다. 교회(목사)들이 성령(성경)의 영(말씀)을 받지 못하다 보니 하나님의 영(말씀)으로 쓰여진 계시록을 열지 못한다. 그러니까 문자에만 매달려 씨름하다보니 이만만을 중공군이니, 666이 전자신분증이니 베리칩이니 이런 엉뚱한 소리들만 해댄다.

> 이 땅에 무섭고 놀라운 일이 있도다. 선지자들은 거짓을 예언하며 제사장들은 자기 권력으로 다스리며 내 백성은 그것을 좋게 여기니 마지막에는 너희가 어찌하려느냐(렘5;30-31)

이 땅의 놀라운 일들이 바로 이단들이 교회를 점령한 그것이다. 하나님의 백성들이 바다에서 올라온 짐승(신천지)들한테 잡혀 먹히다보니 교회마다 전부 비상이다. 특히 거짓을 예언하고 자기 권력으로 교회에 군림하고 있는 제사장(목사)들을 도리어 교인들이 더 우러러보고 있는 실정이다. 그러기에 지금 마지막 때에 이르자 큰 성 바벨론(대형교회)의 교회들이 하나님의 심판에 의해 점차 무너져 가고 있다. 이 모든 것이 하나님의 섭리에 의한 계획이고 작정이다. 이들한테서 빨리 빠져 나와야 구원의 살 길이 열린다.

> 여호와께서 내게 이르시되 선지자들이 내 이름으로 거짓 예언을 하도다 나는 그들을 보내지 아니하였고 그들에게 명령하거나 이르지 아니하였거늘 그들이 거짓 계시와 점술과 헛된 것과 자기 마음의 거짓으로 너희에게 예언하는도다(렘14;14)

여호와께서 예레미아 선지자한테 이르신 것이 바로 하나님의 말씀이다. 그런데 거짓 선지자(목사)들이 점술과 헛된 것과 자기 마음의 거짓으로 거짓 예언을 하니까 교회(하나님의 백성)가 전부 거짓목사를 따라가고 있다. 오늘날의 목사들이 성경을 왜곡하여 복을 빙자한 설교로 하나님의 백성들을 지옥으로 안내하니까 하나님께서 들짐승(신천지)을 이 땅에 내려 보낸 것이다.

> 만군의 여호와께서 이와 같이 말씀하시되 너희에게 예언하는 선지자들의 말을 듣지 말라 그들은 너희에게 헛된 것을 가르치나니 그들이 말한 묵시는 자기 마음으로 말미암은 것이요 여호와의 입에서 나온 것이 아니니라(렘23;16)

예레미야 23장은 거짓선지자들의 장이다. 즉 자기생각으로 하나님의 말씀을 사사로이 푸는 것이다. 에스겔 16장도 마찬가지로 거짓선지자들의 장이다.

> 내 이름으로 거짓을 예언하는 선지자들의 말에 내가 꿈을 꾸었다 꿈을 꾸었다고 말하는 것을 내가 들었노라(렘23;25)

오늘날 대부분의 목사들이 꿈에 계시를 받아 교회가 성장되었느니, 아픈 자가 나았다느니 이런 헛소리들을 많이 한다. 이런 거짓 것들이 많이 나타날 것을 하나님께서 예레미야나 에스겔 선지자를 통해 이미 밝혀 놓으셨다. 따라서 거짓 목사를 따라가면 죽도록 교회에 헌신하고 봉사했어도 결국엔 전부 지옥으로 끌려간다. 그러나 예언의 말씀을 굳건히 지키는 자들은 하나님의 음성을 들을 수 있기에 그 때가 가까이 왔음을 알고 말씀(영) 안에서 늘 깨어 있다.

모든 성경은 한 치의 어긋남 없이 하나님께서 기록된 대로 그대로 행하신다. 그러기에 사람을 통해 성령의 감동으로 먼저 기록 하게하고, 그 기록된 언약의 말씀을 그대로 이루어 가시는 분이란 걸 깨달아야 한다.

> 그러므로 네가 본 것과 지금 있는 일과 장차 될 일을 기록하라(계1;19)

성경은 기록된 대로 역사하기 때문에, 성경에 없는 말을 하면 그게 바로 지옥으로 가는 심판의 대상이 된다.

> 이기는 자는 내 하나님 성전에 기둥이 되게 하리니 그가 결코 다시 나가지 아니하리라 내가 하나님의 이름과 하나님의 성 곧 하늘에서 내 하나님께로부터 내려오는 새 예루살렘의 이름과 나의 새 이름을 그이 위에 기록하리라(계3;12)

이 말씀의 요지는 사단(육신)의 생각에서 싸워 이겨 그리스도의 영안으로 진입해 들어간 자들만이 그 생각과 마음 판에 늘 하나님의 말씀이 기록되어 있다. 그런 자들한테만 기록된 대로 새 예루살렘의 이름과 그리스도의 새 이름을 생명책에 기록하여 복을 주시겠다는 약속이다. 그러나 그 반대인 육신의 생각에 사로잡힌 자들한테는 기록된 대로 심판을 하신다는 것이 그리스도 계시의 핵심주제이다.

요한은 아시아에 있는 일곱 교회에 편지하노니 이제도 계시고 전에도 계셨고 장차 오실이시며 그의 보좌 앞에 있는 일곱 영과(계1;4)

그러기 때문에 요한은 아시아에 있는 모든 교회한테 하나님의 명을 받고 편지를 보낸 거다. 소아시아는 중동에 있는 교회다. 그곳에 있는 교회를 빌려다가 앞으로 한국교회에서 벌어질 영적 사건을 묘사하는 부분이 바로 계시록 2장과 3장의 사건이다.

즉 아시아에 있는 일곱 교회는 딱히 일곱 교회만을 지칭한 것이 아니라 7이란 숫자를 사용해 전체 교회를 나타낸 모든 교회다. 그러므로 교회들에게 육적인 생각에서 벗어나 영적인 생각으로 탈출하라는 하나님의 지상 명령이 계시록의 요체이고 주님의 사랑의 실체이다. 그러므로 우리는 지존 자이신 하나님께서 애굽(세상)에서 출애굽 시키는 사건에서 하나님의 은혜의 사랑을 깊이 통찰해야 한다.

하나님이 이르시되 내가 반드시 너와 함께 있으리라 네가 그 백성을 애굽에서 인도하여 낸 후에 너희가 이 산에서 하나님을 섬기리니 이것이 내가 너를 보낸 증거니라.(출3;12)

애굽에서 인도해 낸 후에 머문 산이 바로 산상시온이다. 하나님은 스스로 계신 자존자다. 그러기에 스스로 계신 자 주위에는 하나님을 모시는 천천만만의 많은 영들이 포진되어 있다.

불이 강처럼 흘러 그의 앞에서 나오며 그를 섬기는 자는 천천이요 그 앞에서 모셔선 자는 만만이며 심판을 베푸는데 책들이 펴 놓았더라(단7;10)

시위는 모시어 호위하는 거다. 하나님이 계신 곳에는 천천만만의 영들이 수종 들며 따라 다닌다. 따라서 다니엘서 7장에 심판을 하는 책들이 펴 놓였는데 이 책이 계시록에서는 어린양의 오른손에 취하고 있다.

그 어린 양이 나아와서 보좌에 앉으신 이의 오른손에서 두루마리를 취하시니라(계5;7)

즉 구약에서 하나님께 있던 책이 신약에서 그리스도한테로 옮겨졌다. 이는 예수 그리스도께서 구원과 심판의 권세를 갖고 책을 취하고 계시니까 천천만만의 영들이 어린양 앞에 와서 그의 내리실 명을 기다리고 있는 거다.

내가 또 보고 들으매 보좌와 생물들과 장로들을 둘러 선 많은 천사의 음성이 있으니 그 수가 만만이요 천천이라(계5;11)

이와 같이 천상의 세계는 천천만만의 하나님의 영체들이 어린양을 찬양하고 하나님을 경배하면서 마지막 때 세상 나라가 우리 주와 그 그리스도의 나라가 세세토록 왕 노릇 하시는 천상의 모습을 그림으로 보여주고 있다.

따라서 계시록 1장 8절에 '장차 올 자요 전능한 자'라고 표현했던 부분이, 바로 계시록 22장 20절의 '이것들을 증거하신 이가 이르시되 내가 진실로 속히 오리라 하시거늘' 그때의 하나님 앞에 일곱(교회) 영들이 '아멘 주 예수여 오시옵소서' 하고 찬양하며 경배하던 그리스도시다.

무엇보다 하나님의 보좌 앞에 이십사 장로의 영들과 그 앞에 네 생물과 일곱이 있는 영계의 보좌가 천천만만의 영들이 있는 하나님의 보좌의 형상이다. 따라서 계시록 2장과 3장에서 일곱 교회에 편지 보낸 후에 계시록 4장에서 하늘의 열린 문이 바로 지성소로 올라가는 문이다. 그 문은 예수 그리스도의 인도(말씀)함이 없이는 갈수 없는 십자가의 길(道)이다.

> 이 일 후에 내가 보니 하늘에 열린 문이 있는데 내가 들은 바 처음에 내게 말하던 나팔 소리 같은 그 음성이 이르되 이리로 올라오라 이 후에 마땅히 일어날 일들을 내가 네게 보이리라 하시더라. 내가 곧 성령에 감동되었더니 보라 하늘에 보좌를 베풀었고 그 보좌 위에 앉으신 이가 있는데. 앉으신 이의 모양이 벽옥과 홍보석 같고 또 무지개가 있어 보좌에 들렸는데 그 모양이 녹보석 같더라(계4;1-3)

따라서 우리가 하늘의 열린 문으로 들어가려면 영이 감동해야 즉 감동을 깊이 입어야 하늘(지성소)로 올라 갈 수 있다. 여기에는 사방의 광채가 마치 비 오는 날 무지개 같이 여호와의 영광으로 가득 넘쳐나고 있다. 무지개는 하나님의 영광의 광채일 뿐만 아니라 하나님의 언약이기도 하다.

> 그 사방 광채의 모양은 비 오는 날 구름에 있는 무지개 같으니 이는 여호와의 영광의 형상의 모양이라 내가 보고 엎드려 말씀하시는 이의 음성을 들으니라.(겔1;28)

이와 같이 하나님의 음성(말씀)을 듣는 자들이 바로 구원받는 자들이다. 이들만이 어린양의 피 뿌린 옷을 입고 하나님의 말씀으로 만국(교회)을 칠 수 있는 자들이 된다.

> 그에게 빛나고 깨끗한 세마포 옷을 입도록 허락하셨으니 이 세마포 옷은 성도들의 옳은 행실이로다 하더라(계19;8)

하늘의 군대들이 희고 깨끗한 세마포를 입고 이한 검(말씀)으로 저희를 철장으로 친히 다스린다. 세마포가 바로 성도들의 옳은 행실이고 흰옷이며 깨끗한 그리스도의 옷이다.

우리나라가 바로 백의민족으로 흰옷을 즐겨 입던 하나님의 나라임을 상기해야 한다. 그러므로 우리나라야말로 일제식민지 사관을 거처 6.25 전쟁이란 큰 환란을 겪어 오면서도 꿋꿋이 기독교 문화가 이 땅에 뿌릴 내릴 수 있었던 것은 마지막 때에 하나님의 나라를 회복시키기 위한 하나님의 계획이고 작정이시다. 따라서 흰옷 입은 자들은 일찍이 하늘(십자가)의 도를 깨달은 자들이고, 그게 성도들의 옳은 행실이며 하나님의 백성들로 선민의 모습이다. 이들은 이미 예수 그리스도의 말씀으로 깨끗하게 씻겨진 자들이다. 요한복음 15장 3절에 '너희는 내가 일러준 말로 이미 깨끗하여졌으니' 와 같이 예수님의 말씀으로 깨끗이 씻음 받은 자들로, 이들만이 그리스도의 계시인 계시록에 비밀을 열수 있다. 이런 자들이 바로 구원받은 자들임을 마음 판에 새기고 있어야 무시무시한 심판에서 벗어날 수 있고, 하늘의 보좌에 내 영(정신)도 끌어 올려 갈 수 있다.

†

계시록과 교회론

요한은 아시아에 있는 일곱 교회에 편지하노니 이제도 계시고 전에도 계시고 장차 오실 이와 그 보좌 앞에 일곱 영과.(계1;4)

우리가 교회하면 일반적으로 붉은 네온사인의 십자가가 걸린 건물을 생각한다. 그리고 그 건물을 성전이라 부른다. 그래서 각 교회마다 성전건축헌금을 강요하는 곳도 많다. 그러나 교회는 건물이 아니라 우리의 몸이 성전이다. 하나님의 영이 거한 우리 심령 자체가 성전이요 교회기 때문에 우리 자신이 교회이다. 그러므로 성지는 예루살렘이나 터키에 있는 것이 아니라 하나님이 계신 우리 마음이 바로 성지이고 교회임을 자각해야 한다.

따라서 아시아에 있는 일곱 교회는 모든 하나님의 백성들한테 보내는 편지 사건이다. 즉 이 땅에 있는 종교세계에 편지내용을 띄우는 것이 계시록 2장과 3장의 사건이다. 그런데 그 편지내용 속에는 애가와 애곡과 재앙이 들어있다.

너 인자야 내가 네게 이르는 말을 듣고 그 패역한 족속 같이 패역하지 말고 네 입을 벌리고 내가 네게 주는 것을 먹으라 하시기로. 내가 보니 보라 한 손이 나를 향하여 펴지고 보라 그 안에 두루마리 책이 있더라. 그가 그것을 내 앞에 펴시니 그 안팎에 글이 있는데 그 위에 애가와 애곡과 재앙의 말이 기록되었더라(겔2;8-10)

하나님께서 선지자 에스겔한테 네게 주는 책을 먹으라 하셨다. 먹고 나니까 그 입에서 달기가 꿀 같았으나 막상 애가와 애곡과 재앙의 말이 기록된 것을 보자 근심하여 분한 마음이 생겼다. 그 때 여호와의 권능이 힘 있게 에스겔을 감동케 하여 피숫군으로 세우고 하나님의 말씀으로 이스라엘 족속들을 깨우치게 하셨다.

그러나 요한은 천사의 손에서 책을 갖다 먹어버리자 입에서는 달기가 꿀 같았으나 배에서는 썼다. 이는 예수 그리스도의 말씀이 성경이고 말씀 위에 세워진 것이 교회이다. 즉 말씀 따라가면 영생의 길이 열리는데 그 길 자체가 십자가의 길이다 보니 하나님의 말씀을 온전히 전하는 사역자의 길이 그에게는 힘들고 고통스러워 배에서 쓰다고 표현했다.

그러나 그리스도 예수를 따라가지 않으면 그런 자들한테는 애가와 애곡과 재앙이 도사리고 있어, 이와 같이 계시록 전체의 내용 자체가 주인이신 예수 그리스도께서 이끌어 가는 곳이 교회임을 밝히고 있다. 따라서 교회가 회개하지 않고 십자가의 도를 외면하면 애가와 애곡과 재앙이 따른다는 것을 일깨우고 있다.

계시록 6장도 심판장이고, 18장도 바벨론에 대접 쏟는 심판장면이다. 초림 때도 예수께서 이 땅에 오셔서 당시의 바리새인(목사)들한테 심판하셨다.

예루살렘아 예루살렘아 선지자들을 죽이고 네게 파송된 자들을 돌로 치는 자여 암탉이 그 새끼를 날개 아래에 모음 같이 내가 네 자녀를 모으려 한 일이 몇 번이더냐 그러나 너희가 원하지 아니하였도다(마23;37)

서기관과 바리새인한테 일곱 화(禍)가 들어있는데 계시록 때도 똑같이 재앙이 쏟아진다. 심판을 면하려면 먼저 회개하고, 그 다음에 그리스도 이름으로 세례를 받고 성령을 선물로 받아야 한다. 그래야 그리스도의 계시와 명령을 받을 수 있다.

계시록의 전체 요지는 먼저 회개하라. 싸워라. 이겨라. 그러면 이기는 그에게 새 하늘과 새 땅을 주고 신부로 맞이하여 천국잔치를 열어주시겠다는 하나님의 약속이다. 그러니까 자칭 선지자라 일컫는 이세벨이나 사단의 위가 있는 곳에서 거짓선지자들과 싸워 이기라는 것인데 성경에서의 이김은 그리스도를 믿는 믿음이거 하나뿐이다.

무릇 하나님께로부터 난 자마다 세상을 이기느니라 세상을 이기는 승리는 이것이니 우리의 믿음이니라(요일5;4)

믿음 자체가 그리스도와의 동행이다. 따라서 계시록을 크게 요약하면 1장 1절-3절까지다. 이 내용을 좀 더 구체적으로 설명한 것이 8절까지이다.

나 요한은 너희 형제요 예수의 환난과 나라와 참음에 동참하는 자라 하나님의 말씀과 예수의 증거를 인하여 밧모라 하는 섬에 있었더니(계1;9)

계시록 8절까지 서론이 끝나고 9절부터 예수 그리스도에 관한 묘사를 했다. 요한은 자기를 가리켜 너희 형제요, 예수의 환난과 나라와 참음에 동참하는 자라고 소개하고 있다. 이것은 성도가 누구인가를 표현한 말이다. 성도는 모두의 형제요, 예수 안에서 환난과 나라와 참음에 동참하는 자들이다.

예수님이 십자가에 달리실 때 사도요한도 거기에 함께 있었다. 우리가 성령의 역사로 예수 그리스도와 접붙임이 되면 우리는 예수 그리스도와 연합된 하나님의 백성들로 그렇게 되면 예수님의 환난에 동참하게 된다. 그리고 성도의 환난이란 새로 거듭난 자기 안에서 옛 성품을 약화시키고 하나님만 바라보고 하나님만 소망하며 사는 그 자체가 된다.

요한이 밧모 섬에 귀양 가게 된 것 또한 하나님의 말씀과 증거를 인하여 가게 된 것이라 했다. 밧모 섬은 지역을 지칭하나 실상은 하나의 성도의 교회고 조직체를 상징한다.

따라서 교회는 '주는 그리스도요 살아 계신 하나님의 아들이다'를 고백한 사람들 마음 판에 세워진 것이 교회이고, 그들에게 또한 천국의 열쇠가 주어졌다. 교회가 천국의 열쇠를 가지고 있다는 것은 그리스도의 영이 마음 안에 거한 자들로 이들이 하나님의 아들이면서 동시에 이 땅에서 선민으로의 삶을 살게 되는 자들이다. 그러기 때문에 교회가 땅에서 풀면 하늘에서도 풀리고 땅에서 매면 하늘에서도 매인다고 한 것이다. 즉 이 땅에서 천국을 미리 맛보고 살아야 하늘 백성이 되는 것이고 이 땅에서 천국을 맛보지 못하면 결국 죽어서 지옥 간다는 뜻이다.

우리는 지금 우리에게 닥친 코로나19를 통해 하나님의 예비적인 심판을 보면서 우리 하나님의 교회들에게 내릴 최종적인 심판이 얼마나 무섭고 두려운 것인지를 생각하고 우리의 삶을 뒤돌아봐야 한다.

이러한 자연재해나 온역(염병)으로 인해 우리가 바로 한 번에

쓸어버릴 티끌 같은 먼지요, 쓰레기 같은 인간임을 자각해야 한다. 교회(성도)라면 그런 우리를 사망에서 건져주신 하나님의 은혜를 깊이 깨닫고 육신의 생각에서 믿음의 길로 돌아서야 한다.

이와 같이 이 땅에 쏟아 붓는 재앙이 곧 하나님의 백성들에게는 책망과 회개의 권고요, 믿지 않는 자들에게는 예비적 심판을 나타내고 있다. 그리고 사탄이 어떻게 세상(교회)을 미혹하고 있는지를 자세히 설명하고 있는 것이 계시록이다.

> 내가보니 바다에서 한 짐승이 나오는데 뿔이 열이요 머리가 일곱이라 그 뿔에는 열 면류관이 있고 그 머리들에는 참람된 이름들이 있더라. 내가 본 짐승은 표범과 비슷하고 그 발은 곰의 발 같고 그 입은 사자의 입 같은데 용이 자기의 능력과 보좌와 큰 권세를 그에게 주었더라. 그의 머리 하나가 상하여 죽게 된 것 같더니 그 죽게 되었던 상처가 나으매 온 땅이 이상히 여겨 짐승을 따르고(계13;1-3)

바다에서 올라온 짐승의 뿔에 열 면류관이 있는 것은 예수 그리스도를 그대로 흉내 내고 있는 것을 의미한다. 오늘날 이단들의 실체를 살펴보면 하나같이 자칭 보혜사니 메시야니 구원자니 한다. 그러한 이단들이 한국교회에 수없이 많은 것을 볼 때, 특히 교회에서 바다에서 올라온 짐승(신천지)들의 활약상을 가히 짐작하고도 남는다.

> 그러므로 회개하라 그리하지 아니하면 내가 네게 속히 임하여 내 입의 검으로 그들과 싸우리라(계2;16)

회개는 뉘우쳐 고치는 거다. 즉 육신의 생각으로 신앙 생활하던 것을 돌이켜 예수 그리스도의 말씀으로 돌아서면 그게 회개다. 그랬기에 예수께서 '너는 나를 따르라.' 이 한 마디에 베드로가 세상 배를 버려두고 예수님을 좇았다. 이와 같이 자기의 모든 것을 버리고 좇아가는 게 회개고 생명의 길이다.

> 나를 따라 오너라 내가 너희로 사람을 낚는 어부가 되게 하리라. 저희가 곧 그물을 버려두고 예수를 좇으니라(마4;19-20)

세상(교회)에 살면서 깨닫지 못하면 겉으로는 사람(목사) 같아 보이나 그들이 곧 짐승이다. 그래서 여기서의 그물은 지금 교회(목사)로 말하면 육신의 생각으로 설교하던 것을 버리고 그리스도의 말씀만 온전히 전하라는 그 뜻이 함축된 말이다.

성경을 깨닫지 못하면 '존귀에 처하나 깨닫지 못하는 사람은 멸망하는 짐승같도다(시49;20)' 이와 같이 이성 없는 짐승이 되어 멸망으로 간다. 그래서 예수께서 사람을 낚는 어부가 되라고 했다. 그래야 하나님의 사람이 된다.

구약 때는 모세나 엘리야가 하나님의 사람이다. 누구든 하나님의 영이 들어가야 하나님의 사람이 된다. 이러한 원리를 깨닫지 못하면 짐승의 미혹을 받게 된다.

그러므로 '그물을 버리고 나를 좇으라' 라고 하신 그 진위 속에는 세상 것인 물질이나 육적 부모를 버리라는 것이 아니다. 잘못된 이 종교세계의 지도자(목사)를 버리고 그리스도(성경말씀)를 좇아오라는 뜻이다.

지금의 교회는 다른 신(우상인 탐심)을 섬기고 있다. 그래서 예수를 좇아야 사람을 살리는 어부가 될 수 있다고 하셨다. 이는 믿음만을 꼭 붙잡고 가라하신 뜻과 상통한다. 아브라함 속에는 믿음의 조상이란 단어가 늘 수식어처럼 따라 다닌다. '믿음'하면 아브라함이 제일 먼저 떠오른다. 그래서 계시록을 열 때도 반드시 믿음이 수반되어야 말씀이 열리고 깨달아진다. 그러므로 우리가 예수께 속한 자여야 아브라함의 자손이 되어 유업을 이을 수가 있다.

> 너희가 그리스도께 속한 자면 곧 아브라함의 자손이요 약속대로 유업을 이을 자니라(갈3;29)

이와 같이 믿음에 거하면 아브라함의 자손으로써의 유업을 이어받게 된다. 그렇게 된 자들만이 성경을 온전히 깨달아 알게 된다. 가장 중요한 게 이런 사람들은 하나님 앞에 의(義)로 여겨진다는 사실이다. 의란 옳다는 뜻이다. 따라서 의롭게 여김을 받은 자만이 복 받은 자들이 된다. 이들은 '주밖에 나의 복이 없나이다.'를 신앙으로 고백하는 자들이고, 그들이 하나님의 길을 걷는 존귀한 자들이다.

> 보라 내가 속히 오리니 이 책의 예언의 말씀을 지키는 자가 복이 있으리라(계22;7)

또한 이 예언의 말씀을 지키는 자가 되어야 복이 있는 자가 된다. 그런 자들한테 '보라 내가 속히 오리니 내가 줄 상이 내게 있어 각 사람에게 그의 일한 대로 갚아 주리라(계22;12) 이와 같이 예수께서 속히 오셔서 각 사람에게 그의 일한 대로 상을 주고 또한 갚아 주신다고 약속하셨다.

그러므로 일이 무슨 일이냐 하면 바로 하나님의 일이다. 하나님의 일이란 하나님의 보내신 자를 믿는 것이 하나님의 일이 된다. 그분을 믿고 따라가면 그 자체가 주님이 보시기에 가장 큰 합당한 일이다.

생각해 보라. 주님이 메시야인데 그래도 따라가지 않겠는가? 누구든 믿고 따르기만 하면 예수 그리스도가 나의 목자가 된다. 무엇보다 예수님 자체가 하나님이시다. 하늘의 보좌에는 천천만 만의 영들이 주님을 시위하고 호위하고 있다. 그런 주님만 따라가면 걱정할 것이 없다. 하나님과 동행하여 가는 그 길이 바로 우리가 살 길이고 구원의 길이다.

> 보라 나의 택한 종 곧 내 마음에 기뻐하는 바 나의 사랑하는 자로다 내가 내 성령을 줄 터이니 그가 심판을 이방에 알게 하리라 (마12;18)

구약에 예언하신 말씀은 초림 때 예수께서 십자가에서 다 이루시고 그런 연후, 계시록 22장 21절에서 '주 예수의 은혜가 모든 자들에게 있을찌어다 아멘'으로 이와 같이 성령의 오심으로 전부 완성되었다.

심판은 정죄다. 순종치 않으면 정죄가 따르고 순종하면 복이 따른다. 이게 영원한 복이고 생명이다. 성령을 받았다면 그 복된 소식을 다른 이에게 전해야 하나님께 택함 받은 종이 될 수 있다.

> 그 주인이 이르되 잘 하였도다 착하고 충성된 종아 네가 작은 일에 충성하였으매 내가 많은 것으로 네게 맡기리니 네 주인의 즐거움에 참예할찌어다 하고(마25;21)

달란트는 돈이다. 말씀을 조금만 주었는데 그 말씀에 충성했다. 이와 같이 예수를 진짜 믿으면 하나님의 비밀인 모든 보화가 넘치게 내려온다.

그때에 임금이 그 오른편에 있는 자들에게 이르시되 내 아버지께 복 받을 자들이여 나아와 창세로부터 너희를 위하여 예비된 나라를 상속하라(마25;34)

상속이 바로 영생이다. 상속은 선대로부터 내려온 것으로 하나님의 나라를 상속받아야 복 받은 자가 된다.

내가 진실로 너희에게 이르노니 세상이 새롭게 되어 인자가 자기 영광의 보좌에 앉을 때에 나를 좇는 너희도 열두 보좌에 앉아 이스라엘 열두 지파를 심판하리라. 또 내 이름을 위하여 집이나 형제나 자매나 부모나 자식이나 전토를 버린 자마다 여러 배를 받고 또 영생을 상속하리라(마19;28-29)

이 뜻은 집이나 가족이나 전토를 버리라는 것이 아니고 잘못된 종교세계를 버리라는 뜻이다. 그래야 영생이란 상속을 받을 수 있다는 뜻이다. 따라서 믿는 자와 그렇지 않는 자를 가려 종교세계를 심판하신다는 내용이다.

주여 영생의 말씀이 여기 계시매 우리가 뉘게로 가오리이까(요6;68)

예수님의 제자들은 영생을 상속받은 자들이다. 당시는 예수께서 육체로 이 땅에 계셨기 때문에 개개인한테 보혜사 성령이 오지 않았다. 십자가에 달리시고 나서 주님께서 다른 보혜사로 오셨다. 그러므로 이 세상에 가장 큰 부자가 영생의 말씀을 가진 자들이다. 영생의 말씀이 내 안에 거한 자들은 절대 이단(신천지)에 속지 않고, 그리스도의 대언의 말씀만 온전히 전하고 또한 들을 수 있다.

> 하늘이여 들으라 땅이여 귀를 기울이라 여호와께서 말씀하시기를 내가 자식을 양육하였거늘 그들이 나를 거역하였도다(사1;2)

성경 전체에서 얘기하는 하늘은 목사인 지도자를 뜻하고, 땅은 백성(교인)을 뜻한다. 그러므로 하나님께서는 당신의 백성들한테 영생의 복을 주길 원하시지만 교회가 우상(탐심)을 섬기느라 하나님을 거역하고 있다. 그러다보니 대부분의 교회가 특히 대형교회일수록 이를 외면하고 세상 교리로 엉뚱한 하나님만 전한다. 그러기에 하나님의 백성들이 거짓선지자(목사)들이 주는 육적(세상적인 복)인 달콤함(기복신앙)에 빠져 헤어 나오지 못하고 있다.

하나님의 마음은 복을 준 그들한테 경배의 찬송을 받기를 원하시고 하나님을 경외하는 그들한테 새 하늘과 새 땅을 주어 그들의 새 노래를 듣고 싶어 하시는데 작금의 교회는 엉뚱한 찬양만 하고 있다. 교회가 엉뚱한(거짓교회) 곳에서 엉뚱한 복(물질의 복)만을 바라고 있으니 처처에 기근(말씀고갈)으로 하나님의 백성들이 영적괴사에 전부 죽어가고 있다. 하나님의 백성들은 예수님의 살과 피만 먹어야 살 수 있는데 개(목사)들이 주는 거짓 교리(썩는 양식)만 먹다보니 서서히 부패되어 썩어가고 있다.

> 살아 계신 아버지께서 나를 보내시매 내가 아버지로 인하여 사는 것같이 나를 먹는 그 사람도 나로 인하여 살리라(요6;57)

교회의 양식은 주님의 말씀만 영생 양식이다. 예수님의 말씀을 먹고사는 자들은 먼저 그의 나라와 그의 의를 구하게 되므로 하나님께서 모든 것을 차고 넘치도록 더해주므로 그 어떤 것도 걱정하지 않아도 된다.

너희는 먼저 그의 나라와 그의 의를 구하라 그리하면 이 모든 것을 너희에게 더하시리라(마6;33)

하나님의 자녀로 인정을 받게 되면 그때부터 하늘의 천천만만의 영들이 우리의 필요를 먼저 알고 모든 것을 더해준다. 그게 바로 새 하늘과 새 땅의 하늘 양식도 되지만 이 세상의 모든 필요도 기도하기 전에 알아서 다 채워주신다.

따라서 모든 성경은 영생에 대한 얘기이며 유다(하나님의 백성)와 예루살렘(교회)에 관한 얘기뿐으로 성도라면 하늘의 뜻을 알아야 한다, 즉 교회 안에 거짓 선지자(목사)와 사탄마귀인 이단이 포진하고 있으니 그들(신천지)한테 미혹되지 말라는 강력한 경고의 메시지다. 따라서 하나님의 말씀에 순종하는 자는 믿음을 가진 자가 되어 구름 속에 내 영혼이 끌어 올려 지성소로 올라가게 된다. 그게 거듭남이며 내 영혼의 부활이다.

사망이 사람으로 말미암았으니 죽은 자의 부활도 사람으로 말미암는도다(고전15;21)

그리스도 예수 안에 있는 자는 다 영이 살아 있다. 하나님은 죽은 자의 하나님이 아니고 산자의 하나님이시다. 또한 영이시다. 그러므로 모든 성경은 특히 묵시라는 형태를 가진 계시록은 그 어떤 성경의 말씀보다 더욱 강력한 종말론적 예언의 말씀을 가진 하나님의 구속사적 결론의 약속이다.

기록된바 하나님이 자기를 사랑하는 자들을 위하여 예비하신 모든 것은 눈으로 보지 못하고 귀로도 듣지 못하고 사람의 마음으로도 생각지 못하였다 함과 같으니라. 오직 하나님이 성령으로 이것

을 우리에게 보이셨으니 성령은 모든 것 곧 하나님의 깊은 것이라도 통달하시느니라(고전2;9–10)

그러기 때문에 이렇게 보지도 못하고 듣지도 생각지도 못하는 하늘의 일을 성령을 통해서 우리에게 밝히 보여주시는 것을 계시라고 한다. 인간에게 주어진 하나님의 특별계시는 유일하게 성경밖에 없다. 따라서 모든 성경은 예수 그리스도에 관한 기록이며 시편 22편 또한 다윗의 시임에도 불구하고 예수님의 생애를 읽는 듯한 착각에 빠지게 한다.

나의 하나님 나의 하나님 어찌하여 나를 버리셨나이까 어찌 나를 멀리하여 돕지 아니하옵시며 내 신음하는 소리를 듣지 아니하시나이까. 나는 벌레요 사람이 아니라 사람의 훼방거리요 백성의 조롱거리니이다. 나를 보는 자는 다 비웃으며 입술을 비쭉하고 머리를 흔들며 말하되. 저가 여호와께 의탁하니 구원하실 걸, 저를 기뻐하시니 건지실 걸 하나이다(시22;1,6–8)

저희가 쓸개를 나의 식물로 주며 갈할 때에 초로 마시웠사오니 (시69;21)

이와 같이 예수님의 삶을 다윗이 미리 살아내었다. 성경이 다윗의 삶과 예수 그리스도의 삶을 이렇게 똑같이 기록해 놓은 것은, 하나님의 백성들의 삶 자체에서도 이와 같이 예수 그리스도의 삶이 나타나야 한다는 당위성을 알리기 위함이다. 따라서 복있는 자들이란 구원받은 하나님의 백성들의 이야기다. 그들은 단순히 읽고 듣는 것에 그치지 않고 기록한 것을 지키는 자들이다. 분명 계시록에서도 유대 지파의 사자가 이기셨고 그분이 교회 시대의 역사인 책의 인을 떼실 분으로 기술하고 있다. 그 책의 인이 어떤 인인가?

> 그때에 네 민족을 호위하는 대군 미가엘이 일어날 것이요 또 환난이 있으리니 이는 개국 이래로 그때까지 없던 환난일 것이며 그 때에 네 백성 중 무릇 책에 기록된 모든 자가 구원을 얻을 것이라 땅의 티끌 가운데서 자는 자 중에 많이 깨어 영생을 얻는 자도 있겠고 수욕을 받아서 무궁히 부끄러움을 입을 자도 있을 것이며 지혜 있는 자는 궁창의 빛과 같이 빛날 것이요 많은 사람을 옳은 데로 돌아오게 한 자는 별과 같이 영원토록 비취리라 다니엘아 마지막 때까지 이 말을 간수 하고 이 글을 봉함하라 많은 사람이 빨리 왕래하며 지식이 더하리라(단12;1-4)

그 인은 다니엘서에서 예언한 마지막 때가 이르기까지 봉합하여 두라고 한 그 인이다. 그런데 예수께서 십자가로 승리하셨고 이제 하나님의 백성들인 교회가 탄생되었으며 이 땅에서의 삶의 내용과 하나님 나라가 완성되어져 가는 모습이 적힌 책의 인이 떼어지는 것을 보았다. 그러므로 봉한 책은 멸망하는 짐승들은 특히 신천지는 절대 열 수 없다. 그러니까 한치 앞(코로나19)도 보지 못하고 성경 갖고 헛소리만 하고 있는 거다.

> 사람은 존귀하나 장구치 못함이여 멸망하는 짐승 같도다. 존귀에 처하나 깨닫지 못하는 사람은 멸망하는 짐승 같도다(시49;12.20)

깨닫지 못하면 짐승이라 했다. 성경에서의 짐승은 다 사람이다. 개, 돼지, 말은 다 사람을 나타낸다. 성경은 모든 인명, 지명, 동물 등을 빌려다가 하나님의 나라를 설명하고 있다.

> 예수께서 이 모든 것을 무리에게 비유로 말씀하시고 비유가 아니면 아무것도 말씀하지 아니하셨으니. 이는 선지자로 말씀하신 바 내가 입을 열어 비유로 말하고 창세부터 감추인 것들을 드러내리라 함을 이루려 하심이니라(마13;34-35)

성경을 바로 깨달으려면 모든 것에 어딘가에 답이 있다는 것을 찾아 나가는 일을 하는 것이 하나님의 아들들의 몫이다. 그런데 이단(악인)이 하나님의 일꾼으로 가장하고 계시록의 진위를 자기들 편의대로 해석해 놓고 있다. 여기에 교회도 함께 동조하고 있는 실정이다. 이들이야말로 그리스도의 사도가 아닌데 그리스도의 사도로 그럴듯하게 가장하여 교회를 유인하고 있다.

그러므로 성경을 갖고 육신의 생각으로 왜곡하거나 거짓말 하면 이들은 전부 사단의 종이다. 사단의 종이 되면 영원한 불 못에 던져지고 무시무시한 심판이 따른다. 따라서 사단(신천지)에 한 번 소속되면 거기서 빠져나오기 매우 힘들다. 이들의 표를 받은 자들은 영원히 영혼의 회복이 안된다. 또한 천년시대 전에도 죽지만 백 보좌 심판 때도 다시 회복이 되지 않음을 명심해야 한다.

> 그러나 나를 잃은 자는 자기의 영혼을 해하는 자라 무릇 나를 미워하는 자는 사망을 사랑하느니라(잠8;36)

이와 같이 우리가 그리스도를 잃어버리면 자기 영혼 자체를 잃어버림과 똑같다. 그러므로 그리스도가 마음 안에 있는 자가 자기 영혼에 기름칠을 하는 거다. 따라서 이런 자들은 그리스도(성령)가 심령 안에 거하고 있기 때문에 성경의 가르침 또한 사람한테서 배울 필요가 없다. 이들은 다섯달 동안 괴롭게 하는 것을 피해서 온 사람들이기 때문이다. 욥도 사단을 들어 괴로움을 당했던 사람 중에 하나다. 그러므로 그러한 괴로움에서 벗어난 자들로 그 누구(이단)의 미혹도 받지 않는다. 이들을 인도하는 스승은 오직 그리스도시기 때문이다. 따라서 진리의 말씀을 깨달은 자들이 가장 행복한 자들이다. 이들의 주인은 그리스도기에 그 말씀의 인도 따라 이긴 자의 반열에 들어서게 된다.

그러므로 하나님의 백성들은 반드시 사단과 싸워 이겨야 한다. 싸워 이긴 자들에게 승리의 면류관을 주시겠다는 것이 일곱 교회에 보내는 편지사건의 요지다.

따라서 일곱 교회에게 보내는 일곱 편지는 사탄이 이 교회시대를 통해 교회를 어떻게 미혹할 것인가에 대한 충고와 조언이 담겨 있다. 요한은 또한 일곱 교회의 특징을 정확하게 파악하고 교회들이 이해하기 쉽게 예수 그리스도의 말씀을 각기 교회마다 나누어 전체교회를 대신해 세밀하게 표현해 놓았다.

에베소 교회는 첫사랑을 잃어버린 이파리만 무성한 행위로 가득한 가식적이고 외식적인 행위를 꼬집어 지적했고, 그런 행위가 교회를 엉터리로 만들 수 있다는 것을 주지시켰고, 서머나 교회는 사탄은 환난과 핍박과 궁핍으로 교회를 좌절시키고 낙담시키려고 하지만 예수 그리스도 안에서 그로 말미암아 구원을 얻은 하나님의 백성들은 그 환난과 핍박과 궁핍에 굴하지 않고 죽도록 충성을 한다는 것을 가리켰으며, 버가모 교회는 사탄은 발람의 교훈과 니골라당의 교훈 같은 잘못된 교리와 교훈을 교회로 스며들게 해서 하나님을 믿는다고 하면서 우상을 섬기고 행음을 하게 만든다는 것을 나타냈다. 그러므로 정신을 똑바로 차리지 않고 육신의 정욕, 안목의 정욕, 이생의 자랑만을 좇게 되면 언제든 그러한 잘못된 교리에 현혹될 수 있다는 것을 가리켰다.

두아디라 교회는 사탄이 교회를, 이세벨의 가르침인 우상 숭배나 신비주의, 기복신앙 같은 엉터리 교리로 미혹한다는 것을 가리켰다.

사데 교회는 사탄은 교회에게 하나님과 관계없는 많은 일을 하게 만들고, 사람도 많이 모아 주고, 물질도 풍성하게 공급해서 그 자체에 만족하는 죽은 믿음 가진 자들로 만들려고 우는 사자처럼 교회를 미혹한다는 것을 나타냈다.

빌라델비아 교회는 사탄은 가난과 궁핍과 초라함으로 교회를 낙담시키려 하지만 그럼에도 하나님의 참 교회는 예수 그리스도의 지키심과 보호하심으로 오히려 소망을 바라보며 이겨낸다는 것을 가리켰다.

라오디게아 교회는 물질의 풍요가 주는 부요 때문에 하나님을 멀리하게 되지만 주님의 음성을 듣고 문을 열수 있도록 사랑의 문을 열어놓고 우리를 기다리는 주님의 사랑을 엿볼 수 있게 했다.

이 일곱 교회에게 보내는 편지의 사건을 통해 이와 같이 점진적이며 반복적인 기법을 써서 영광스러운 결론으로 매듭짓는 것이 전체 계시록의 요지고, 일곱 교회 또한 성경에서 말하는 요약된 교회론이다.

따라서 일곱 영 또한 홀로 온전하신 성령을 상징한다. 일곱 영은 일곱 눈이다. 일곱 눈은 온 세상에 보내어진 영이다. 즉 일곱 영은 삼위일체의 하나님 성부와 성자와 성령을 뜻한다. 그 일을 행하시는 분이 성령 하나님이시다. 이는 전체 교회를 상징하는 성령 하나님을 나타낸 것으로 따라서 일곱이란 숫자가 계시록에 59회나 기록되어 있다.

이제도 계시고 전에도 계시고 장차 오실 분은 영원부터 영원까지를 뜻하는데 그 뜻은 성경 안에 있는 모든 시간들(때들)은 시간을 뜻하지 않고 생명의 상태를 뜻하는 것으로 영원 전부터 존재를 파악하는데 매우 중요한 단서가 된다. 따라서 계시록의 일곱 교회 전체가 교회론의 기초가 됨을 알아야 한다.

†

영계의 보좌도

> 이 일 후에 내가 보니 하늘에 열린 문이 있는데 내가 들은 바 처음에 내게 말하던 나팔 소리 같은 음성이 가로되 이리로 올라오라 이후에 마땅히 될 일을 내가 네게 보이리라 하시더라.(계4;1)

요한은 왜 하늘로 올라갔는가? 그것은 선지자가 하나님의 뜻을 전달 받기 위해서다. 이사야도 계시를 받기 위해 하나님 앞으로 올라갔고, 에스겔의 영도 하늘로 올라가 하나님의 이상을 보았다.

모든 성경은 아모스 3장 7절에 '주 여호와께서는 자기의 비밀을 그 종 선지자들에게 보이지 아니하시고는 결코 행하심이 없음'을 분명하게 밝혔듯이 사도 요한도 성령의 감동에 의해 영이 하늘로 끌어 올려 갔다.

이와 같이 선지자한테 진리의 영이 들어오면 하늘의 문이 열리면서 그 영이 말씀으로 계시한다. 그러므로 요한 또한 천상의 보좌도를 보았고, 책이 봉해져 있는 것을 보았다. 그러나 이 땅에는 그 책을 열 자가 없었다. 무엇보다 봉인된 책은 어린양 예수께서 하나님의 권능아래 있기 때문에 그분만이 뗄 수 있다. 그러므로 하나님께서 사도요한을 보좌로 끌어올려 계시할 중요한 사건들을 먼저 보여주신 것이다.

무엇보다 요한은 주님께서 보여주신 그것들을 보고 기록하여 교회들에게 전하는 선지자 역할로 올라갔다. 그러므로 하늘의 열릴 문은 예수님이 열린 문인데 그리스도가 내 안에 거하시면 그게 바로 말씀의 문을 여는 길이 된다.

에스겔이나 사도 요한도 똑같이 이상 중에 하늘 문이 열리면서 영계의 이상을 보았던 것이다.

> 제삼십년 사월 오일에 내가 그 발 강가 사로잡힌 자 중에 있더니 하늘이 열리며 하나님의 이상을 내게 보이시니.(겔1;1)

그러나 부활 후로는 이 하늘의 문을 예수 그리스도께서 성령으로 열어 놓으셨다. 구약의 대제사장들은 밑에서 장막 문을 열어 놓아야 지성소로 들어갈 수 있었다. 그렇지만 지금은 예수 그리스도께서 휘장(육체)으로 열어 놓으셨기 때문에 하나님의 백성들 자체가 교회고 성전이며 지성소다. 그러므로 언제든 지성소(영계)를 드나들 수 있다.

따라서 성도라면 각자의 심령이 성전임을 깨닫고 날마다 신령과 진정으로 예배를 준비해야 한다. 성경이 쓰여진 궁극적인 목적이 바로 여기에 있다. 즉 하나님의 창조의 목적 자체가, 이 땅의 종교세계(교회)에서 하나님의 빛을 보고, 그 빛을 따라 지성소로 끌어올라 갈수 있게끔 안내하는 길이다. 따라서 성경(말씀)은 그 자체가 영의 세계로 분명하게 찾아 갈수 있게 길을 제시한 천국의 설계도다. 그러므로 계시록이 바로 영계의 설계도면인 것이다.

아울러 영의 생각으로 올라가는 자가 되어야 하나님의 영으로 인도함을 받은 예수 그리스도의 제자가 되고 그래야 천상의 세계를 볼 수 있다.

> 내가 그리스도 안에 있는 한 사람을 아노니 십사 년 전에 그가 셋째 하늘에 이끌려 간 자라(그가 몸 안에 있었는지 몸 밖에 있었는지 나는 모르거니와 하나님은 아시느리라. 내가 이런 사람을 아노니(그가 몸 안에 있었는지 몸 밖에 있었는지 나는 모르거니와 하나님은 하시느니라). 그가 낙원으로 이끌려 가서 말할 수 없는 말을 들었으니 사람이 가히 이르지 못할 말이로다(고후12;2-4)

셋째하늘에 올라간 자는 실상은 바울이 아니고 그리스도 예수 안에 있는 자들이다. 이와 같이 하나님과 동행하는 자가 되면 언제든 영이 하늘로 올라가 하나님의 이상을 볼 수 있다. 사도 바울이나 사도요한이나 베드로, 야고보 모두가 천상의 세계를 본 사람들이다.

구약 때는 에스겔이 '제삼십년 사월 오일에 내가 그 발 강가 사로잡힌 자 중에 있더니 하늘이 열리며 하나님의 이상을 내게 보이시니.(겔1;1)' 하나님의 이상을 보았고 다니엘은 '이에 은밀한 것이 밤에 이상으로 다니엘에게 나타나 보이매 다니엘이 하늘에 계신 하나님을 찬송하니라(단2;19)' 바벨론의 이상을 보았으며, 이사야는 '유다왕 웃시야와 요담과 아하스와 히스기야 시대에 아모스의 아들 이사야가 유다와 예루살렘에 대하여 본 이상이라(사1;1)' 유다와 예루살렘의 이상을 본 선지자들이다.

이와 같이 천상의 세계를 보는 각도가 조금씩 다 다르나 영계의 세계를 본 것은 틀림없다. 따라서 다니엘 2장에 바벨론의 이상이 등장하는데 다니엘은 하나님의 세계인 영의 세계를 공부하고 있었다. 그러므로 성경의 비밀을 알려면 영이 하늘로 올라가야 알 수가 있다. 그런데 그 하늘 문은 열어 주어야 들어갈 수 있는데 그 문이 바로 예수께서 성령으로 열어주신 문이다.

> 예수께서 세례를 받으시고 곧 물에서 올라오실쌔 하늘이 열리고 하나님의 성령이 비둘기 같이 내려 자기 위에 임하심을 보시더니(마3;16)

예수께서 세례를 받고 올라오실 때에 하늘이 열렸다. 하늘이 열림과 동시에 성령이 비둘기 같이 임했다. 하늘이 열리는 그 자체가 예수님이다. 따라서 성도도 예수님의 제자가 되면 성경이 열린다. 즉 영계(성령)의 세계가 열린다. 하나님 앞에 올라가신 그 보좌의 자리가 바로 예수 그리스도 그 자체인 열린 문이다.

> 문으로 들어가는 이가 양의 목자라. 문지기는 그를 위하여 문을 열고 양은 그의 음성을 듣나니 그가 자기 양의 이름을 각각 불러 인도하여 내느니라(요10;2-3)

하늘을 총칭하면 모두 세 개다. 첫째 하늘이 이 세상 교회 안에 있는 장막이고, 둘째 하늘은 그리스도가 심령 안(지성소)에 거한 자들이고, 셋째 하늘은 하나님이 계신 천상의 하늘이다.

첫째하늘은 처음하늘로서 없어지는 하늘이나 둘째 하늘은 그리스도 자체가 하늘로서 이 땅에서 천국을 누리고 살고 있는 성도들의 심령이다. 셋째 하늘은 이 세상의 종말이나 각 개인의 종말이 임할 때 그리스도의 옷으로 갈아입은 자들이 가는 하나님이 계신 천국이다. 그러므로 우리는 늘 하나님(영)과 함께 동행해야 한다. 그래야 천국의 열쇠를 우리가 지닐 수 있고 또한 그 열쇠를 가진 자만이 봉인된 책을 열어 볼 수 있다.

> 인자야 내가 네게 이르는 말을 듣고 그 패역한 족속같이 패역하지 말고 네 입을 벌리고 내가 네게 주는 것을 먹으라 하시기로. 내가 보니 한 손에 나를 향하여 펴지고 그 손에 두루마리 책이 있더라. 그가 그것을 내 앞에 펴시니 그 안팎에 글이 있는데 애가와 애곡과 재앙의 말이 기록되었더라(겔2;8-10)

이와 같이 에스겔을 통해서 영계의 말씀을 그발 강가에서 1장에서 보여주고 나서 내가 준 것을 먹으라 했다. 이는 예수님의 살과 피를 먹으라 한 것이다.

말씀 자체가 예수님의 육신이다. 예수님의 말씀을 먹는 것이 인자의 피와 살을 먹는 것이 된다.

> 그가 또 내게 이르시되 인자야 너는 받는 것을 먹으라 너는 이 두루마리를 먹고 가서 이스라엘 족속에게 고하라 하시기로. 내가 입을 벌리니 그가 그 두루마리를 내게 먹이시며. 내게 이르시되 인자야 내가 네게 주는 이 두루마리로 네 배에 넣으며 네 창자에 채우라 하시기에 내가 먹으니 그것이 내 입에서 달기가 꿀 같더라(겔3;1-3)

두루마리는 말씀이다. 이 종교세계가 이스라엘(교회)이다. 말씀을 이스라엘(교회) 족속에게 고하라는 것이다. 똑같은 내용이 바로 계시록 10장 10절에 '내가 천사의 손에서 작은 책을 갖다 먹어 버리니 내 입에는 꿀같이 다나 먹은 후에 내 배에서는 쓰게 되더라.'

이와 같이 패역(교회)한 족속에게 하나님의 말씀과 예수 그리스도의 증거 곧 요한이 본 그것을 그대로 고하라고 했다.

그 사람이 내게 이르되 인자야 내가 네게 보이는 그것을 눈으로 보고 귀로 들으며 네 마음으로 생각할찌어다 내가 이것을 네게 보이려고 이리로 데리고 왔나니 너는 본 것을 다 이스라엘 족속에게 고할찌어다 하더라(겔40;4)

이와 같이 에스겔이 본 이상이나 사도 요한이 본 하늘의 이상은 같은 거다. 즉 에스겔에게 명한 패역한 이스라엘 족속에게 고하게 한 것이나 사도요한이 일곱 촛대한테 편지 보낸 사건은 분명 같은 뜻이 담겨 있다. 따라서 하늘에서 열린 문 그 자체가 예수님이다.

그 길은 우리를 위하여 휘장 가운데로 열어 놓으신 새롭고 산 길이요 휘장은 곧 저의 육체니라(히10;20)

우리가 마음의 문을 열어 놓아야 그리스도의 영 안으로 들어갈 수 있다. 말씀이 들어오면 '내가 너희에게 말하노니 나는 양의 문이라(요10;7)' 그리스도 예수의 말씀(문)으로 들어갈 수 있고 그렇게 되었을 때 믿음을 지키는 자가 되어 하나님 나라(지성소)로 진입하게 된다.

그러나 예수 그리스도의 십자가의 도를 통과하지 못한 죄인들은 절대 들어가지 못하는 문이라는 것도 깨달아 알아야 한다.

앞서와 같이 보좌는 천자의 자리다. 따라서 하나님도 주님도 천사도 영이다. 그러므로 하나님이 계신 천상의 세계가 바로 계시록 4장과 에스겔 1장에서 하늘 세계의 영계의 보좌도로 똑같이 잘 나타나 있다.

봉인된 책을 열려면 하나님이 계신 곳으로 성령의 이끌림으로 올라가 봐야 그 책을 열어 볼 수 있다. 그러므로 성령이 감동되어야 여는데, 바로 사도요한이 성령에 감동되어 육은 비록 밧모 섬에 있었으나 영은 보좌로 올라갔다. 성령 안에서 요한은 예수께서 보여주신 모든 것을 다 보았다.

거기에 보좌가 있었고, 그 보좌에 주님이 앉아계셨으며, 그리고 흰옷 입은 면류관을 쓴 이십사 장로가 그 보좌 주위의 다른 보좌에 앉았고 보좌 앞에 일곱 영, 즉 성령이 계셨으며 유리 바다가 펼쳐져 있었다. 그리고 앞뒤에 눈이 가득한 네 생물이 있었다.

> 앉으신 이의 모양이 벽옥과 홍보석 같고 또 무지개가 있어 보좌에 둘렸는데 그 모양이 녹보석 같더라. 또 보좌에 둘려 이십사 보좌들이 있고 그 보좌들 위에 이십사 장로들이 흰 옷을 입고 머리에 금 면류관을 쓰고 앉았더라.(계4;3-4)

벽옥과 홍보석과 녹보석은 교회가 하나님의 영광을 입은 것을 표현한 거다.

이 보석들이 계시록 18장에서도 나온다. '그 성곽은 벽옥으로 쌓였고 그 성은 정금인데 맑은 유리 같더라. 그 성의 성곽의 기초석은 각색 보석으로 꾸몄는데 첫째 기초석은 벽옥이요, 둘째는 남보석이요 셋째는 옥수요 넷째는 녹보석이요. 다섯째는 홍마노요 여섯째는 홍보석이요 일곱째는 황옥이요 여덟째는 녹옥이요 아홉째는 담황옥이요 열째는 비취옥이요 열한째는 청옥이요 열둘째는 자정이라.' 이와 같은 보석이 출애굽 28장 17-21절에 똑같은 보석이 등장한다. 이 12보석은 교회를 상징하는 대 제사장의 에봇 위에 거는 정사각형의 흉패에 박힌 보석들이다.

이십사 장로는 의인들이고 금 면류관은 생명의 면류관으로 시들지 않는 영광의 면류관이다. 디모데 후서 4장 8절에 '이제 후로는 나를 위하여 의의 면류관이 예비 되었으므로 주 곧 의로우

신 재판장이 그날에 내게 주실 것이니 내게만 아니라 주의 나타나심을 사모하는 모든 자에게니라' 이와 같이 말씀이 심비에 새긴 자들한테는 의의 면류관이 예비 되어 있다.

> 보좌 앞에 수정과 같은 유리 바다가 있고 보좌 가운데와 보좌 주위에 네 생물이 있는데 앞뒤에 눈이 가득하더라. 그 첫째 생물은 사자 같고 그 둘째 생물은 송아지 같고 그 셋째 생물은 얼굴이 사람 같고 그 넷째 생물은 날아가는 독수리 같은데.(계4;6-7)

눈은 영이다. 이와 같이 '눈이 가득하더라'는 수천만의 영들이 교회를 향해 지켜보고 있는 것을 나타낸 거다. 네 생물은 하늘에 있는 생물이다. 생물은 살아 있는 것들의 총칭이다.

사자는 짐승을 심판하기 위함이고, 송아지는 마음 밭은 가는 가라지를 심판하기 위함이며, 독수리는 거짓 영들을 심판하기 위함이다. 보좌 주위에 수정과 같은 유리바다가 있다는 것은 앞뒤에 눈이 가득한 영들이 지켜보고 있기 때문에 여기서는 죄가 훤히 밝혀진다.

성경은 이와 같이 천상의 세계를 유리바다처럼 말씀으로 훤히 밝혀 놓았기 때문에 참(진리)만 대언해야지 성경말씀에 육신의 생각이 들어가면 거짓말이 금방 탄로 난다. 그러므로 살리는 영인 예수님의 영(말씀)을 받는 자들은 성경 말씀 그대로만 대언하므로 영의 세계로 올라갈 수 있다.

그 영의 세계는 천천만만의 영들이 동행하고 있고 네 생물과 앞뒤에 눈이 가득한 많은 영들이 시위하고 있다. 또한 그 네 생물에 각각 여섯 날개가 있고 그 안과 주위에 눈이 가득한 하나님의 영들이 밤낮 쉬지 않고 지켜보고 있다.

즉 사자 같고, 송아지 같고, 사람 같고. 독수리 같은 영계의 네 생물들이 천천만만의 많은 영들과 함께 교회를 지켜보고 있다.

아울러 복음서마다 마태는 왕으로 오신 예수님을 나타내고, 마가는 일하러 오신 예수님을 나타내었으며, 누가는 하나님의 아들로 이 땅에 인자로 오신 예수님을 표현했고, 요한은 독수리로 예수 그리스도가 하나님의 영이라는 것을 가리키고 있다.

그러므로 네 생물을 들어 요한은 영의 것을 말하고, 누가는 사람의 성품과 같은 예수를 증거 했고, 마가는 종으로 오신 예수님을 나타내었고, 마태는 왕으로 오신 예수님을 족보로 표현하였다.

또한 복음서마다 각기 다른 영들로 예수님을 표현하고 있는데 마태는 예수가 주의 사자로 오셨고, 마가는 예수가 소(丑)인 종으로 오셨고, 누가는 예수가 인자로 오셨고, 요한은 예수가 독수리 성령으로 오셨다.

그러므로 그리스도의 말씀을 전함에 있어 거짓말이 조금이라도 들어가면 이와 같이 각각 다른 모양으로 지켜보고 있는 하나님의 일곱 영들이 있기에 금방 탄로 난다. 거짓이 들어가면 바로 심판으로 향한다.

> 보좌로부터 번개와 음성과 뇌성이 나고 보좌 앞에 일곱 등불 켠 것이 있으니 이는 하나님의 일곱 영이라(계4;5)

천둥번개는 심판이다. 하나님께서 참과 거짓을 심판하실 때 주로 사용되는 표현이다. 예수께서도 서기관과 바리새인들을 일곱 화(禍)로 자주 심판하셨다.

'보좌 앞에 일곱 등불' 을 왜 하나님의 영이라 하는가? 일곱 영들이 바로 천사장으로 하나님께서 친히 부리는 영들이기 때문이다. 이 영들을 여러 선지자들한테 보내어 하나님께서 일을 하시기 위함에서다.

> 갈대아 땅 그발 강가에서 여호와의 말씀이 부시의 아들 제사장 나 에스겔에게 특별히 임하고 여호와의 권능이 내 위에 있으니라(겔1;3)

이스라엘 자손 곧 패역한 백성이 하나님을 배반하니까 에스겔을 통해 고하라 한 것 같이, 모든 종교세계가 지금 짐승(목사)들한테 사로잡혀 있다. 그랬더니 그발 강가에서 하늘의 이상을 보여주면서 하나님의 말씀을 그들이 듣든지 아니 듣든지 전하라 하신 거다.

따라서 오늘날의 성도들도 말씀만 온전히 깨달으면 하늘로 올라가는 것이 그리 어렵지 않다. 하나님의 성전이 있는 곳이 천국으로 우리의 영이 지성소로 올라가는 것 자체가 말씀(성경)을 통해 성령을 만나는 일이다.

그러므로 성령의 감동을 입으면 내 영이 하늘로 올라간다. 마태복음 17장 5절에 '말할 때에 홀연히 빛난 구름이 저희를 덮으며 구름 속에서 소리가 나서 가로되 이는 내 사랑하는 아들이요 내 기뻐하는 자니 너희는 저의 말을 들으라 하는지라'

이와 같이 그리스도의 말씀만 깨닫고 따라가면 변화산에서 베드로, 야고보, 요한이 천상의 세계를 본 것처럼 우리의 영도 천상의 세계를 볼 수 있다.

> 내가 또 보니 보좌와 네 생물과 장로들 사이에 어린양이 섰는데 일찍 죽임을 당한 것 같더라 일곱 뿔과 일곱 눈이 있으니 이 눈은 온 땅에 보내심을 입은 하나님의 일곱 영이더라(계5;6)

어린양 하면 항상 속죄양이다. 따라서 어린양을 통해 영원한 속죄가 이루어져야 사도요한처럼 영의 세계를 볼 수 있다. 그러나 이 땅(교인)은 짐승(거짓목사)들한테 전부 사로잡혀 유리바다처럼 훤히 밝혀 놓은 천상의 세계를 어둠에 가려 보지 못하고 있다. 그러니까 육신의 생각으로 성경을 해석하고 거짓 성령으로 눈속임을 하니 교회가 전부 이단(신천지)한테 잡혀 먹히고 있다. 그러나 영의 눈이 밝히 떠지면 영계의 형상을 보게 된다.

> 그 속에서 네 생물의 형상이 나타나는데 그 모양이 이러하니 사람의 형상이라(겔1;5)

네 생물의 형상이 나타나는데 영계를 생물의 세계라고 한다. 그러나 이 영들은 '어디든지 신이 가려 하면 생물도 신의 가려 하는 곳으로 가고 바퀴도 그 곁에서 들리니 이는 생물의 신이 그 바퀴 가운데 있음이라. 저들이 행하면 이들도 행하고 저들이 그치면 이들도 그치고 저들이 땅에서 들릴 때에는 이들도 그 곁에서 들리니 이는 생물의 신이 그 바퀴 가운데 있음이더라.(겔1;20-21)' 이와 같이 자기 마음대로 가는 게 하나도 없다.

> 그 생물의 머리 위에는 수정 같은 궁창의 형상이 펴 있어 보기에 심히 두려우며(겔1;20-22)

궁창을 하늘이라 칭한다. 창세기 1장 6절에서, '하나님이 가라사대 물 가운데 궁창이 있어 물과 물로 나뉘게 하리라' 또한 하늘의 궁창에는 광명한 새벽별이 있다.

> 하나님이 가라사대 하늘의 궁창에 광명이 있어 주야를 나뉘게 하

라 또 그 광명으로 하여 징조와 사시와 일자와 연한이 이루라. 또 광명이 하늘의 궁창에 있어 땅에 비취라 하시고 그대로 되니라. 하나님이 두 큰 광명을 만드사 큰 광명으로 낮을 주관하게 하시고 작은 광명으로 밤을 주관하게 하시며 또 별들을 만드시고. 하나님이 그것들을 하늘의 궁창에 두어 땅에 비취게 하시며. 주야를 주관하게 하시며 빛과 어두움을 나뉘게 하시니라 하나님의 보시기에 좋았더라(창1;14-18)

이와 같이 낮의 아들(빛)과 밤의 아들(어둠)로 나누어진다. 광명한 새벽별이 그리스도시다. 여기에 있으면서 그 빛이 땅(하나님의 백성)한테 비취고 있다.

나 예수는 교회들을 위하여 내 사자를 보내어 이것들을 너희에게 증거하게 하였노라 나는 다윗의 뿌리요 자손이니 곧 광명한 새벽별이라(계22;16)

광명한 새벽별이 비취고 있기에 우리가 그냥 신앙 생활하는 게 아니다.

창세기에서 계시록까지 이와 같이 하나로 연결되어 예수 그리스도를 나타내고 있으므로 계시록이나 창세기나 성경 어디나 다 똑 같다.

그러므로 분명하게 알아야 할 것은, 내가 하나님을 배도하는 백성이냐, 아니면 짐승에 소속된 멸망자의 백성이냐 아니면 구원받은 하나님의 백성이냐 이걸 구분할 줄 알아야 한다. 하나님의 백성은 예수님이 인도하시므로 참이고 진실하지만 짐승(거짓선지자)은 사단마귀가 미혹시키므로 거짓이고 위선적이다. 참이 되려면 예수님한테 가야 한다. 그래야 이스라엘(교회) 백성으로 거듭 난다.

창세기 1장 안에 이와 같이 해. 달. 별이 다 있다. 하나님의 형상과 모양대로 지은 곳이 바로 이스라엘(교회)이다.

창세기 37장 9절에, '요셉이 다시 꿈을 꾸고 그 형들에게 고하여 가로되 내가 또 꿈을 꾼즉 해와 달과 열한별이 내게 절하더이다' 이와 같이 성경 전체는 이 땅에 지어진 내용들이 하늘에 있는 것들의 모형과 그림자로 역사하신다는 것을 알아야 한다.

> 저희가 섬기는 것은 하늘의 있는 것의 모형과 그림자라 모세가 장막을 지으려 할 때에 지시하심을 얻음과 같으니 가라사대 삼가 모든 것을 산에서 네게 보이던 본을 좇아 지으라 하셨느니라(히8;5)

모세가 시내산 떨기 불꽃 가운데서 하나님의 임재를 보고 난 후의 하늘의 모형인 장막을 그대로 식양대로 지은 것이나, 계시록 4장이나 에스겔 1장에서 보았던 하나님의 이상 모두가 하늘의 성전인 모형을 그대로 나타낸 것이다. 그에 따른 실체가 하나님이신 어린양으로 그게 바로 모형과 그림자다.

> 성안에 성전을 내가 보지 못하였으니 이는 주 하나님 곧 전능하신 이와 및 어린양이 그 성전이심이라(계21;22)

실체는 하나님이 계신 곳 천상의 보좌가 성령의 세계이다. 그러므로 하나님의 백성들은 이 땅에서 사단과 싸워 이겨야 하늘 보좌로 올라갈 수 있다.

> 이기는 그에게는 내가 내 보좌에 함께 앉게 하여 주기를 내가 이기고 아버지 보좌에 함께 앉은 것과 같이 하리라(계3;21)

성도가 세상(탐심)과 싸워 이기려면 반드시 믿음이 수반되어야 한다. 믿음은 곧 그리스도의 말씀이다. 그들은 어린양 예수를 따라가는 자들이다.

> 예수께서 가라사대 내가 진실로 너희에게 이르노니 세상이 새롭게 되어 인자가 자기 영광의 보좌에 앉을 때에 나를 좇는 너희도 열두 보좌에 앉아 이스라엘 열두 지파를 심판하리라(마19;28)

이 속에는 계시록 11장 15절에 '세상 나라가 우리 주와 그 그리스도의 나라가 되어 그가 세세토록 왕 노릇' 하는 것을 보게 된다는 뜻이 내포되어 있다. 그러므로 육적 예루살렘(교회)에서 떠나야 한다, 즉 첫 장막에는 서기관과 바리새인들의 뱀이 들어가 있기 때문에 그들의 사상(육신의 생각)을 버려야 한다.

> 너희는 나의 모든 시험 중에 항상 나와 함께한 자들인즉. 내 아버지께서 나라를 내게 맡기신 것같이 나도 너희에게 맡겨. 너희로 내 나라에 있어 내 상에서 먹고 마시며 또는 보좌에 앉아 이스라엘 열두 지파를 다스리게 하려 하노라(눅22;28-30)

예수께서 손수 이름을 지어주신 베드로도 육으로 떨어지면 시몬으로 돌아갈 수밖에 없다. 그러므로 온전한 믿음은 그리스도의 말씀밖에 없다. 믿음 안에 있는 자들은 예수께서 마태복음 25장 31절에서 '인자가 자기 영광으로 모든 천사와 함께 올 때에 자기 영광의 보좌에 앉으리니' 이렇게 말씀해 주셨다.

지금 그리스도가 우리 심령 안에 오셨다고 한다면 바로 영광의 보좌에 있는 천천만만의 하나님을 시위하는 영들이 우리와 관계하고 있다고 믿으면 된다.

천상의 보좌도를 살펴보면 하나님의 보좌와 어린양이 계신 곳이 있고 이십사장로와 보좌 옆에 일곱 영이 있고 또 네 생물이 있다. 또 네 개의 말이 있다.

흰말에는 영이 타고 있다. 지금 우리한테 진리의 영이 타야한다. 그러나 짐승들한테는 악령이 탔기 때문에 이들한테는 서기관과 바리새인들의 짐승이 들어가 있다. 그러므로 생각과 마음에 그리스도의 영(말씀)이 타야 진리가 와서 진리만 전하게 된다. 반대로 거짓의 영(神)이 타면 그 마음 안에는 악독과 훼방과 도적과 살인과 탐심만 가득하기 때문에 거짓말만 나오게 된다.

> 내가 보매 어린양이 일곱 인 중에 하나를 떼시는 그때에 내가 들으니 네 생물 중에 하나가 우레 소리같이 말하되 오라 하기로. 내가 이에 보니 흰 말이 있는데 그 탄 자가 활을 가졌고 면류관을 받고 나가서 이기고 또 이기려고 하더라(계6;1–2)

네 생물이 인을 뗄 때 이 말들이 나온다. 흑마, 홍마, 청황색 말이 나오는데 이 말들은 죽이는 사명을 하고 있다. 이와 같이 말위에 탄자들마다 저마다의 사역이 다 있다. 성령의 신이 타면 생명을 살리는 일을 하고, 악령의 신이 타면 죽이는 일을 한다.

또한 성령(말씀) 그 자체가 주님의 성전이다. 사도요한한테 성령의 영이 들어가니까 그 마음 안의 성전인 하나님의 말씀을 기록해 전하게 되는 거다. 성경 자체가 하나님께서 선지자들을 통해 우리한테 보내는 편지이다. 그런데 그 편지가 종이에 쓴 것이 아니라 우리 마음에 하나님께서 영으로 쓰게 한 거라 했다.

> 너희는 우리로 말미암아 나타난 그리스도의 편지니 이는 먹으로 쓴 것이 아니요 오직 살아 계신 하나님의 영으로 한 것이며 또 돌비

> 에 쓴 것이 아니요 오직 육의 심비에 한 것이라(고후3;3)

성경이야말로 하나님의 영으로 썼기 때문에 말씀 자체가 곧 거룩한 전이다. 그러므로 하나님의 성전과 거짓 우상이 전하는 교리가 어떻게 일치하겠는가!

따라서 고린도전서 6장 16절에, '창기와 합하는 자는 저와 한 몸인 줄을 알지 못하느냐 일렀으되 둘이 한 육체가 된다' 이렇게 표현하고 있다. 아울러 그리스도의 영이 와서 신령과 진정으로 드리는 예배의 장소가 바로 천만천사와 장자들의 총애가 깃들여 있는 시온산과 하늘의 도성인 예루살렘 성전(성도의 심령) 안이다.

> 그의 안에서 건물마다 서로 연결하여 주 안에서 성전이 되어가고. 너희도 성령 안에서 하나님의 거하실 처소가 되기 위하여 예수 안에서 함께 지어져 가느니라.(엡2;21-22)

이와 같이 교회는 그리스도 안에서 서로 전부 연결되어 있다. 인간들의 신경계와 똑같다고 보면 된다. 보고 듣고 냄새 맡는 것이 전부 뇌(생각)에서 일어난다. 따라서 우리의 머리는 그리스도다. 그러므로 우리가 하나님의 형상이 되어야 이 개체들이 서로 연결 되어 지체가 된다.

> 하나님이 가라사대 우리의 형상을 따라 우리의 모양대로 우리가 사람을 만들고 그로 바다의 고기와 공중의 새와 육축과 온 땅과 땅에 기는 모든 것을 다스리게 하자 하시고(창1;26)

무엇으로 다스리느냐 하면 그리스도의 말씀으로 다스리는 거다. 그러려면 내 머리(생각)가 내 것이 아니고 그리스도(성령)의 것이 되어야 한다. 그런데 오늘날의 교회(목사)가 그리스도의 지체에서 떨어지는 이유가 탐심이 들어간 육신의 생각 때문이다.

> 육신의 생각은 사망이요 영의 생각은 생명과 평안이니라(롬8;6)

우리가 육신의 생각으로 떨어진 건지 아닌지를 분별하려면 먼저 창세기 22장의 하나님의 명령을 생각해야 한다. 육신의 소리인지 신의 말씀인가를 알아야 그의 명령에 따를 수 있다. 하나님은 사랑이시다. 이러한 하나님께서 아담 안에 있는 자를 다 죽여버리려 했다면 그런 하나님은 사랑이 아니시다. 백세의 나은 아들 이삭을 하나님께 드리라 했다면 반드시 다시 살리실 것도 믿었기에 아브라함은 하나님의 명에 따랐다.

이와 같이 이삭을 제물로 바치라 한 하나님의 속뜻은, 아담의 원죄로 사망의 형벌을 받을 수밖에 없는 인간들한테 수양(예수그리스도)을 대신해 영생의 길을 내 놓으므로 사랑의 하나님임을 나타내려 하심이었다. 그게 바로 십자가의 길인 예수님이다.

그러므로 성도는 보좌에서 나오는 소리(말씀)를 들을 수 있어야 한다. 그래야 세상(육신의 생각)과 싸워 이길 수 있고 이겨야 내 영(정신)이 하늘로 올라갈 수 있다. 그런 자들만이 그리스도의 증인이 될 수 있다.

> 가라사대 때와 기한은 아버지께서 자기의 권한에 두셨으니 너희의 알바 아니요. 오직 성령이 너희에게 임하시면 너희가 권능을 받고 예루살렘 온 유대와 사마리아의 땅 끝까지 이르러 내 증인이 되리라 하시니라(행1;7–8절)

성령이 임하시면 천천만만의 영들이 우리 안에 강림하여 온 유대와 사마리아 땅 끝까지 예수님의 제자들이 그랬던 것처럼 그리스도를 증거 하는 증인들로 채워 가신다. 그 때가 마지막 때인 지금으로 각자의 심령 안에 영계의 보좌도를 내 정신(영혼)에 새기고 살아가야 한다.

†

인봉한 책은 어떤 책인가?

계시록 5장에서 일곱 인으로 봉인한 책이 등장하는데 그렇다면 일곱 인으로 봉한 책이 어떤 책인가? 이 책은 계시록 10장에도 똑같이 등장한다. 단지 다른 것은 5장에서는 일곱 인으로 봉해져 있었다면 10장에서는 그 책이 펴져 있는 책으로 등장한다. 요한이 보니까 그 누구도 능히 그 책을 펴거나 보거나 할 합당한 자가 없어 울었다. 그런데 어린양께서 인봉을 하나하나 떼시므로 전부 펼쳐졌다.

사도요한은 초림 때 예수님과 함께 동행 했던 사람이다. 그럼에도 요한은 하나님과 직통 할 수가 없었다. 그러므로 그 책이 하나님의 오른손에 있어서 울었다. 그랬더니 '울지 마라 유대지파 다윗이 이겼으니 그가 연다'고 했다. 즉 그 책이 하나님의 오른손에서 예수님께로 넘어갔음을 시사한 표현이다.

이에 대한 부연설명을 하자면 창세기 2장에 일곱째 날에 안식을 하셨다고 했다. 그러나 요한복음 5장 17절에서는 '아버지가 일하니 나도 일한다.' 그러므로 하나님께서는 그때까지 안식 하지 않으셨고, 십자가에 달리실 때도 하나님께서 일을 일하셨다. 그러나 부활하고 나서 하늘과 땅의 모든 권세를 갖고 계신 지금에서야 모든 문서가 예수 그리스도께로 주어졌다. 그게 계시록 5장의 실체다.

그러므로 4장에서 먼저 영계의 사건을 보여 주셨다. 그때만 본 것이 아니라 요한은 초림 때 변화 산에서도 영의 세계를 봤다. 또한 구약의 선지자나 신약의 선지자들도 요한과 마찬가지로 그 어마어마한 영계의 세계를 다 보았다. 따라서 에스겔이나 사도요한이 본 것이 다 똑 같다. 영계의 세계를 보여주고 나서 5장에 가서 이십사 장로 중에 하나가 책과 일곱 인을 떼실 분이 어린양이라 일러 주었다.

> 이 책을 펴거나 보거나 하기에 합당한 자가 보이지 않기로 내가 크게 울었더니(계5;4)

여기서의 '합당한 자'는 하나님 보시기에 죄가 없어야 하는 자를 말함이다.

그리고 6장에서 일곱 인이 하나하나 떼어지는데 어린양이 책을 떼시면서 심판하시는 장면이다. 그러므로 여섯 번째 인의 재앙까지만 나온다. 무엇보다 일곱째 인은 이 도장(印)이 하나님의 백성들한테 다 하나같이 회개를 했으면 괜찮은데 그렇지를 못했다.

신명기 28장에서 여호와의 말씀을 듣고 순종하면 모든 복을 주실 것이요, 순종치 않으면 폐병과 열병과 상한과 학질과 한재와 풍재와 썩는 재앙으로 진멸케 할 것이라 했다.

이와 같이 여섯째 인과 일곱째 인 사이에 복과 저주로 갈라지는 장면을 표현했다. 그러므로 여섯째 인까지 심판하고 하나의 인을 더 떼어야 하는데 안 떼고 놔두고, 그리고 6장 마지막에 '그 하나님의 무서운 심판 앞에서 누가 능히 서리요' 라고 묻고 마친다.

따라서 여섯째 인은 종말의 사건의 예비적인 것으로서 재림 때까지 이 시대의 과정을 특정 하는 것으로 묘사했다. 그것은 곧 메시아를 사칭한 악한(이단) 자들의 출현과 거짓선지자(목사)들의 득세와 큰 음녀(통일교)들의 활약상과 큰 성 바벨론(대형교회)의 멸망과 자연재해와 전쟁(영적전쟁)과 기근(말씀고갈)과 지진(교회의 붕괴)과 온역(코로나) 등으로 심판하실 것을 암시하였다.

그러므로 마지막 때에 믿는 자들에게는 회개와 권고를, 믿지 않는 자들에게는 심판과 경고가 묵시되어 있다.

따라서 6장에서의 여섯째 인은 종말 자체의 사건이 아니며 이 시대의 상황과 종말에 이르기까지의 특징을 표현한 것으로서, 마태복음 24장 8절에 '이 모든 것이 재난의 시작이니라'에 해당되지만 그러나 끝은 아직 아니라고 예수께서 천명하셨다. 그러므로 실제적인 종말의 사건은 8장에서 떼어진 일곱째 인에서부터 시작된다.

하나님이 인친 14만 4천의 성도는 이미 그들이 받아야 할 진노를 예수 그리스도께서 십자가로 대신 받으셨기 때문에 회개의 권고 소리를 듣고 바로 돌아서기 때문에 구원의 여정으로 건짐을 받는다. 그러기에 7장에서 그 무시무시한 심판 가운데서도 하나님의 백성들이 건져 올려진 흰옷 입은 큰 무리가 바로 하나님의 교회라고 설명하고 있다.

이 14만 4천은 하나님의 창조의 목적아래 이미 창세전에 구원을 받은 하나님의 백성들이며 그들을 제외한 모든 죄인들은 전부 끔찍한 하나님의 진노의 심판 아래로 떨어지게 된다는 것을 보여주고 있다.

그러면서 8장과 9장에서 또 하나님의 진노의 심판인 무시무시한 나팔 재앙이 나온다. 그럼에도 그들은 여전히 우상에게 절하고 또 그 살인과 복술과 음행과 도적질로 회개하지 않고 있다.

그토록 회개하는 자들이 없는데 어떻게 하나님의 교회는 회개하게 되었는가? 거기에 대한 답이 10장이다. 10장에서 작은 책이 나온다. 그 책을 요한이 받아먹은 후, 요한은 많은 백성과 나라와 방언과 임금에게 다시 예언할 것을 요구 받았다. 그 장면은 에스겔 3장에서 똑같은 작은 책을 받아먹고 이스라엘의 패역한 족속에게 하나님의 말씀을 전하도록 요구받는 장면과 동일하다.

그리고 두 증인이 등장한다. 그 작은 책과 두 증인이 복음의 키워드가 되어 하나님의 교회를 회개케 만든 사건이 된다.

그럼에도 불구하고 그 무시무시한 나팔재앙 뒤에도 회개치 않은 무리들이 있었다. 무서운 재앙에도 죽지 않고 남은 사람들은 그 손으로 오히려 여러 귀신과 또는 보거나 듣거나 다니거나 하지 못하는 금, 은, 동과 목석의 우상에게 절하고. 또 살인과 복술과 음행과 도적질을 일삼았다. 그러자 11장 13절에서 대반전이 일어났다.

> 그 시에 큰 지진이 나서 섬 삼분의 일이 무너지고 지진에 죽은 사람이 칠천이라 그 남은 자들이 두려워하여 영광을 하늘의 하나님께 돌리더라(계11;13)

그러므로 일곱 인으로 봉한 책은 회개하지 않는 자들을 회개케 하는 책이란 걸 알아야 한다.

> 내가 천사에게 나아가 작은 책을 달라 한즉 천사가 가로되 갖다 먹어버리라 네 배에는 쓰나 네 입에는 꿀 같이 달리라 하거늘. 내가 천사의 손에서 작은 책을 갖다 먹어 버리니 내 입에는 꿀같이 다나

먹은 후에 내 배에서는 쓰게 되더라.(계10;9-10)

안팎으로 기록된 책을 요한이 받아먹고 복음 전파의 명령이 그한테 떨어졌다. 에스겔 1장의 그발 강가에서 환상을 보는 것과 계시록 4장의 하나님 보좌에 대한 환상이 거의 흡사하게 나온다. 에스겔서에 '내가 너를 패역한 백성, 나를 배반한 자에게 보내노라' 이와 같이 둘 다 패역한 족속(교회)한테 하나님의 말씀을 전하라는 안팎으로 기록된 명령의 책을 받아먹는 장면이다.

말씀하실 때에 그 신이 내게 임하사 나를 일으켜 세우시기로 내가 그 말씀하시는 자의 소리를 들으니. 내게 이르시되 인자야 내가 너를 이스라엘 자손 곧 패역한 백성, 나를 배반하는 자에게 보내노라 그들과 그 열조가 내게 범죄하여 오늘날까지 이르렀나니. 이 자손은 얼굴이 뻔뻔하고 마음이 강퍅한 자니라 내가 너를 그들에게 보내노니 너는 그들에게 이르기를 주 여호와의 말씀이 이러하시다 하라. 내가보니 한 손이 나를 향하여 펴지고 그 손에 두루마리 책이 있더라. 그가 그것을 내 앞에 펴시니 그 안팎에 글이 있는데 애가와 애곡과 재앙의 말이 기록되었더라.(겔2;2-3.9-10)

이스라엘 족속을 심판하는 두루마리 책에 애가와 애곡과 재앙의 말이 안팎으로 기록된 것을 받은 에스겔은, 그 책을 받아 배에 채워 넣자 입에 달기가 꿀 같았다. 그러나 요한은 입에서는 달았지만 배에서는 썼다고 고백했다.

그가 또 내게 이르시되 인자야 너는 받는 것을 먹으라 너는 이 두루마리를 먹고 가서 이스라엘 족속에게 고하라 하시기로. 내가 입을 벌리니 그가 그 두루마리를 내게 먹이시며. 내게 이르시되 인자야 내가 네게 주는 이 두루마리로 네 배에 넣으며 네 창자에 채우라 하시기에 내가 먹으니 그것이 내 입에서 달기가 꿀 같더라(겔3;1-3)

이와 같이 요한계시록의 작은 책과 에스겔의 그 책은 같은 내용을 담고 있는 책으로 그 내용은 마지막 때에 하나님의 계시에 관한 것이다. 그런데 그 책이 일곱 인으로 봉해져 있다. 아울러 이 봉해진 책이 다니엘서에 잘 나타나 있다.

그때에 네 민족을 호위하는 대군 미가엘이 일어날 것이요 또 환난이 있으리니 이는 개국 이래로 그때까지 없던 환난일 것이며 그 때에 네 백성 중 무릇 책에 기록된 모든 자가 구원을 얻을 것이라. 땅의 티끌 가운데서 자는 자 중에 많이 깨어 영생을 얻는 자도 있겠고 수욕을 받아서 무궁히 부끄러움을 입을 자도 있을 것이며. 지혜 있는 자는 궁창의 빛과 같이 빛날 것이요 많은 사람을 옳은 데로 돌아오게 한 자는 별과 같이 영원토록 비취리라. 다니엘아 마지막 때까지 이 말을 간수하고 이 글을 봉함하라 많은 사람이 빨리 왕래하며 지식이 더하리라. 나 다니엘이 본즉 다른 두 사람이 있어 하나는 강 이편 언덕에 섰고 하나는 강 저편 언덕에 섰더니. 그 중에 하나가 세마포 옷을 입은 자 곧 강물 위에 있는 자에게 이르되 이 기사의 끝이 어느 때까지나 하기로. 내가 들은즉 그 세마포 옷을 입고 강물 위에 있는 자가 그 좌우 손을 들어 하늘을 향하여 영생하시는 자를 가리켜 맹세하여 가로되 반드시 한 때 두 때 반 때를 지나서 성도의 권세가 다 깨어지기까지니 그렇게 되면 이 모든 일이 다 끝나리라 하더라. 내가 듣고도 깨닫지 못한지라 내가 가로되 내 주여 이 모든 일의 결국이 어떠하겠삽나이까. 그가 가로되 다니엘아 갈찌어다 대저 이 말은 마지막 때까지 간수하고 봉함할 것임이니라. 많은 사람이 연단을 받아 스스로 정결케 하며 희게 할 것이나 악한

> 사람은 악을 행하리니 악한 자는 아무도 깨닫지 못하되 오직 지혜 있는 자는 깨달으리라. 매일 드리는 제사를 폐하며 멸망케 할 미운 물건을 세울 때부터 일천이백구십일을 지낼 것이요. 기다려서 일천 삼백삼십오 일까지 이르는 그 사람은 복이 있으리라. 너는 가서 마지막을 기다리라 이는 네가 평안히 쉬다가 끝 날에는 네 업을 누릴 것임이니라.(단12;1–13)

하나님께서 다니엘에게 마지막 때에 관한 예언을 하시고 그 말을 간수하고 마지막 때까지 봉함하라 하셨다. 이는 마지막 때가 되어야 그 책의 내용이 밝혀질 것이라는 뜻이다. 다니엘서에 언급된 봉인된 책 내용은 메시야로 말미암아 이루어질 심판과 구원의 내용이다. 그래서 이 책의 인봉을 떼실 분은 어린양 예수 그리스도 밖에 없다고 한 것이다.

십자가로 말미암아 세상의 마지막 날 내려져야 할 선고가 하나님의 백성들에게 미리 내려져 버린 그때, 이러한 최후의 선고가 내려진 그 때를 마지막 때, 종말의 때라고 한다. 그러니까 종말은 예수 그리스도로부터 시작되어야 하므로 그 인은 예수 그리스도밖에 떼실 수가 없다.

이와 같이 6000년이 지나고 7000년이 도래한 지금 이 시대에 예수 그리스도와 연합된 하나님의 아들들에 의해 인봉된 책 내용이 훤하게 밝혀질 것이라는 뜻이 함축되어 있다.

따라서 일곱 인이 떼어질 때마다 전쟁과 기근과 역병과 자연재해와 우주의 파괴 등이 등장했다. 그것은 하나님께서 번개와 뇌성과 음성으로 창조의 목적을 이루고 계시는 것에 비춰어 그것이 악한 세상에는 심판이요, 하나님의 백성들에게는 구원의 외침임을 깨달으라는 경고의 메시지다.

아울러 모든 성경은 선지자한테 미리 예언해 놓으시고 성취하시는 것인데, 창세기에서 말라기까지 예언해 놓은 모든 것들이 요한복음 15장 30절에 '다 이루었다' 예수께서 이렇게 말씀하시므로 모두 성취되었다.

그러므로 '회개하라'는 나팔 경고가 불리 울 때, 첫 장막에 있는 교회들은 회개하고 하나님께로 돌아서야 한다.

하나님의 구원은 환난에서 해방하게 하는 세상적인 구원이 아니라 환난 중에서 승리 하시는 영적인 구원을 말함이다. 환난(사단)을 당하게 하는 구원이 아니라 환난(사단) 가운데 이를 이겨나가게 해주는 구원이다.

무엇보다 구원의 문은 한번 닫히면 더 이상 열리지 않는다. 그러므로 성도라면 지금이 바로 안식의 마지막 때로 구원의 시기요, 은혜의 때임을 알아야 한다, 십자가로 승리하신 분이 주님이시다. 반석이신 예수 그리스도의 말씀만이 이러한 환난에서 능히 이길 수 있음을 인지하고 육신의 생각에서 돌아서야 한다.

주님께서 난 알파와 오메가인 처음과 끝이라 했다. 진짜 교회 같으면 시작한 곳에서 다시 회복하시는 하나님의 뜻을 알아차리고 각자의 심령 안에 거하시는 하나님의 음성을 보고 듣고 깨달아야 한다. 그런 자들만이 촛대사이에 인자 같은 이가 발에 끌리는 옷을 입고 지금도 이 시대의 교회들을 두루 살피고 계시는 사랑의 하나님을 영의 시각으로 볼 수 있다.

그러기에 아시아 일곱 교회에 등장하는 각 교회마다 하나님의 말씀을 부분적으로 나누어 교회한테 전하고자 하시는 말씀을 전부 담아 놓으신 거다. 그걸 한 곳에만 영체를 넣으면 복잡하기 때문에 이와 같이 교회 전체가 알아듣기 쉽게 부분적으로 나누어 끝까지 이기는 자에게 주시는 영생의 선물들이 무엇인지를 명확하게 시사해 놓으셨다.

따라서 계시록 2장과 3장의 편지는 전체적인 교회들에게 전하는 사건이다. 왜 그러느냐 하면 일곱 촛대는 하나로 만들어졌다. 촛대의 구조가 기름을 한군데에 넣으면 다 하나로 흐르게 되어 있다. 그러므로 기름이 떨어져 하나의 촛대가 꺼지면 다른 촛대도 다 꺼지게 되고 하나의 촛대가 켜지면 다 커진다.

이러한 교회들의 촛대가 꺼지지 않도록 성령이 교회들에게 하시는 말씀들에 귀를 기울이라는 거다. 그래야 영적인 싸움에서 이길 수 있고, 이겨야 생명나무 과실을 먹을 수 있다. 싸워 이길 수 있는 길은 오직 혈과 육이 아닌 영들과의 싸움으로 이것이 믿음(예수 그리스도의 말씀)이다.

따라서 이세벨, 자칭 유대인, 사단의 회로부터 싸워 이긴 자들한테 주시는 영적 선물은, 생명나무 과실과 둘째 사망의 해를 받지 않는 생명의 면류관과, 새 이름을 기록한 흰 돌과, 감추었던 만나와, 만국을 다스리는 권세와, 생명책의 기록과, 성전의 기둥이 되게 하심과, 아버지 보좌에 앉게 해주시는 영생의 약속들이다. 그러나 사단의 회인 거짓선지자들한테는 애가와 애곡과 재앙의 심판들이 기록되어 있다. 그러므로 이들로부터 회개하고 돌아선 하나님의 백성들한테 영생의 복음이 주어지는 내용을 담은 것이 바로 일곱 인으로 봉한 책이다.

따라서 이 땅(교회)에는 대언의 영을 받은 자가 있는가 하면, 그 말씀을 받는 그릇들이 제 각각으로 그 분량대로 나누어져 있다. 그러나 이 모든 것들 또한 다 하나로 연결된 그리스도의 영(말씀)들이다. 그러므로 하나님의 대언의 영을 받은 자들만이 진리의 말씀만 전하게 된다. 그러므로 오직 예수 그리스도의 말씀만이 우리의 지도자요 스승임을 깨닫고 신앙생활에 임해야 하나님의 백성으로 거듭날 수 있다.

†

사단의 세력인 이만만과 666

성경은 패역한 족속들, 하나님을 거역한 족속들에게 편지 보내는 사건들이다. 아울러 이 세상은 전부 거짓되고 부패한 것이 사람들한테 있다는 것을 기록한 책이기도 하다. 그러므로 그들한테 하나님의 사랑의 본체이신 예수님을 보내시어 그 말씀을 듣고 따라가는 자들은 하나님의 백성이 되고 사단을 따라가는 자들한테는 심판의 역사가 이루어진다는 것을 특히 계시록을 통해 명백히 밝혀 놓으셨다. 따라서 하나님의 백성들은 지혜와 총명과 모략과 재능의 신이 강림하기에 사단에 현혹되지 않는다. 모략(謀略)이 바로 하나님의 말씀이고 성령이며 진리이다.

> 여호와의 신 곧 지혜와 총명의 신이요 모략과 재능의 신이요 지식과 여호와를 경외하는 신이 그 위에 강림하시리니(사11;2)

그러나 악한 세력들은 그 마음 안에 탐심만 가득하여 하나님의 백성 즉 교회를 어떻게 잡아먹을까 그것만 궁리하고 있다. 따라서 그 세력들의 수가 이만만이다.

> 나팔 가진 여섯째 천사에게 말하기를 큰 강 유브라데에 결박한 네 천사를 놓아 주라하매. 네 천사가 놓였으니 그들은 그 년 월 일 시에 이르러 사람 삼분의 일을 죽이기로 예비한 자들이더라. 마병대의 수는 이만만이니 내가 그들의 수를 들었노라.(계9;14-16)

큰 강 유브라데에서 사람의 삼분의 일을 죽일 네 천사가 풀려났다. 이 네 천사는 바로 마병대의 리더다. 여기서의 네 천사가 인간의 삼분의 일을 죽일 마귀의 세력을 상징하는 귀신들의 영이다. 즉 용의 영을 받은 짐승들로 귀신의 영을 받은 사단의 수가 이만만으로 그만큼 귀신의 영이 많다는 뜻이다.

그러나 상대적으로 하나님의 영들은 천천이요, 만만이다. 악한 영들은 심판 받으면 끝나기 때문에, 불순종의 아들을 잡아가기 위해 이 땅에 있을 때까지만 하나님께서 악의 세력들을 사용하고 있다. 따라서 마귀는 첫 장막에 있는 하나님을 배도한 교회들을 죽이기로 예비된 자(신천지)들이다.

마귀의 세력을 이만만이라 표현한 것은 그 수가 많다는 것을 말함이나 그에 앞서 이 종교세계에 그만큼 거짓 영들이 많다는 것을 나타내기도 한다. 그러나 아무리 그 수가 많아도 한정된 수라는 것을 '이만만'이란 단어에서 알 수 있다. 이 귀신의 영들은 13장의 용을 섬기는 자들이다. 이러한 사단의 거짓 영들은, 교회들을 심판하기 위한 도구로 잠시 하나님께서 놓아둔 것이다.

> 이같이 이상한 가운데 그 말들과 그 탄 자들을 보니 불빛과 자주빛과 유황 빛 흉갑이 있고 또 말들의 머리는 사자 머리 같고 그 입에서는 불과 연기와 유황이 나오더라. 이 세 재앙 곧 저희 입에서

나오는 불과 연기와 유황을 인하여 사람 삼분의 일이 죽임을 당하니라.(계9;17-18)

그 말과 탄자들, 마병대가 흉갑을 입었다. 그 머리가 사자 같고 뱀 같은 꼬리가 있다. 그 꼬리가 사람을 해하고 있다. 다섯 번째 나팔과 여섯 번째 나팔에 등장하는 메뚜기와 마병대 이만만은 하나님의 심판의 도구로 쓰이는 마귀의 세력을 상징한다. 말 탄 자들이 불빛과 자주 빛과 유황빛 흉갑이다. 그리고 말들의 입에서 불과 연기와 유황이 나온다. 불과 유황과 연기는 전부 지옥과 심판의 상징들이다.

여호와께서 하늘 곧 여호와에게로서 유황과 불을 비 같이 소돔과 고모라에 내리사. 소돔과 고모라와 그 온 들을 향하여 눈을 들어 연기가 옹기점 연기 같이 치밀음을 보았더라(창19;24.28)

소돔과 고모라의 심판에 불과 유황과 연기가 등장한다. 하나님의 심판에 등장하는 불과 유황과 연기가 그 말들의 입에서 나온다. 그러니까 그 네 천사와 마병대는 하나님의 심판의 도구로 쓰이는 사단들임을 분명하게 알 수 있다.

아울러 꼬리는 거짓 선지자를 뜻한다. 심판받는 그들의 입에서 나오는 말들 자체가 그들의 교리다. 거짓 교리로 하나님 백성들의 영혼을 삼분의 일씩 죽이고 있다.

악한 자의 임함은 사단의 역사를 따라 모든 능력과 표적과 거짓 기적과. 불의의 모든 속임으로 멸망하는 자들에게 임하리니 이는 저희가 진리의 사랑을 받지 아니하여 구원함을 얻지 못함이니라 (살후2;9-10)

이와 같이 사단한테 미혹되면 그들한테 잡혀 먹히는 거다. 그렇지만 그리스도의 말씀을 좇는 자는 그렇게 이만만의 짐승(이단)한테 잡아먹히지 않는다.

이 세대에 짐승들이 들어온 것은 1948년부터 지금까지 약 70년간이다. 그전에는 그렇게 이단들이 활개 치지 않았다. 우리나라의 첫 장막이나 다름없는 기독교의 문화가 들어온 게 어언 100여년이 훨씬 넘었다. 한국교회에 하나님의 말씀이 들어와 생명을 살리니까 사단이 이들을 잡아먹기 위해 빠르게 번식한 것이 이단들이다. 무엇보다 하나님의 말씀의 씨를 받은 그 역사가 약 70년전부터 본격적으로 발휘하기 시작했는데 그때부터 사단의 역사 또한 급속도로 번지기 시작했다.

따라서 성경은 아담의 범죄로 인해 사단들이 지상권을 잡게 되니까 이를 다시 회복시키기 위해 하나님께서 시대마다 참 목자를 보내어 일해 오셨다. 때론 성경이 우리에게 고난으로, 핍박으로, 은혜로, 감사로, 또는 편지로 하나님의 마음을 나타내셨고 종내는 최종목적지로 가는 길을 성령을 통해 깨달아 알게 하셨다.

그러므로 성경은 하나님께서 우리에게 주신 것이요, 천국 찾아가는 길과 주소이며, 하나님과 사람이 하나 되게 하는 매개체인 언약서로 성경을 통해 우리는 보고 듣고 깨달아 믿고 지켜야 한다. 그러므로 성도는 하나님의 목자와 사단의 거짓목사를 구분할 수 있어야 한다.

성경에서 약속된 목자는 예수 그리스도 한분뿐이시다. 그리고 장래사를 미리 고하는 선지자들이 있으며, 2000년의 기간 동안 복음을 전하는 전도자들이 하나님의 목자들이다.

해방 초창기에 이러한 하나님의 목자들(선교사)이 한국교회에 들어와 기독교의 씨(성경말씀)를 많이 뿌리고 갔다. 그래서 기독교의 문화가 들어온 초기에는 교인들이 매우 순수했고, 핍박 속에서도 순교자적 삶을 살았다.

그러나 사단의 역사는 이와 반대로 거짓 목자들을 많이 배출시켜 하나님의 백성들이 번식하는 것을 막는 것과 동시에 이들을 잡아먹기 위해 생성된 짐승(뱀)들이다.

그러므로 사단의 거짓목자는 하나님을 가장하여 속이고 미혹시킨다. 아담의 때는 뱀이 사단이었고, 예수님 초림 때는 서기관과 바리새인(오늘날의 목사)이었으며, 재림 때는 뱀, 용, 일곱 머리 열 뿔들이다

이 짐승들한테 거짓 영이 탄 것이다. 그들(이단)도 자기들이 사명자라 자처한다. 그러므로 그들의 교리로 첫 장막(교회)인 교회를 삼분의 일을 죽인다. 자기 소속으로 만들어 버리는 것 그 자체가 교회들의 영혼을 죽이는 것이 된다. 그러나 참 하나님의 아들들은 그리스도의 영이 심령 안에 거하기 때문에 절대 그들의 교리에 넘어가지 않는다.

아담이 범죄 후, 아벨과 가인이 선과 악으로 갈라졌듯이, 성령과 악령도 마찬가지다. 즉 두 영에 소속된 두 나라와 두 민족은 즉 참 목자와 거짓목자로 나눠짐을 뜻한다.

> 이 말들의 힘은 그 입과 그 꼬리에 있으니 그 꼬리는 뱀 같고 또 꼬리에 머리가 있어 이것으로 해하더라. 이 재앙에 죽지 않고 남은 사람들은 그 손으로 행하는 일을 회개치 아니하고 오히려 여러 귀신과 또는 보거나 듣거나 다니거나 하지 못하는 금, 은, 동과 목석의 우상에게 절하고.(계9;19-20)

성경은 천국의 비밀이기 때문에 거의 비유로 되어 있는데 계시록은 특히 더하다. 천국의 비밀(장래사)을 비유로 말씀하신 뜻에는 대적의 무리가 알아서는 안 될 일이기에 대부분 구약의 암호

로 나타내었다.

비유는 주로 이 땅의 동물이나 식물, 광물 혹은 구약의 역사적 배경이나 지명, 인명 등으로 하늘의 비밀을 설명했다. 그러므로 계시록을 사사로이 풀거나 억지로 풀게 되면 심판과 멸망이 따른다.

그러기에 다니엘 12장에 '다니엘아 마지막 때까지 이 말을 간수하고 이 글을 봉함하라 많은 사람이 빨리 왕래하며 지식이 더하리라(단12;4)'와 '그가 가로되 다니엘아 갈찌어다 대저 이 말은 마지막 때까지 간수하고 봉함할 것임이니라(단12;9)' 이와 같이 마지막 때까지 봉함하라 한 것이다.

그리고 예레미야 23장에서 '나 여호와의 노는 내 마음의 뜻하는 바를 행하여 이루기까지는 쉬지 아니하나니 너희가 말일에 그것을 완전히 깨달으리라(렘23; 20)' 이와 같이 말일에 온전히 깨닫는다 했다.

그러나 계시록 22장에서 '또 내게 말하되 이 책의 예언의 말씀을 인봉하지 말라 때가 가까우니라(계22;10)' 이와 같이 마지막 때가 가까우니 인봉하지 말라 했다.

무엇보다 진리의 성령이 오시면 이 모든 것을 가르치신다. 요한복음 14장 26절에서 '보혜사 곧 아버지께서 내 이름으로 보내실 성령 그가 너희에게 모든 것을 가르치시고 내가 너희에게 말한 모든 것을 생각나게 하시리라' 했다.

> 진리의 성령이 그가 너희를 모든 진리 가운데로 인도하시리니 그가 자의로 말하지 않고 오직 듣는 것을 말하시며 장래 일을 너희에게 알리시리라.(요16;13)

이와 같이 진리의 성령이 인도하셔야만 성경을 깨달을 수 있다. 아울러 고린도전서 13장에서 온전한 것이 올 때에 온전히 알게 된다고 밝혔다.

> 사랑은 언제까지든지 떨어지지 아니하나 예언도 폐하고 방언도 그치고 지식도 폐하리라. 우리가 부분적으로 알고 부분적으로 예언하니. 온전한 것이 올 때에는 부분적으로 하던 것이 폐하리라. 내가 어렸을 때에는 말하는 것이 어린아이와 같고 깨닫는 것이 어린아이와 같고 생각하는 것이 어린아이와 같다가 장성한 사람이 되어서는 어린아이의 일을 버렸노라. 우리가 이제는 거울로 보는 것같이 희미하나 그때에는 얼굴과 얼굴을 대하여 볼 것이요 이제는 내가 부분적으로 아나 그때에는 주께서 나를 아신 것같이 내가 온전히 알리라(고전13;8-12)

따라서 성경은 마태복음 24장이나 마가복음 13장에서와 같이 전부 거짓선지자들이 많이 나타나 하나님의 백성들을 미혹시켜 타락시키는 것에 대한 경계의 말씀들로 되어 있다. 사탄의 목적은 하나님의 인(소유권)을 맞지 못하게 떨어뜨려 사망으로 가게 하는 게 임무이다.

그러기에 말들의 힘이 그들의 입에서 나온다는 것은 즉 거짓선지자들이 그들의 교리로 교회들을 해한다는 것을 나타낸 말이다. 꼬리는 거짓선지자로 이사야 9장 15절에 '머리는 곧 장로와 존귀한 자요 꼬리는 곧 거짓말을 가르치는 선지자라'했다. 또한 계시록 16장 13절에서는, '또 내가 보매 개구리 같은 세 더러운 영이, 용의 입과 짐승의 입과 거짓 선지자의 입에서 나오니' 라고 분명하게 밝혔다.

따라서 이러한 거짓선지자를 제대로 알아야 이들한테 잡아먹히지 않는다. 거짓선지자는 영생의 길로 가는 길을 막는 자들이다.

따라서 우상(탐심)에 사로잡히면 이들의 먹이가 될 수밖에 없다.

아울러 음부는 음녀가 있는 교회가 지옥이고 무덤이다. 하나님의 백성들이 회개치 않으니까 이들의 꼬임에 넘어가 전부 귀신(지옥)의 처소(무덤)로 간다. 처소가 바벨론 교회를 뜻하는데, 하나님의 말씀에 육신의 생각을 첨가해 섞인 것이 바벨이다.

아울러 꼬리가 바로 거짓선지자로 우상(탐심)이나 복술(거짓예언) 등 전부 다른 신으로 이들의 영혼을 꾄다. 물질의 축복을 하나님께서 주신다하니까 혹하고 따라간다. 오늘날 교회(목사)에 다른 신이 들어가니까 대부분의 모든 교회가 회개치를 않고 선교와 봉사로 자기들의 의만 내세운다. 그게 바로 십자가의 은혜를 모르는 짐승들이고 그러한 짐승들한테 열심히 헌금과 봉사로 절하는 하나님의 백성들한테 회개와 권고와 책망을 하는 것이 계시록의 진위이다.

그러므로 성경에 조금도 가감하면 안된다. 가장 중요한 것이 성경을 대할 때 육신의 생각으로 하면 사단한테 바로 잡아먹힌다. 육신의 생각 자체가 죄고 사망이다. 이 생각을 마음 판에 새겨야 성경이 확실하게 보인다.

> 여호와께서 내게 대답하여 가라사대 너는 이 묵시를 기록하여 판에 명백히 새기되 달려가면서도 읽을 수 있게 하라. 이 묵시는 정한 때가 있나니 그 종말이 속히 이르겠고 결코 거짓되지 아니하리라 비록 더딜찌라도 기다리라 지체되지 않고 정녕 응하리라(합2;2-3)

그리스도의 말씀이 마음 판에 명백히 새겨져야 한다. 그래야 성경의 비밀이 열리고, 열려야 이 땅에 세 가지의 비밀을 발견할 수 있다. 일곱 별의 비밀과 일곱 금 촛대사건을 발견하고 짐승의 비밀을 알게 된다.

> 그러므로 네 본 것과 이제 있는 일과 장차 될 일을 기록하라. 네 본 것은 내 오른손의 일곱별의 비밀과 일곱 금 촛대라 일곱별은 일곱 교회의 사자요 일곱 촛대는 일곱 교회니라(계1;19-20)

일곱 촛대가 일곱 교회라 했다. 금 촛대는 금으로 만든 촛대다, 구약에는 순금 등대로 한 것이 성소다. 촛대인 성소 사이로 다니시는 이가 예수 그리스도시다. 일곱 금 촛대로 비유한 것은 일곱 교회의 영체를 한 번에 다 쓰면 복잡하기 때문에 이를 전체교회한테 전하는 것임을 나타내기 위해서다.

초림 때는 촛대의 역할을 세례요한이 했다. '요한은 켜서 비취는 등불이라 너희가 일시 그 빛에 즐거이 있기를 원하였거니와' 예수께서 요한복음 5장 35절에서 밝히신 말씀이다. 따라서 교회에 기름(싱령)이 떨어지면 꺼진다. 기름은 성령(말씀)을 상징하기 때문에 등대나 촛대를 잘 구분해야 한다.

> 너는 정금으로 등대를 쳐서 만들되 그 밑판과 줄기와 잔과 꽃받침과 꽃을 한 덩이로 연하게 하고. 가지 여섯을 (출25;31)

어떻게 보면 등대가 살구나무처럼 보이고, 세 개가 똑 같다. 가운데서 기름을 부으면 그 기름이 다 똑같이 들어간다. 촛대는 관으로 되어 있어 막힌 데가 없다. 그러므로 기름이 떨어지면 불이 꺼진다. 따라서 기름이 있을 때까지만 빛이 난다. 그러기에 성령(말씀)을 기름으로 비유했다.

> 우리를 너희와 함께 그리스도 안에서 견고히 하시고 우리에게 기름을 부으신 이는 하나님이시니.(고후1;21-21)

말씀 자체가 성령의 기름이다. 그러나 거짓된 종교세계는 물질의 복을 빌거나 구제나 선교, 헌금을 통한 말씀을 전하면 거의 대부분 아멘으로 화답한다. 그러나 아멘은 영혼 구원의 설교를 할 때, 즉 그리스도의 말씀이 내 안에 침투해 들어올 때, 그때 '아멘' 하는 거다.

모든 교회가 사단에 사로잡히다 보니 땅의 일만 잘되게 설교하면 육신의 생각이 사망인줄 모르고 무조건 아멘 한다. 그러기에 바다에서 올라온 짐승들이 교회로 잠입하기 쉬운 것이다.

따라서 일곱 교회에게 성령이 전하는 가장 궁극적인 목적이 바다에서 올라온 짐승의 정체를 정확히 파악하라는 뜻이다. 지금 한국교회가 이러한 짐승들한테 전부 잠식당하고 있다. 따라서 짐승의 정체를 온전히 깨달아야 회개하고 하나님의 참 교회로 돌아올 수 있기에 성령께서 일곱 교회한테 영적 전투에서 싸워 이기라고 강력하게 말씀하신 것이다.

> 천사가 가로되 왜 기이히 여기느냐 내가 여자와 그의 탄 바 일곱 머리와 열 뿔 가진 짐승의 비밀을 네게 이르리라(계17;7)

계시록은 아시아에 있는 일곱 교회에 성령의 말씀을 전하는 것이 요지다. 일곱 교회는 중동에 있는 아시아의 일곱 교회만을 지칭한 것이 아니라 전체교회를 상징함을 앞서 설명했다.

그러므로 일곱 교회는 장로교, 감리교. 성결교. 침례교. 오순절, 구원파, 안식교 등을 주로 총칭하나 그 외도 많은 교파의 종류도 이에 해당한다. 이게 아시아에 있는 일곱 교회의 상징으로 이를 금 촛대로 비유했다.

따라서 성경책을 갖고 예수님을 증거하는 모든 교회들이 바로 아시아에 있는 일곱 교회에 속한다. 이러한 교회에 짐승(사단)들이 서식하고 있다는 뜻이다. 짐승도 들짐승과 집짐승 두 가지로 나뉜다. 즉 일곱 교회로 지칭하는 모든 교회가 집짐승들이고 여기에 신천지, 통일교, 여호와의 증인이나 전도관, 참 하나님의 교회 등 이단의 교회들이 바로 들짐승들이다. 이 들짐승의 숫자가 이만만이요, 하나님을 그대로 흉내 내는 거짓 성령들이 바로 666이다.

> 내가 보니 바다에서 한 짐승이 나오는데 뿔이 열이요 머리가 일곱이라 그 뿔에는 열 면류관이 있고 그 머리들에는 참람된 이름들이 있더라(계13:1)

따라서 바다에서 올라온 일곱 머리 열 뿔인 들짐승들의 정체를 알아야 교회가 회개하고 돌아올 수 있다.

> 일곱째 천사가 소리 내는 날 그 나팔을 불게 될 때에 하나님의 비밀이 그 종 선지자들에게 전하신 복음과 같이 이루리라(계10;7)

일곱째 날에 하나님께서 천지를 창조하시고 안식하셨듯이 하나님의 비밀 또한 6000년이 지나 7000년이 도래해야 선지자들을 통해 하늘의 비밀을 알게 하신다. 그러려면 짐승의 사건과 바벨론의 사건을 명확하게 깨우쳐야 한다.

> 저런 사람들은 거짓 사도요 궤휼의 역군이니 자기를 그리스도의 사도로 가장하는 자들이니라(고후11;13)

가장은 거짓인데 이들이 바로 양의 탈을 쓴 광명한 천사로 둔갑한 주의 종들로 이단을 포함한 모든 거짓 세력들을 총칭하여 이만만이라 표현했다. 이들이 성령부흥회로 헌금을 갈취하는 부흥목사들로 성령 자체가 성경(말씀)인 것을 모르고 성령의 은사를 받았다고 자랑하는 전형적인 거짓 사도들이다.

나더러 주여 주여 하는 자마다 천국에 다 들어갈 것이 아니요 다만 하늘에 계신 내 아버지의 뜻대로 행하는 자라야 들어가리라(마7;21)

짐승도 두 가지로 구별되는데, 하나님의 말씀을 온전히 전하지 않고 육신의 생각으로 전하는 바벨교회가 첫 장막(교회)에 있는 집짐승이고, 이 집짐승들을 잡아먹기 위해 바다에서 올라온 일곱 머리 열 뿔의 들짐승이 바로 이단의 조직체로 그중 특히 신천지가 들짐승들의 대표격이다.

천사가 가로되 왜 기이히 여기느냐 내가 여자와 그의 탄 바 일곱 머리의 열 뿔 가진 짐승의 비밀을 네게 이르리라(계17;7)

여기서 짐승의 비밀이 여자인 교회다. 교회가 배도하니까 하나님께서 일곱 머리 열 뿔 가진 들짐승(이단)들로 하여금 교회를 잡아먹게 하셨다. 그러니까 거기서 빨리 깨닫고 회개하여 육신의 생각에서 영의 생각으로 돌아서라는 거다.

이만만의 사단조차 마지막 때에 심판과 구원을 위한 하나님의 계획이고 섭리라는 것을 깨달아 알아야 하나님 말씀 안으로 온전히 돌아 올 수 있다.

이만만의 사단(거짓선지자)들과 거짓악령인 666(신천지)도 결국엔 하나님의 계획이 성취되고 나면 가차 없이 폐기처분시켜 버리신다. 그러므로 빨리 깨닫고 십자가의 은혜 뒤로 숨어야한다.

†
두 증인의 예언

증인이라면 성경을 정확하게 깨달아야 마지막 때 복음을 분명하게 전할 수 있다. 아울러 두 증인의 등장이 왜 필요한가? 이에 대해 순차적인 과정을 요약하자면, 2장과 3장에서 아시아에 있는 일곱 교회한테 편지 형식을 취해 회개한 백성들한테는 영생을, 그렇지 못한 패역한 백성들한테는 심판을 내리겠다는 편지 사건을 나타내고, 그런 연후 4장에서 요한이 성령에 의해 영계의 세계로 올라가 하늘의 보좌도를 보았다. 그리고 5장에서 천상천하에 이 말씀을 떼거나 볼 자가 없어 울고 있는데 어린양이 나와서 오른손에 책을 취해서 떼고, 6장에서 그 인을 떼심으로 인해 심판과 구원의 역사가 있음을 확인했다.

여섯째 인을 떼고 난 후가 7장이고, 그리고 7장에서 다시 하나님의 백성들한테 인치는 사명이 나타나고, 8장은 일곱 나팔이다. 일곱째 인을 떼실 때에, 이 일곱째 인을 봉한 책의 마지막일 때 나팔이 나온다. 이 때 하늘이 반시동안 고요했던 것은, 7장에서 바람을 불지 못하게 했으므로 즉 심판을 하지 않으니까 전쟁이 없다. 교회가 하늘이고 촛대가 있는 곳이 장막이며 첫 하늘이다. 즉 장막, 첫 하늘, 촛대가 다 교회다.

그리고 9장에서 무저갱과 황충들과 짐승들이 나오는 것을 보여준다. 사역을 잘 보려면 계시록 9장과 13장과 17장을 잘 묶어서 봐야 한다. 10장에 다시 책을 영계에서 받아먹고, 다시 예언해야 한다는 그 말씀을 받고, 11장에 두 증인이 출현하게 되는 사건이다.

따라서 계시록 11장의 두 증인은 주 앞에 섰는 두 감람나무와 두 촛대이다.

또한 두 증인의 존재를 알려면 두 감람나무와 두 촛대를 알아야 한다. 그러려면 먼저 구약에서 그 답을 찾아야 이해가 쉽다. 성경에서 나타나는 나무는 총 네 종류의 나무가 있다. 포도나무, 무화과나무, 감람나무, 가시나무로서 이는 전부 사람을 나타낸다.

> 하루는 나무들이 나가서 기름을 부어 왕을 삼으려 하여 감람나무에게 이르되 너는 우리 왕이 되라 하매. 감람나무가 그들에게 이르되 나의 기름은 하나님과 사람을 영화롭게 하나니 내가 어찌 그것을 버리고 가서 나무들 위에 요동하리요 한지라. 나무들이 또 무화과나무에게 이르되 너는 와서 우리의 왕이 되라 하매. 무화과나무가 그들에게 이르되 나의 단 것, 나의 아름다운 실과를 내가 어찌 버리고 가서 나무들 위에 요동하리요 한지라. 나무들이 또 포도나무에게 이르되 너는 와서 우리의 왕이 되라 하매. 포도나무가 그들에게 이르되 하나님과 사람을 기쁘게 하는 나의 새 술을 내가 어찌 버리고 가서 나무들 위에 요동하리요 한지라. 이에 모든 나무가 가시나무에게 이르되 너는 와서 우리의 왕이 되라 하매(삿9;8-14)

여기는 세겜 사람들이 와서 네 나무(사람)한테 왕이 되라고 한 것이다. 감람 나무(사람)들은 하나님과 사람을 영화롭게 하는 나무다. 육적 이스라엘로 표현된 무화과나무(사람)는 단 것과 아름다운 실과로 하나님과 사람을 기쁘게 한다. 그러나 가시나무는 사단의 나무인데 이를 허락했다. 아울러 '내가 참 포도나무요 내 아버지는 그 농부라(요15;1)' 이와 같이 포도나무는 예수님이시고, 아울러 '말할 때에 홀연히 빛난 구름이 저희를 덮으며 구름 속에서 소리가 나서 가로되 이는 내 사랑하는 아들이요 내 기뻐하는 자니 너희는 저의 말을 들으라 하는지라(마17;5)' 또한 예수님은 하나님이 가장 기뻐하시는 나무다.

감람나무는 영적이스라엘로서 하나님과 사람을 영화롭게 하지만 무화과나무는 자기들만 좋아한다. 가시나무는 사단의 조직체로 감추어져 있다. 감람나무에 대해선 스가랴 4장에 자세하게 나타나 있다.

> 네가 무엇을 보느냐 내가 대답하되 내가 보니 순금 등대가 있는데 그 꼭대기에 주발 같은 것이 있고 또 그 등대에 일곱 등잔이 있으며 그 등대 꼭대기 등잔에는 일곱 관이 있고. 내가 그에게 물어 가로되 금 기름을 흘러내는 두 금관 옆에 있는 이 감람나무 두 가지는 무슨 뜻이니이까. 네가 이것이 무엇인지 알지 못하느냐 대답하되 내 주여 알지 못하나이다. 가로되 이는 기름 발리운 자 둘이니 온 세상의 주 앞에 모셔 섰는 자니라 하더라(슥4;2.11-14)

여기서의 순금등대는, '그러므로 네 본 것과 이제 있는 일과 장차 될 일을 기록하라. 네 본 것은 내 오른손의 일곱별의 비밀과 일곱 금 촛대라 일곱별은 일곱 교회의 사자요 일곱 촛대는 일곱 교회니라(계1;19-20)' 의 금 촛대와 같다. 그러므로 주 앞에 모셔 섰는 두 증인이 감람나무와 촛대로 비유된 기름 발리운 두 사람이다. 그런데 두 증인이 회개를 나타내는 굵은 베옷을 입고 있다.

> 내가 나의 두 증인에게 권세를 주리니 저희가 굵은 베옷을 입고 일천이백육십 일을 예언하리라. 이는 이 땅의 주 앞에 섰는 두 감람나무와 두 촛대니(계11;3-4)

촛대(교회)에 기름(말씀)이 떨어지니까 하나님의 백성들이 하나님께 등을 돌렸다. 그러므로 성령(말씀)의 기름을 발리운자 둘이 굵은 베옷(회개)을 입고 일천 일백육십일 동안 교회들한테 예언하고 있다. 촛대(교회)는 사람들한테 길을 가르쳐 주는 불빛이다.

따라서 초림 때는 세례요한이 촛대 역할을 했다. 그렇지만 지금은 성령께서 일곱 교회한테 '회개하라, 싸워라, 이겨라' 그러면 영생을 주시겠다는 등불의 역할을 하시고 계신다. 그런데 교회가 회개하지 않으니까 성령(말씀)이 떠나 버렸고, 교회에 말씀(성령)이 없으니까 거기에 일곱 머리 열 뿔의 사단(신천지)이 들어왔다.

이세벨(거짓악령), 자칭유대인(사역자), 자칭 선지자(목사)가 교회에 잠식하다보니 이 짐승들한테 하나님의 백성들이 잡혀가고 있다. 이들을 향해 예수께서 끝까지 싸워 이기고 거기서 나오라는 거다. 영적 전쟁에서 회개하고 돌아서면 생명나무 과실을 주시겠다는 주님의 약속이 있다. 따라서 두 증인을 통해 그리스도의 말씀이 곧 생명나무고 영생임을 깨달아야 한다.

오늘날의 증인도 마찬가지다. 이들은 다만 하나님의 말씀을 대언하는 증인일 뿐이지 특별한 것이 아니다. 그러므로 예수 그리스도를 증거 하는 목자도 증인이 될 수 있고, 누구든지 참 감람나무(예수 그리스도)에 접붙임을 입은 사람(제자)들 모두가 그리스도의 영(말씀)에 의해 성경을 그대로 증거하면 두 증인의 역할에 해당된다.

그러나 오늘날의 증인이라 자처하는 목사들을 보면 거의 대부분 성경말씀에 자기 생각을 넣어 육신적인 생각으로 왜곡되게 전하고 있다. 그들이 사단마귀인 거짓선지자들이고 이단들의 조직체다. 그러므로 참다운 증인이라면 성경에서 가르치는 그대로만을 증거하고 대언해야 한다.

> 그러므로 만군의 하나님 여호와가 이같이 말하노라 그들이 이 말을 하였은즉 볼찌어다 내가 네 입에 있는 나의 말로 불이 되게 하고 이 백성으로 나무가 되게 하리니 그 불이 그들을 사르리라(렘5;14)

이와 같이 하나님의 말씀을 예레미야 선지자 입에 두셨다고 했다. 이는 예레미야의 머리에 하나님의 말씀이 있다는 뜻도 된다. 그러므로 온전하게 전하지 않으면 성령의 불로 그들을 다스리신다고 경고하셨다. 무엇보다 사단이 원수(육신의 생각)다. 따라서 감람나무는 성령의 상징으로 증인이라면 하나님의 말씀만을 온전히 깨닫고 전해야 한다.

> 그러나 오히려 주울 것이 남으리니 감람나무를 흔들 때에 가장 높은 가지 꼭대기에 실과 이삼 개가 남음 같겠고 무성한 나무의 가장 먼 가지에 사오 개가 남음 같으리라 이스라엘의 하나님 여호와의 말씀이니라(사17;6)

여호와의 말씀을 성령으로 온전히 전하는 자가 없어 하나님의 백성들 찾기가 이렇게 어렵고 희귀하다는 것을 이사야 선지자가 잘 표현하고 있다.

> 제사하는 처음 익은 곡식 가루가 거룩한즉 떡덩이도 그러하고 뿌

리가 거룩한즉 가지도 그러하니라. 또한 가지 얼마가 꺾여졌는데 돌 감람나무인 네가 그들 중에 접붙임이 되어 참 감람나무 뿌리의 진액을 함께 받는 자 되었은즉. 네가 원돌 감람나무에서 찍힘을 받고 본성을 거스려 좋은 감람나무에 접붙임을 얻었은즉 원가지인 이 사람들이야 얼마나 더 자기 감람나무에 접붙이심을 얻으랴
(롬11;16-17.24)

예수님이 다윗의 뿌리시다. 거기에 접붙임을 한 자가 귀하다. 그러면 예수님의 뿌리의 진액을 받아 천국백성으로 살아갈 수 있다. 따라서 성도라면 예수님의 나무에 접붙임을 입어야 한다. 그런 자들은 반드시 영적 전쟁에서 승리한다. 아울러 육적 이스라엘 중에 나중에 또 오는 자가 있다.

저희가 그 증거를 마칠 때에 무저갱으로부터 올라오는 짐승이 저희로 더불어 전쟁을 일으켜 저희를 이기고 저희를 죽일 터인즉. 저희 시체가 큰 성 길에 있으리니 그 성은 영적으로 하면 소돔이라고도 하고 애굽이라고도 하니 곧 저희 주께서 십자가에 못박히신 곳이니라(계11;7-8)

무저갱에서 올라온 짐승들과 두 증인이 전쟁을 치르는데 결국 두 증인이 죽임을 당한다. 즉 영이 죽어 사명을 못하게 된다. 그러나 영이 죽은 자들은 하나님의 영(말씀)을 받으면 다시 살아난다. 나중에 11절에서 삼년 반 후에 생기가 다시 들어간다. 생기가 들어가면 생령이 된다. 여기서의 생기는 에스겔의 37장처럼 하나님의 말씀이 들어가면 바로 살아난다.

그가 내게 이르시되 인자야 이 뼈들이 능히 살겠느냐 하시기로

내가 대답하되 주 여호와여 주께서 아시나이다. 그러므로 너는 대언하여 그들에게 이르기를 주 여호와의 말씀에 내 백성들아 내가 너희 무덤을 열고 너희로 거기서 나오게 하고 이스라엘 땅으로 돌아가게 하리라(겔37;3.12)

이 뼈가 종교세계 즉 이스라엘 족속(교회)이다. 성경 전체가 유다와 예루살렘을 본 이상으로 구약은 육적 이스라엘이요, 초림 때 이후로는 예수님이 영적 이스라엘이다. 그러나 지금은 영적 새 이스라엘이다.

해달별은 하늘에 소속된 하나님의 백성들을 상징된다. 마지막 때는 여기에 생기를 주어 하나님의 백성들을 살리는 거다. 생기를 받아 두 증인이 다시 대언하면 짐승에게 사로잡힌 교회가 하나님께로 돌아온다.

계시록 때는 두 감람나무와 두 촛대가 그리스도의 대언을 담당한다. 감람유인 사람이 성령(말씀)을 받고 증거하는 내용이 두 증인으로 감람나무의 역할로서 감람기름이 레위기 24장에 잘 나타나 있다. 이는 순전한 기름을 가져야만 제대로 증언하게 되어 세상을 환하게 밝힐 수 있다.

이스라엘 자손에게 명하여 감람을 찧어 낸 순결한 기름을 켜기 위하여 네게로 가져오게 하고 끊이지 말고 등잔불을 켤찌며. 아론은 회막 안 증거궤 장 밖에서 저녁부터 아침까지 여호와 앞에 항상 등잔불을 정리할찌니 너희 대대로 지킬 영원한 규례라. 그가 여호와 앞에서 순결한 등대 위의 등잔불을 끊이지 않고 정리할찌니라(레24;2-4)

계시록의 감람나무는 초림 때는 포도나무(예수 그리스도)요,

계시록 때는 성령이 함께 하는 나무(두증인)라고 생각하면 된다. 성경은 어딜 가나 미리 정하신 자(택정한 백성)들을 부르시고 그들을 의롭다(회개한 자)하시고 또한 그들을 영화롭게(영생의 복)하신다.

> 또 미리 정하신 그들을 또한 부르시고 부르신 그들을 또한 의롭다 하시고 의롭다 하신 그들을 또한 영화롭게 하셨느니라(롬8;30)

그런데 이 순서에 들지 못한 사람이 있다. 처음에 아담(교회)을 부르셨다. 그가 하나님의 명에 순종 했으면 죄인이 되지 않았을 텐데 명을 거역하므로 죄인이 되었다. 하나님의 형상을 닮은 아담(교회)이야말로 영화롭게 되는 백성이 되었어야 했지만 불순종하므로 그만 심판의 백성(죄인)이 되었다.

한 사람(아담)이 순종치 아니하므로 많은 사람이 죄인 된 것처럼 한 사람(예수님)이 순종하므로 많은 사람이 영화롭게(영생) 되었다. 이게 성경 노정이다. 그러므로 성전 밖 마당은 이방인에게 주었으니 척량하지 말고 그냥 두라 한 것이다.

> 또 내게 지팡이 같은 갈대를 주며 말하기를 일어나서 하나님의 성전과 제단과 그 안에서 경배하는 자들을 척량하되. 성전 밖 마당은 척량하지 말고 그냥 두라 이것을 이방인에게 주었은즉 저희가 거룩한 성을 마흔 두달 동안 짓밟으리라.(계11;2)

척량은 재는 거다. 그런데 재는 곳은 성전 한군데다. 성전 밖 마당은 오늘날의 교회가 이방인의 밥이 되어 척량하지 마라 했다. 즉 순종하는 하나님의 백성들만 숫자세고 그 밖의 마당은 심판할 거니까 그냥 두라는 거다.

아담의 세계에 뱀이 들어온 것처럼, 초림 때 육적 이스라엘(교회)에 서기관과 바리새인이 들어 온 것처럼, 종말의 때인 작금의 교회도 사탄(마귀)이 들어와 전부 거짓으로 끌고 가고 있다. 이들의 추구하는 복은 땅(물질의 복)의 것이다. 또한 지팡이는 의지하는 거다. 따라서 지팡이 같은 갈대다. 에스겔 29장 6절에 '애굽의 모든 거민이 나를 여호와인줄 알리라 애굽은 본래 이스라엘 족속에게 갈대 지팡이라' 이와 같이 갈대는 세상적인 것을 표현할 때 애굽으로 나타냈다.

> 네가 애굽을 의뢰하도다 그것은 상한 갈대 지팡이와 일반이라 사람이 그것을 의지하면 손에 찔려 들어가리니 애굽 왕 바로는 그 의뢰하는 자에게 이와 같으니라(사36;6)

애굽은 육체의 상징이다. 애굽 자체가 육적 생각이고 이 세상이다. 잠시 왔다 가는 인생을 위해 세상 것을 탐하다가 하나님께 심판을 받느니 차라리 이 땅의 것을 잠시 내려놓고 예수 그리스도의 말씀만을 붙잡고 살아가는 것이 천번만번 유익이고 영화롭다. 비록 바른 복음을 위해 세상으로부터 핍박받고 고난을 당하더라도, 그로인해 영생의 복을 받는 것이 훨씬 은혜롭다.

따라서 세상 모든 사람들이 천지창조의 주관자가 하나님이신 것을 안다. 그럼에도 그들은 아니 교회(목사)들조차도 입으로만 하나님을 믿고 안다고 하지, 그들이 입에서 나오는 말들을 들어보면 하나같이 자기들만의 신(神)들을 정해 놓고 그 신들한테 속고 있다.

그러니까 어떤 목사는 꿈에 무슨 계시를 받고 치유의 은사를 받았다고 하고, 또 어떤 전도사는 젊은 시절 허리가 아파서 일어나지도 못해 기도원에 갔는데 밤에 기도 중에 무슨 소리가 나서 그곳을 따라갔다가 그 후로 감쪽같이 치료 되었다는 얘기며, 또 어떤 목사는 신도가 만 명이상 되는 큰 교회 목사인데 개척 당시 교인들이 없어 3년 동안 교회에서 무릎 꿇고 하나님께 죽기 살기로 기도했더니 그 후로 하루에 교인들이 삼십 명에서 오십 명씩 들어오더니 만 명이상 되었다는 얘기이며, 또 어떤 목사는 꿈에 하나님께서 너른 평지를 보여주었는데 어느 날, 강릉을 가다보니 꿈에 본 그 너른 평지가 바로 꿈에서 본 그 땅과 너무나 흡사해 그게 지금 강릉의 ○○○목회자 양성센터가 되었다는 애기들뿐이다. 그 외 기독교 방송이나 유튜브에 나오는 수많은 목사나 교인들의 간증을 들어보면 하나같이 성경에 없는 헛소리들만 하고 있다.

하나님은 분명 '내 말에 더하거나 빼지 말라'고 천명하셨는데 하나님을 모르니까 이렇게 엉뚱한 소리로 자기들만의 신들을 모셔놓고 성경 말씀 외에 육신의 생각을 보태고 있다.

그러나 예수 그리스도의 말씀이 내 심령 안에 온전히 거한 사람들은 그분의 말씀만을 붙잡고 하나님만 의지하고 따라 가게 된다. 그런 사람들 입에서는 성경에 없는 외적인 얘기들이 절대 나올 수가 없다.

그러므로 애굽이야말로 이스라엘 족속에게 의지할 수 있는 지팡이라 생각했는데 알고 보니 갈은 갈대다. 즉 애굽 자체가 상한 갈대임을 알아야 한다.

> 애굽은 사람이요 신이 아니며 그 말들은 육체요 영이 아니라 여호와께서 그 손을 드시면 돕는 자도 넘어지며 도움을 받는 자도 엎드러져서 다 함께 멸망하리라(사31;3)

이와 같이 애굽은 사람이다. 사람하면 그 마음에서 나오는 소리들이 전부 거짓되다는 것을 깨달아야 한다. 따라서 지팡이는 의지의 대상인데 신(信)이 아닌 사람(세상)한테 의지한다는 것 그 자체가 상한 갈대 지팡이라는 거다.

홀이 유다를 떠나지 아니하며 치리자의 지팡이가 그 발 사이에서 떠나지 아니하시기를 실로가 오시기까지 미치리니 그에게 모든 백성이 복종하리로다(창49;10)

실로는 메시야다. 치리자한테는 지팡이가 있다. 출애굽에서 '모세가 그 아내와 아들들을 나귀에 태우고 애굽으로 돌아가는데 하나님의 지팡이를 손에 잡았더라(출4;20)' 이와 같이 모세가 하나님의 지팡이를 들고 있다.

하나님의 지팡이는 하나님이 사용하시는 거다. 지팡이는 '기르친다', '의지한다' 의 뜻이 있다. 즉 말씀으로 의지하는 지팡이다.

또 내게 지팡이 같은 갈대를 주여 말하기를 일어나서 하나님의 선전과 계단과 그 안에서 경배하는 자들을 척량하되(계11;1)

지팡이 같은 갈대를 주면서 숫자를 재라는 것이다. 솔로몬이 지은 성전이 첫 장막이다. 그러나 하나님이 지은 성전은 둘째 장막인 지성소다. 이러한 것을 정확하게 분간해 알아듣기만 해도 큰 복이다. 아울러 솔로몬이 지은 성전은 초림 때 예수님이 오실 때까지만 모형으로 남아 있는 무너지는 성전이다.

예루살렘아 예루살렘아 선지자들을 죽이고 네게 파송된 자들을 돌로 치는 자여 암탉이 그 새끼를 날개 아래 모음같이 내가 네 자녀를 모으려 한 일이 몇 번이냐 그러나 너희가 원치 아니하였도다

(마23;37)

이와 같이 성전이 무너진다는 것을 예수께서 말씀하셨다. 오늘날도 마찬가지다. 교회가 하나님의 말씀을 온전히 전하지 않고 육신의 것을 섞어 전하면 그 자체가 황폐하여지므로 무너진 교회나 마찬가지다.

원래 다윗(예수님의 모형)은 거룩한 성전을 사모했다. 그러나 하나님께서는 하나님의 영이 거한 우리의 심령자체가 교회고 성전임을 나타내기 위해, 예수가 오시면 곧 허물어 버릴 성전을 솔로몬한테 짓게 하신 것이다.

따라서 성전은 사람의 손으로 지은 건물이 아니고 우리 마음 안에 거룩한 영(말씀) 그 자체가 교회고 성전이다. 그러므로 그리스도의 영(말씀)이 있지 않으면 뼈만 가득한 무덤(거짓교리)으로 짐승의 집(교회)이 되어 버린다. 회칠한 무덤은 겉으로는 깨끗케 보이나 그 안은 더러운 것으로 꽉 차 있다.

> 화 있을찐저 외식하는 서기관들과 바리새인들이여 회칠한 무덤 같으니 겉으로는 아름답게 보이나 그 안에는 죽은 사람의 뼈와 모든 더러운 것이 가득하도다(마23;27)

그러므로 내가 있는 성전(심령) 안에 하나님이 계신가, 안계신가부터 살펴봐야 한다.

> 성전 안에서 소와 양과 비둘기파는 사람들과 돈 바꾸는 사람들의 앉은 것을 보시고. 예수께서 대답하여 가라사대 너희가 이 성전을 헐라 내가 사흘 동안에 일으키리라. 그러나 예수는 성전된 자기 육체를 가리켜 말씀하신 것이라(요2;14.19.21)

첫 장막이 성전이다. 당시나 지금이나 이 종교세계에 짐승들만 가득한 교회를 보셨다. 따라서 오늘날도 짐승(거짓선지자)들 때문에 예수님의 말씀이 교회에서 고난을 받고 있다.

돈 바꾸는 사람들이 바로 성경 말씀을 갖고 장사하는 목사를 지칭한다. 인간들이 보는 성전은 솔로몬이 46년에 걸쳐 지은 건물만 성전으로 안다. 그러나 예수님께서는 예수님 자체가 하나님의 거룩한 성전으로 당신 육체를 말씀하신 것이다. 성도들 또한 그리스도의 영이 거하면 그게 바로 성전이다.

> 내가 너희에게 이르노니 성전보다 더 큰 이가 여기 있느니라(마12;6)

지구상에 인간들이 지은 그 어떤 성전(교회)보다도 하나님이 보시기에는 하나님의 말씀이 들어 있는 성도들이 더 귀하다. 하나님이 계신 곳이 가장 큰 곳이다. 다윗은 예루살렘 성전을 바라보고 '오직 나는 주의 풍성한 인자를 힘입어 주의 집에 들어가 주를 경외함으로 성전을 향하여 경배하리이다'(시편5;7) 이렇게 고백했다. 다윗은 새 하늘과 새 땅인 거룩한 성전 그 자체가 앞으로 오실 예수 그리스도임을 깨닫고 그분만을 사모했다.

> 좁은 문으로 들어가라 멸망으로 인도하는 문은 크고 그 길이 넓어 그리로 들어가는 자가 많고. 생명으로 인도하는 문은 좁고 길이 협착하여 찾는 이가 적음이니라(마7;13-14)

하나님의 명(命)이 살아 있으면 생명이다. 생명의 문은 예수 그리스도가 생명의 문이다. 천국 문이 주님인데 그 길로 가는 문이 너무나 좁고 협착하여 그래서 찾는 이가 적다.

> 적은 무리여 무서워 말라 너희 아버지께서 그 나라를 너희에게 주시기를 기뻐하시느니라(눅12;32)

숫자가 적다는 것은 그만큼 십자가의 도(道)가 어렵고 험난하다는 뜻이다. 자기를 부인하고 예수님을 좇을 때, 하나님의 은혜가 깊고 충만해서 이들의 기도 소리만 하나님께 온전히 상달된다. 이런 자들은 먼저 하나님 나라와 하나님의 의를 우선으로 구하게 된다. 그러므로 하나님께 인(소유권)침을 받게 된다.

> 너희는 먼저 그의 나라와 그의 의를 구하라 그리하면 이 모든 것을 너희에게 더하시리라(마6;33)

그의 나라와 그의 의를 구하는 자들의 심령에는 그리스도의 영이 함께 하므로 그리스도의 말씀에 절대 순종한다. 그러므로 사도바울처럼, '내가 그리스도 예수 안에서 가진 바 너희에게 대한 나의 자랑을 두고 단언하노니 나는 날마다 죽노라. 내가 범인처럼 에베소에서 맹수로 더불어 싸웠으면 내게 무슨 유익이 있느뇨 죽은 자가 다시 살지 못할 것이면 내일 죽은 터이니 먹고 마시자 하리라(고전15;31-32)' 이렇게 날마다 죽노라고 고백했다. 그럼에도 성도는 영적 전투에 노출되다보니 자기 마음 안에 두 법과 날마다 싸우게 된다.

> 그런즉 내 자신이 마음으로는 하나님의 법을, 육신으로는 죄의 법을 섬기노라(롬7;25)

지성소에 올라온 사람일지라도 매일 송사 하고 있다. 우리는 육의 몸을 입고 있다 보니 육신의 법과 하늘의 법이 심령 안에서

늘 공존하게 된다. 즉 두 법이 날마다 마음 안에서 싸우고 있다는 뜻이다.

그러므로 성전 밖 마당(육신의 생각)은 숫자도 세지 마라 한 것이다. 어린양 자체가 성전인데 그 마음 안에 하나님이 계시지 않으면 성전이 아니다. 따라서 밖 마당은 숫자를 세지마라 했고, 지성소 마당인 안 마당만 숫자를 세라 했다.

원수를 소멸하려면 불에 태우는 거다. 사람의 원수가 바로 자기 집안 식구이다. 이는 육친의 가족을 말하는 것이 아니고 마음 안에는 늘 둘이 살고 있다. 이 육신의 집인 마음 안에는 하나는 육신의 영이 살고 있고 또 하나는 거룩한 성신인 성령이 살고 있다. 이 둘이 마음 안에서 늘 치고받느라 심령이 곤고할 수밖에 없다.

> 오호라 나는 곤고한 사람이로다 이 사망의 몸에서 누가 나를 건져내랴(롬7;24)

오호라 나는 곤고한 사람이로다. 그러기에 사도 바울도 누가 나 좀 사망(육신의 생각)의 몸에서 구해달라고 인생 말년에 탄식한 것이다.

누구나 마음 안에 두 마음이 있기에 심령이 가난해질 수밖에 없다. 성도에게는 육신의 생각과 성령의 마음이 늘 공존한다. 이 집안(마음 안)에 둘이 함께 살고 있다 보니 매일 전쟁(영적)하고 있는 거다, 육신의 생각을 버리는 게 부활이고 거듭남이다. 왜냐하면 육신의 생각(마음) 속엔 전부 마귀가 들어 있다. 만물보다 거짓되고 심히 부패한 게 마음인 것만 깨달아도 부활의 실체를 정확하게 깨우칠 수 있다.

또 너희에게 이르노니 동서로부터 많은 사람이 이르러 아브라함과 이삭과 야곱과 함께 천국에 앉으려니와. 나라에 본 자손은 바깥 어두운데 쫓겨나 거기서 울며 이를 갊이 있으리라(마8;11-12)

이와 같이 육적 이스라엘은 어두운 데로 쫓겨난다. 이는 구원자(말씀)가 오셨는데 따르지 않았기 때문이다. 성도라면 천국 자체가 자기 영혼이 천국인 것을 알아야 한다. 그래야 앞으로 많은 사람들이 진정한 하늘 백성이 되어 천국에 앉게 될 것이다.

천국은 좋은 씨를 제 밭에 뿌린 사람과 같으니(마13;24)

지금 그리스도의 영(좋은 씨)이 함께 운행하는 데가 신(信)의 나라(천국)다. 내 영혼의 안식처가 주님이신데 우리의 심령 안에 씨(말씀)를 뿌려야 천국에 들어 갈 수 있다.

따라서 자기 마음 밭에 하나님의 씨를 뿌리려면 굵은 베옷(회개)을 입고 일천이백육십일 동안 두 증인이 예언하는 나팔소리에 귀를 기울여야 한다.

만약 이들을 헤하고자 한다면 주님의 입에서 불이 나온다, 불이 즉 예수님의 말씀이다. 그러므로 회개를 촉구하기 위해 사도 요한한테 천사가 책을 갖고 와서 고하라 한 것이다.

저가 내게 말하기를 네가 많은 백성과 나라와 방언과 임금에게 다시 예언하여야 하리라 하더라(계10;11)

모든 천사는 하나님이 부리는 영으로서 구원 얻을 후사들을 위하여 섬기라고 보내신 영들이다. 이러한 천사들이 열려진 책을 갖고 와서 일곱(전체) 교회에 다시 예언하라 했다. 그런 연후에 두 증인한테 지팡이 같은 갈대를 주면서 일천이백육십일 동안 예언을 간구하신 것이다. 두 증인이 회개하고 담대하게 맡은 사명을 위해 마흔 두달 동안 이방인(거짓교회)들한테 육신의 생각이 곧 탐심이며 그게 심판의 대상임을 증거하며 회개를 촉구하게 했다. 그러는 동안 '두 증인이 권세를 가지고 하늘을 닫아 그 예언을 하는 날 동안 비오지 못하게 하고(계11;6)' 그렇지만 증거를 마칠 때쯤에 짐승들과 다시 전쟁을 치르다가 죽는데, 그건 육체가 죽은 것이 아니라 영이 죽은 것이다. 영이 죽은 사람은 하나님의 생기(말씀)가 들어가면 다시 살아난다. 영이 살면 '하늘로부터 큰 음성이 있어 이리로 올라오라 함을 듣고 저희가 듣고 구름을 타고 하늘로 올라가니 저희 원수들도 구경하더라(계11;12)' 이와 같이 지성소로 올라가게 된다. 그런 자들이 교회를 향해 다시 예언하면 교회가 지진으로 죽게 된다.

> 그 시에 큰 지진이 나서 성 십분의 일이 무너지고 지진에 죽은 사람이 칠천이라 그 남은 자들이 두려워하여 영광을 하늘의 하나님께 돌리더라(계11;13)

그로인해 큰 지진(교회분열)이 나서 성(교회) 십분의 일이 무너지고 즉 지진(교회붕괴)으로 교회를 떠난 사람들이 칠천이다. 칠천이란 숫자는 꼭 7천명이란 뜻이 아니고 그만큼 많다는 의미다.

성도는 지팡이(하나님의 말씀)에 의지하고 살아가야 하는데 흔들리는 갈대다. 갈대가 즉 육체다. 육신의 생각 자체가 마귀가 주는 탐심이기 때문에 교회가 보암직도 먹음직도 한 물질의 축복으로 미혹하므로 말씀만을 의지하라는 의미에서 지팡이 같은 갈대라 표현한 것이다.

육신의 생각을 버려야 우리의 영이 지성소(성전 안마당)로 올라갈 수 있다. 그렇지만 성전 밖 마당은 이방인(육신의 생각)한테 주었기 때문에 거기는 숫자조차 세지 마라했다. 이는 육신의 생각에 머물러 있으면 죽어도 성경을 깨달을 수 없고, 깨닫지 못한 자들은 지성소에 올라가지 못한다는 것을 나타낸 것이다.

그러므로 성경을 크게 둘로 나누면 첫 사람 아담에 속한 첫째 성소인 교회가 있고, 그리고 그 교회에서 회개하여 양(그리스도 예수)의 문을 통과한 사람들이 가는 곳이 둘째 하늘인 지성소가 있다. 따라서 천국 문이 바로 예수님(그리스도의 말씀)이다.

이를 달리 표현하면 아담의 세계가 이방인이고, 세례요한의 제단도 이방인이다. 첫 장막(교회)이 즉 이방인에 해당하는데 두 증인이 교회의 심판과 구원에 관한 예언들을 마지막 때에 교회들에게 간구하는 것이 계시록 11장의 두 증인의 예언 사건이다.

그러므로 교회들은 천사들이 진노의 나팔을 불 때 두려워하면서 영광을 하늘의 하나님께 돌려야 한다.

제3부

심판하는 한국교회

†

교회에 대한 심판과 구원

> 아모스의 아들 이사야가 바벨론에 대하여 받은 경고라. 너희는 자산 위에 기호를 세우고 소리를 높여 그들을 부르며 손을 흔들어 그들로 존귀한 자의 문에 들어가게 하라. 내가 나의 거룩히 구별된 자에게 명하고 나의 위엄을 기뻐하는 용사들을 불러 나의 노를 풀게 하였느니라(사13;1-3)

아모스의 아들 이사야한테 한 경고다. 경고는 조심하라고 미리 주의를 주는 거다. 바벨론은 섞였다, 혼잡하다의 뜻으로 이 세상을 총칭한다. 존귀한 자는 하나님이시고 문은 예수님이다. 이는 구별된 백성(선민)들한테 명한 말씀으로 성도들한테 주신 명령이다. 그들을 통해 심판과 구원의 역사를 펼치시겠다는 의지의 표명이다.

성경의 원리는 창세기 때부터 예수님 자체가 기록된 생명나무이다. 그런데 이 생명나무가 뱀(사단)에 미혹되어 두루 도는 화염검과 그룹들로 길이 차단되었다. 따라서 하나님이 계신 하늘(영)

문을 통과하려면 이 종교세계에 존재하는 세 가지 원리를 기본적으로 알아야 한다.

원래 아담과 하와는 그 시대에 촛대나 다름없는 영원을 약속받은 하나님의 영을 받은 자다. 그런데 뱀이 그들을 꾀였다. 그러기에 계시록 때나 오늘날에도 이 뱀을 잡고 보니, '큰 용이 내어 쫓기니 옛 뱀 곧 마귀라고도 하고 사단이라고도 하는 온 천하를 꾀는 자라 땅으로 내어 쫓기니 그의 사자들도 저와 함께 내어 쫓기니라(계12;9)' 창세기 때의 하와(교회)를 꾀었던 옛 뱀 곧 그 뱀(사단)이다. 그런데 이 뱀이 작금에는 큰 용이 되어 교회를 잡아먹고 있다.

큰 용이 바로 '바다에서 한 짐승이 나오는데 뿔이 열이요, 머리가 일곱이라 그 뿔에는 열 면류관이 있고 그 머리들에는 참람된 이름들이 있더라(계13;1)' 따라서 바다에서 올라온 일곱 머리 열 뿔의 짐승이 오늘날 큰 용(신천지)으로 변신한 이만희 교주다.

우상(물질과 윤리도덕)과 하나님의 말씀을 섞은 것이 바벨로 이 땅의 교회들이다. 이게 신(神)들의 문이다. 이러한 교회(바벨)들을 심판하기 위해 큰 용인 이단(신천지)을 도구로 사용하여 마지막 때에, 회개하는 자들은 구원을, 그렇지 못한 자들은 심판하기 위한 하나님의 계획 속의 신천지를 방치시켜 놓으신 거다.

심판받을 대상들의 목록이 계시록 17장에 자세히 나타나 있다. 우선 많은 물 위에 앉은 큰 음녀가 받을 심판부터 요한에게 먼저 보여주셨다. 큰 음녀는 땅의 임금들을 다스리는 큰 성으로 한국교회의 대표적인 인물이 통일교의 한학자 교주다. 그리고 땅의 임금들은 큰 성 바벨론인 대형교회들이다. 또한 그 아래 거하는 음행의 포도주(비진리)에 취한 소소한 많은 교회들이다. 하나님의 말씀에 세상적인 육신의 생각을 섞어 전하는 모든 이들이 전부 심판의 대상이 된다. 계시록에서 밝히는 심판의 내용들을 살펴볼 수 있는 눈을 가진 자가 되어야만 구원의 길로 이룰 수 있다. 그런 자들은 어린양(그리스도의 말씀)의 피(십자가)로 회개하여 죄사함을 받으므로 깨끗케 된 자들이다.

> 그러므로 어디서 떨어진 것을 생각하고 회개하여 처음 행위를 가지라 만일 그리하지 아니하고 회개치 아니하면 내가 네게 임하여 네 촛대를 그 자리에서 옮기리라(계2;5)

회개는 잘못(육신의 생각)을 뉘우쳐 고치는(그리스도의 말씀) 것이 회개다. 하나님은 사랑이시기 때문에 회개하면 바로 용서해 주신다. 회개하여 죄가 용서함 받으면 성령을 선물로 주신다. 그런 자들은 심판의 대상에서 제외되어 다시 영혼이 부활된다.

> 주의 성령이 내게 임하셨으니 이는 가난한 자에게 복음을 전하게 하시려고 내게 기름을 부으시고 나를 보내사 포로된 자에게 자유를, 눈 먼 자에게 다시 보게 함을 전파하며 눌린 자를 자유케 하고 주의 은혜의 해를 전파하게 하려하심이라(눅4;18)

주님께서 '주 여호와의 신이 내게 임하셨으니 이는 여호와께서 내게 기름을 부으사 가난한 자에게 아름다운 소식을 전하게 하려 하심이라 나를 보내서 마음이 상한 자를 고치며 포로된 자에게 자유를, 갇힌 자에게 놓임을 전파하며. 여호와의 은혜의 해와 우리 하나님의 신원의 날을 전파하여 모든 슬픈 자를 위로하되(사61;1-2)' 이와 같이 이사야 61장의 내용을 들어 은혜의 하나님이신 예수 그리스도 자신을 그대로 표현하셨다.

여기서의 가난은 육적 가난이 아니고 심령이 가난한 자를 나타냄이다. 성경을 육적(지식)으로 풀면 엉뚱한 방향으로 해석되지만 성령의 인도함으로 풀면 명쾌한 답이 나온다. 주의 은혜의 해를 전파하기 위해 예수 그리스도의 입에서 날선(예리한) 검(말씀)이 나오고 그 얼굴에 해가 힘 있게 비췬다. '해' 자체가 하나님이시다.

> 그 오른손에 일곱별이 있고 그 입에서 좌우에 날선 검이 나오고 그 얼굴은 해가 힘 있게 비취는 것 같더라. 내가 볼 때에 그 발 앞에 엎드러져 죽은 자같이 되매 그가 오른 손을 내게 얹고 가라사대 두려워 말라 나는 처음이요 나중이니.(계1;16–17)

오른손이 요한(교회)에게 얹어져 있다. 이는 구원의 절대적인 소유와 보호와 권위와 통제를 상징하는 의미로 이미 승리한 천상의 일곱(전체)교회들을 예표한 내용이다. 따라서 좌우의 날선 검은 예수 그리스도의 말씀이다. 그러므로 그 말씀이 전체 교회에 좌우로 미치지 않는 곳이 없다. 그러므로 그 날선 검이 믿는 자들한테는 구원의 말씀으로, 믿지 않는 자들한테는 심판으로 나타난다.

마지막 때의 영적 전쟁은 하나님의 보호와 권능과 능력으로 즉 십자가의 승리로 이미 완성되었다. 그러므로 이 땅의 교회(하나님의 백성)들은 자기를 부인하고 예수 그리스도의 말씀만을 좇아야 하나님의 보호하심과 도우심에 의해 구원에 이르게 된다.

따라서 성도는 사사기 5장 31절에 '여호와여 주의 대적은 다 이와 같이 망하게 하시고 주를 사랑하는 자는 해가 힘 있게 돋음 같게 하시옵소서' 이러한 기도를 날마다 드릴 수 있어야 한다.

주님은 지금도 풀무에 단련된 주석 같은 발로 교회를 보호하시고, 불꽃같은 눈으로 우리를 지켜보고 계신다. 이는 책망도 하지만 보호(구원)도 하신다는 뜻이다. 예수님의 칼날 같은 말씀으로 세상을 심판도 하지만 또한 우리를 보호 하고 계신다는 사실 앞에 교회는 육신의 생각에서 성경말씀으로 돌아가야 한다. 따라서 주님의 말씀만이 교회를 격려하고 때로는 책망하면서 거룩하게 만들어간다는 사실을 성도라면 깨닫고 가야 한다.

> 이새를 제사에 청하라 내가 너의 행할 일을 가르치리니 내가 네게 알게 하는 자에게 나를 위하여 기름을 부을찌니라(삼상16;3)

이와 같이 하나님께서 말씀하신 내용이다. 하나님의 마음을 정확하게 깨달아 기름부음을 받은 자가 되어 하나님의 영광만을 위해 살아갈 수 있다. 그러므로 하나님의 백성이라면 누구나 성령(말씀)의 기름부음이 있어야 한다. 그런 자들은 자기 소욕을 채우기 위해 신앙생활하지 않는다. 즉 영혼이 잘 된 사람은 그리스도 예수 안에서 하나님만을 위한 영광을 돌리게 된다.

> 이에 보내어 그를 데려오매 그의 빛이 붉고 눈이 빼어나고 얼굴이 아름답더라 여호와께서 가라사대 이가 그니 일어나 기름을 부으라. 사무엘이 기름 뿔을 취하여 그 형제 중에서 그에게 부었더니 이 날 이후로 다윗이 여호와의 신에게 크게 감동되니라 사무엘이 떠나서 라마로 가니라(삼상16;12-13)

이와 같이 성령이 임하려면 하나님께서 인도해 가르치신다. 육의 생각에서 떠나 그리스도한테로 오는 것이 구원이다. 그런 자들한테 천국 문을 열수 있는 다윗의 열쇠가 주어진다.

> 내가 또 다윗 집의 열쇠를 그의 어깨에 두리니 그가 열면 닫을 자가 없겠고 닫으면 열 자가 없으리라(사22;22)

예수님이 바로 다윗의 열쇠를 가진 분이시다. 열쇠는 통치권, 권세 등을 상징한다. 그런데 그러한 예수님께서 사망과 음부의 열쇠까지 갖고 계신다.

> 곧 산 자라 내가 전에 죽었었노라 볼찌어다 이제 세세토록 살아 있어 사망과 음부와 열쇠를 가졌노라. 그러므로 네 본 것과 이제 있는 일과 장차 될 일을 기록하라.(계1;18–19)

그러므로 누구든지 그리스도의 말씀 안으로 들어오지 않으면 심판(사망)의 대상이 된다. 음부는 저주 받은 자들이 가는 지옥이다. 그러기에 지옥에 집어넣을 수 있는 심판 권세인 생사여탈권을 갖고 계신 분이 만왕의 왕이신 주님이시다. 그런 주님께서 이 땅에 '말씀이 육신이 되어 우리 가운데 거하시매 우리가 그 영광을 보니 아버지의 독생자의 영광이요 은혜와 진리가 충만하더라(요1;14)' 이렇게 말씀으로 오신 주님의 영이 내 심령 안에 거해야 한다.

그러기에 주님께서 창세전에 구원키로 한 하나님의 백성들을 사망의 골짜기에서 생명의 문으로 들어갈 수 있도록 하늘 문을 열어 놓고 '볼찌어다 내가 문밖에 서서 두드리노니 누구든지 내 음성을 듣고 문을 열면 내가 그에게로 들어가 그로 더불어 먹고 그는 나로 더불어 먹으리라(계3;20)' 이와 같이 문밖에서서 우리가 주의 음성(말씀)을 듣고 문을 열기를 학수고대하고 계신다. 주님께서 영생의 양식을 준비해 놓고 우리와 함께 더불어 먹고 마신다고 하시니 이 얼마나 은혜로운 성령의 약속인가!

믿음의 창시자며 완성자이신 예수 그리스도께서 창세전에 구속사역으로 이미 준비되셨다면 마지막 때, 이를 완성하실 것을 믿고 따라야 영생에 이르게 된다. 그러므로 성도라면 하늘에서 떨어진 계명성(사단의 조직체)이 무엇을 가리키는 것인지 알아야 이들한테 속지 않을 수 있다. 그렇지 않으면 일곱 천사가 부는 나팔 소리를 듣지 못하게 된다. 나팔은 회개하고 돌아서라는 경고의 나팔이다. 이러한 경고의 나팔을 들을 수 있을 때 죽음에서 생명으로 전환하게 된다. 교회가 천사의 나팔을 듣지 못하면 그때마다 하나님의 백성들이 삼분의 일씩 죽어가게 된다.

> 넷째 천사가 나팔을 부니 해 삼분의 일과 달 삼분의 일과 별들의 삼분의 일이 침을 받아 그 삼분의 일이 어두워지니 낮 삼분의 일은 비췸이 없고 밤도 그러하더라.(계8;12)

해. 달. 별은 하나님의 백성인 이스라엘(교회)이다. 참 빛으로 오신 그리스도의 말씀을 멀리하니 교회에 비췸(말씀)이 없고 어둠(육신의 생각)만 가득하다. 그런 어둠을 마귀들이 가장 좋아하므로 오늘날의 교회가 전부 사단이 지배하는 세상이 되어 버렸다.

> 셋째 천사가 나팔을 부니 횃불 같이 타는 큰 별이 하늘에서 떨어져 강들의 삼분의 일과 여러 물샘에 떨어지니(계8;10)

하늘에서 떨어지는 큰 별(타락한 천사)이 강들의 삼분의 일과 여러 물 샘에 떨어졌다. 이는 일곱(교회)에 속한 자들이 떨어지는 것으로, 처음 하늘인 장막(교회)에 떨어진 거다.

기름 부음을 받은 촛대(교회)에서 떨어지면 전부 사망이다. 즉 하늘(하나님의 말씀)에서 이 땅(육신)으로 떨어지면 사망이란 뜻이다. 육신의 생각 자체가 사망이요, 하나님과 원수가 되므로 모두 지옥(음부) 행이다.

따라서 악한 자(사단마귀)가 가장 많이 서식하는 곳이 바로 교회다. 첫 장막인 교회에서 육신의 생각으로 떨어지면 무저갱의 사자한테 바로 물린다.

교회가 무저갱(아무리 말씀을 주어도 밑이 없어 받아들이지 않음)으로 떨어지지 않으려면 각자의 심령 안에 그리스도의 말씀만 간직해야 한다. 그래야 믿음의 주가 지켜 주신다. 말씀(성령)이 우리를 붙들어 주어야지 그렇지 않고 육신의 생각으로 성경을 대하면 전부 다 무저갱으로 떨어진다.

계명성(타락한 천사)이 땅(교회)으로 떨어졌기 때문에 오늘날 교회들이 전부 이단(신천지)한테 잡아먹히고 있다. 교회가 성경 말씀에 '내가 복음'인 육신의 생각을 첨가하면 전부 무저갱으로 떨어질 수밖에 없다. 그러므로 하나님의 교회라면 심령이 가난해야 한다. 그래야 주님의 말씀이 온전히 들려 성령의 위로를 받게 된다.

> 심령이 가난한 자는 복이 있나니 저희가 위로를 받을 것임이요(마5;3)

심령이 가난한 자들만이 하나님의 말씀이 위로가 되어 천국이 저희 것이 된다. 그러나 부자들은 탐심(세상 것)에 눈이 멀어 말씀을 보지도 듣지도 못한다. 그 부자들이 바로 여호와의 종이라고 이사야 선지자가 선명하게 밝히고 있다.

> 너희 귀머거리들아 들으라 너희 소경들아 밝히 보라. 소경이 누구냐 내 종이 아니냐 누가 나의 보내는 나의 사자같이 귀머거리겠느냐 누가 나와 친한 자같이 소경이겠느냐 누가 여호와의 종같이 소경이겠느냐(사42;18-19)

이들한테(목사)는 하나님께서 잠들게 하는 신을 부어주셨기 때문에 눈이 감겨 성경을 보지도 못하고 머리(생각)까지 덮으셨기 때문에 성령(말씀)이 임할 수가 없다. 그러니 어찌 진리를 올바로 전할 수 있겠는가!

> 대저 여호와께서 깊이 잠들게 하는 신을 너희에게 부어 주사 너희의 눈을 감기셨음이니 눈은 선지자요 너희 머리를 덮으셨음이니 머리는 선견자라(사29;10)

이와 같이 하나님의 종이라 자처하는 목사들한테 잠들게 하는 신을 넣어 주다보니 육신의 생각으로 성경을 대하게된다. 성경은 깨닫지 못한 자들은 알아들을 수 없도록 전부 비밀(비유)로 되어 있다. 그러므로 성경(말씀)을 깨달으려면 성령이 임해야 비밀을 깨닫게 되어 거짓 없이 진리를 전할 수 있는데, 영이 잠들다보니 대부분의 목사들이 하나같이 성경말씀을 갖고 잠꼬대만 하고 있다.

따라서 우리의 영이 하늘에 올라가야 성경의 비밀을 알 수 있다. 하나님이 계신 장막이 하늘(지성소)이다. 지성소는 심판이 없다. 지성소로 올라가는 문은 예수께서 십자가에 달리면서 열어 놓으셨기 때문에 예수님 자체가 양(천국)의 문이다. 그러므로 하늘(지성소)로 올라온 자들은 믿음의 의로 그리스도의 옷을 입게 된다. 이들한테는 하나님의 법이 들어 있다.

> 또 주께서 가라사대 그날 후에 내가 이스라엘 집으로 세울 언약이 이것이니 내 법을 저희 생각에 두고 저희 마음에 이것을 기록하리라 나는 저희에게 하나님이 되고 저희는 내게 백성이 되리라
> (히8;10)

믿는 자들의 심령 안에 하나님의 법이 들어있으므로, 그 법(그리스도의 말씀)의 인도함으로 하나님의 뜻을 그대로 이행하는 자들이다. 그러나 첫 장막(교회)에 있는 자들은 육신의 생각(마음) 속에 있기 때문에 보암직도 먹음직도 탐스럽게 한 것들의 유혹을 떨쳐 버리지 못한다. 이게 '여자가 그 나무를 본즉 먹음직도 하고 보암직도 하고 지혜롭게 할 만큼 탐스럽기도 한 나무인지라(창 3;6)' 의 사건이다. 그러므로 뱀(사단)의 유혹에 쉽게 넘어간다. 마음(정신)을 다스리지 못하면 이와 같이 마귀(거짓)한테 쉽게 미혹된다.

> 입에서 나오는 것들은 마음에서 나오나니 이것이야말로 사람을 더럽게 하느니라. 마음에서 나오는 것은 악한 생각과 살인과 간음과 음란과 도적질과 거짓 증거와 훼방이니(마15;18-19)

그러므로 첫 사람 아담 안에 있는 자들은 말씀으로 거듭 태어나야 한다. 아담이 하나님의 명을 어겨 죄인이 되었다. 그러나 말씀으로 다시 거듭나면 의롭게 다시 태어난다. 의롭게 된 자들만 그리스도가 주시는 양식(말씀)을 온전히 받아먹을 수 있다.

> 내게는 너희가 알지 못하는 먹을 양식이 있느니라. 나의 양식은 나를 보내신 이의 뜻을 행하며 그의 일을 온전히 이루는 이것이니라(요4;32.34)

예수님의 양식은 하나님의 뜻과 하나님의 일이다. 아들을 보고 믿는 일이 하나님의 일로, 그러면 내 영혼이 자동으로 하늘로 올라간다. 이게 하나님의 뜻이고 하나님의 비밀이다. 하나님의 비밀의 소유자가 되어야 그 속에 지혜와 지식과 모든 보화가 있는 것을 깨닫고 그 하늘의 보화를 자기 것으로 만들 수 있다. 그런 자들이 바로 천국의 제자들이다. 그 재산(영생)은 측량하지 못할 정도로 매우 많아 곳간의 것을 내 것처럼 마음대로 갖다 쓸 수 있다.

> 예수께서 가라사대 그러므로 천국의 제자된 서기관마다 마치 새것과 옛것을 그 곳간에서 내어오는 집주인과 같으니라(마13;52)

예수님의 말씀을 좇으면 신. 구약을 마음대로 먹을 수 있는 주님의 제자가 된다. 그러면 새것(신약)과 옛것(구약)을 마음대로 갖다 먹을 수 있다. 즉 성경의 말씀이 넘치도록 깨달아진다는 뜻이다. 그러려면 음녀(육신의 생각)들이 가진 것은 버리고 예수님의 말씀만 담아야 한다. 그래야 더럽히지 않은 흰옷을 입게 되고 또한 그리스도가 인정하는 합당한 자가 된다.

> 그러나 사데에 그 옷을 더럽히지 아니한 자 몇 명이 네게 있어 흰옷을 입고 나와 함께 다니리니 그들은 합당한 자인 연고라(계3;4)

흰옷은 세마포 옷이다. '그에게 허락하사 빛나고 깨끗한 세마포를 입게 하셨은즉 이 세마포는 성도들의 옳은 행실이로다(계19;8)' 세마포는 성도들의 옳은 행실이다. 따라서 그리스도의 옷을 입은 자들한테는 그리스도의 향내가 난다.

흰옷은 깨끗한 말씀의 옷으로, 이 옷을 입고 다녀야 성령의 힘으로 성경의 비밀을 알 수 있다.

성경의 비밀은 '이 책을 펴거나 보거나 하기에 합당한 자가 보이지 않기로 내가 크게 울었더니(계5;4)' 이와 같이 어린양(그리스도의 말씀)만이 합당한 자가 되어 계시록을 열게 된다.

교회는 불로 연단된 예수님의 말씀을 갖다 먹어야 심판을 받지 않는다. 영혼의 눈은 실로암(다윗 샘)에서 씻어야 떠진다. 그래야 다윗의 열쇠(하나님의 비밀)를 받을 수 있다. 진정으로 회개해야 하늘의 것과 땅의 모든 권세를 갖고 계신 예수님께서 문을 열어 주시므로 말씀이 들어온다.

> 예수께서 나아와 일러 가라사대 하늘과 땅의 모든 권세를 내게 주셨으니(마28;18)

하늘과 땅을 지금 밟고 계신 분이 창조자이신 예수 그리스도다. 그러므로 하나님의 비밀 자체가 예수 그리스도로 그 그리스도를 깨닫는 것이 비밀이다. 그 비밀을 깨닫게 하기 위해 하나님께서 선지자한테 먼저 가르쳐 주시고 그리고 하나님의 일을 진행하신다. 하나님의 창조의 역사는 그냥 하시는 게 아니다.

> 주 여호와께서 자기의 비밀을 그 종 선지자들에게 보이지 아니하시고는 결코 행하심이 없으시리라(암3;7)

이렇게 성경에 미리 말씀해 놓으시고 그리고 행하신다. 따라서 성경은 어딘가에 심판과 구원에 관한 내용이 반드시 있다. 하나님은 사랑이시다. 그런데 길도 없이 심판만 하시는 하나님이라면 그런 하나님을 우리가 어떻게 믿고 따를 수 있겠는가?

그러므로 성경 전체는 예수님 한분 만나게 하는 일이다. 하나님께서는 다른 것은 일체 보지 않으시고 그리스도의 옷으로 갈아입은 자들만 보고 구원해 주신다. 따라서 그리스도의 옷 자체가 믿음(말씀)이다. 그러기에 예수께서 '인자가 올 때 믿음을 보겠는가?' 하셨다. 그만큼 믿는 자가 없기에 마지막 때는 그리스도의 말씀이 있나, 없나만 보신다고 하신 거다. 본다는 것은 깨닫는 거다. 깨닫는 자가 온전케 된 자들이다.

> 모든 성경은 하나님의 감동으로 된 것으로 교훈과 책망과 바르게 함과 의로 교육하기에 유익하니. 이는 하나님의 사람으로 온전케 하며 모든 선한 일을 행하기에 온전케 하려 함이니라(딤후3;16-17)

그러려면 선지자들한테 그리스도의 영(믿음)이 먼저 임해야 성경을 쓸 수 있다. 하나님의 감동으로 쓴 것이기에 이러한 말씀들을 통해 깨달아갈 수 있는 것이다. 즉 믿음(그리스도의 영)이 임하면 거짓선지자(짐승)들의 행위가 보인다. 그래야 그들이 용(신천지)의 입인가, 짐승(이단)의 입인가, 거짓 선자자(목사)의 입인지가 온전히 보인다.

그 누구보다 그리스도 안에 있는 사람들은 천사의 나팔을 잘 분다. 그러나 몰각한 목사들은 나팔을 불수가 없다. 왜냐? '그 파숫군들은 소경이요 다 무지하며 벙어리 개라 능히 짖지 못하며 다 꿈꾸는 자요 누운 자요 잠자기를 좋아하는 자니. 이 개들은 탐욕이 심하여 족한 줄을 알지 못하는 자요 그들은 몰각한 목자들이라 다 자기 길로 돌이키며 어디 있는 자이든지 자기 이만 도모하며(사56;10-11)' 이와 같이 개(몰각한 목자)들은 성경을 깨닫지 못해 올바로 짖지 못한다. 그러니까 소경이고 벙어리 개들이다. 그들은 경의 모든 예언들을 자기 멋대로 해석해 엉터리로 짓다보니 교회 안이 소음 공해(거짓 교리)만 난무하다.

> 먼저 알 것은 경의 모든 예언은 사사로이 풀 것이 아니니. 예언은 언제든지 사람의 뜻으로 낸 것이 아니요 오직 성령의 감동하심을 입은 사람들이 하나님께 받아 말한 것임이니라(벧후1;20)

예수께서도 기록된 말씀만 하시고 기록된 대로 십자가에 달리셨기에 그러므로 하나님의 종들도 기록된 말씀만을 그대로 대언해야 한다.

> 다른 이로서는 구원을 얻을 수 없나니 천하 인간에 구원을 얻을 만한 다른 이름을 우리에게 주신 일이 없음이니라 하였더라(행4;12)

다른 걸로는 죄를 해결할 수 없다. 죄 자체가 예수님을 믿지 않는 것이 죄다. 그러므로 인간의 죄를 해결하려면 예수 그리스도의 이름으로 세례(회개)를 받아야지 그 어떤 것으로는 구원이 없다. 즉 말씀밖에 없다. 따라서 우리의 머리(정신)에 충신과 진실이신 예수 그리스도의 영(말씀)이 타야 심판에서 구원으로 이룰 수 있다.

†

이단의 실체들

요즘 코로나19가 전 세계를 떠들썩하게 하고 있다. 그로인해 이단 종교인 신천지가 국내는 물론 세계인의 이목까지 집중시키고 있다.

필자가 김○○ 목사님과 함께 신천지의 실체를 밝히기 위해 2019년 3월부터 요한계시록을 집필했다. 그런데 놀라운 사실은 계시록 13장의 바다에서 올라온 짐승이 바로 신천지다.

> 네 영화가 음부에 떨어졌음이여 너의 비파 소리까지로다 구더기가 네 아래 깔림이여 지렁이가 너를 덮었도다. 너 아침의 아들 계명성이여 어찌 그리 하늘에서 떨어졌으며 너 열국을 엎은 자여 어찌 그리 땅에 찍혔는고(사14;11-12)

타락한 천사가 하늘에서 떨어진게 계명성이다. 교회에 떨어진 거나 예수님 손에서 떨어진 거나 다 똑같다. 타락한 별(천사)이 계명성으로 가룟 유다도 예수님 손에서 떨어진 자다. 그러한 유다가 지금 교회에 들어와 하나님과 맘먹으려 하고 있다.

그래서 그들이 실체를 낱낱이 폭로하기 위해 계시록을 집필하고 있는데, 신천지의 실상을 하나님께서 이렇게 분명하게 보여주고 계시니 참으로 소름끼치게 놀라울 따름이다.

유독 요한계시록의 성경 구절을 신천지가 교묘하게 남용해 그들의 교리로 그럴듯하게 포장해 그동안 교회를 조롱하고 하나님을 기만해 왔다.

신천지의 교주 이만희는 자기가 구원자임을 자처하면서 보혜사니 메시야니 하면서 세상과 교회를 미혹시켜 왔다. 그래서 신천지의 뿌리인 도맥을 이번 기회에 낱낱이 공개해야겠다 생각했다.

우리나라의 도맥은 최초에 1883년생인 김성도(女)에 의해 생겨났다. 여기서 김백문(이스라엘 수도원)이 나왔고, 그 줄기에서 통일교의 문선명과 전도관의 박태선이 나왔다.

또한 문선명의 줄기에서 JMS의 정명석이 나왔고, 전도관인 박태선의 줄기에서 장막성전의 유재열과 신천지의 이만희가 나왔다. 따라서 우리나라의 대표격인 짐승의 줄기가 전도관의 박태선이다. 영생교회의 조희성도 거기서 나온 줄기이다.

지금 대표적으로 계시록 13장의 짐승 노릇하는 사단의 도맥을 정확하게 알아야 하나님의 백성들이 더 이상 신천지한테 속지 않게 된다.

> 내가 보니 바다에서 한 짐승이 나오는데 뿔이 열이요 머리가 일곱이라 그 뿔에는 열 면류관이 있고 그 머리들에는 참람된 이름들이 있더라.(계13;1)

바다에서 한 짐승(사단)이 나오는데 뿔이 열이고 머리가 일곱이다. 머리의 일곱이 바로 이북에서 나온 일곱 명의 도맥인 이단들이다. 이북영주에서 나온 사람이 박태선. 양도촌. 문선명. 용문산의 나운목. 방지일, 박초선. 이만희다. 거의 대부분 다 죽었고, 현재 이만희만 남아 있다.

계시록 13장의 바다에서 한 짐승(이만희)이 나오는데 그들의 머리가 열 뿔이다. 많은 이단들 중에 유독 신천지가 이러한 짐승의 모형을 그대로 흉내 내고 있는 이유에는 계룡산에서 귀신의 영을 받은 사람이 바로 신천지의 이만희 교주기 때문이다.

성도가 예수님의 말씀을 받듯이, 마귀도 그들의 영(귀신)을 받는다. 귀신은 자기가 들어갈 자리를 정확하게 알고 탐심이 많은 사람한테 들어간다. 탐심이 많아야 귀신이 들어가기 좋기에 바로 귀신의 표적이 된다.

방언도 알고 보면 용문산에서 박태선한테서 나왔다. 그게 바로 거짓방언이다. 진짜 방언은 성경말씀으로 깨닫는 거다, 마음 안에 거짓이 들어가면 마귀가 장난을 친다. 그래서 전도관은 기도원처럼 바닥에 앉아서 박태선한테 무릎을 꿇게 한 것이다.

> 또 그 모든 편지에도 이런 일에 관하여 말하였으되 그 중에 알기 어려운 것이 더러 있으니 무식한 자들과 굳세지 못한 자들이 다른 성경과 같이 그것도 억지로 풀다가 스스로 멸망에 이르느니라
> (벧후3;16)

성경은 비밀이라 귀신의 영을 받은 사람들은 성경을 절대 열수 없다. 그러니까 성경을 자기 멋대로 억지로 풀다 결국엔 멸망으로 떨어지게 된다.

일곱 촛대(교회)도 마찬가지다. 감리교, 장로교 성결교. 안식교. 순복음. 구원파. 침례교 등등. 지금 교회가 하나님의 말씀과 등을 돌렸다. 그래서 교회한테 회개하라고 하는 것이 계시록의

진위다. 회개하면 내 영(정신)이 하늘(지성소)로 올라가는 것이고, 그래야 감추었던 만나(예수 그리스도의 말씀)를 주시는데 교회가 회개를 안하니까 전부 짐승(신천지)한테 물려가고 있다.

그러나 지금은 마지막 때다. 안식(회복)의 때가 도래했기 때문에 심판과 구원의 역사가 지금부터 이루어져간다. 따라서 코로나를 통해 지금 하나님의 심판이 나타나고 있는 것을 보고 회개하고 말씀 안으로 돌아서야 한다.

회개란 성경말씀에 자기 생각을 넣어 전하는 육신의 생각에서 그리스도의 말씀으로 돌아서는 그 자체가 온전한 회개다. 그래서 계시록 말미에 하나님의 뜻을 분명하게 밝혀 놓으셨다.

> 내가 이 책의 예언의 말씀을 듣는 각인에게 증거하노니 만일 누구든지 이것들 외에 더하면 하나님이 이 책에 기록된 재앙들을 그에게 더하실 터이요. 만일 누구든지 이 책의 예언의 말씀에서 제하여 버리면 하나님이 이 책에 기록된 생명나무와 및 거룩한 성에 참예함을 제하여 버리시리라.(계22;18–19)

그러나 신천지는 바다에서 올라온 짐승이다 보니 용의 권세를 받고 계시록을 그들의 방식대로 교묘하게 해석해 하나님을 그대로 흉내 내고 있다. 신천지의 실체를 폭로하기에 앞서 그들이 왜 그토록 교회만 미혹하고 있는가 부터 알아야 한다.

신천지는 일반 사람들을 전도하기보다 주로 교회에 침투해 교인들만 빼가고 있다. 그래서 대부분의 교회 현관문 앞에 '신천지 조심!' 이라고 써 붙여 놓았다. 그럼에도 불구하고 개(신천지)한테 물려간 교인들이 코로나로 인해 방송에서 보도된 근거에 의하면 36만 명이나 되는 어마어마한 숫자다.

계시록 13장에서 '용이 짐승에게 권세를 주므로 용에게 경배하며 짐승에게 경배하여 가로되 누가 이 짐승과 같으뇨 누가 능히 이로 더불어 싸우리요 하더라(계13;4)' 이와 같이 계룡산에서 용의 영을 받은 이만희의 권세가 바로 용한테서 받은 거짓 악령의 권세다.

용의 영을 봉황이라 하고 혹은 주작이나 공작이라 하는데 전부 실체가 없는 상상상(想像上)의 영들이다. 또한 이러한 영들이 남방 일곱 귀신의 주작으로도 표현된다. 즉 28수다. 남쪽에 맡은 '정(井).귀(鬼).유(柳).성(星).장(張).익(翼).진(軫)' 즉 남두 칠성이다. 용을 좋아하거나 숭배하면 그게 곧 사단마귀이다. 이들은 하나님을 알 수가 없다. 그러니까 그런 헛소리들만 하는 거다.

> 나는 여호와라 나 외에 다른 이가 없나니 나밖에 신이 없느니라 너는 나를 알지 못하였을찌라도 나는 네 띠를 동일 것이요(사45;5)

하나님 외에는 믿을 대상이 없다. 그러므로 다른 신(거짓 악령)을 섬기면 심판이다. 신천지가 받았다는 계룡산의 용이 봉황이다. 공작이나 주작이 다 같은 것으로 이게 남방여신인데 바로 이방여신이다. 즉 '정.귀.유.성.장.익.진' 의 사단의 일곱별이다. 동서남북의 28수가 있는데 남쪽 귀신으로 남방신이다.

귀신을 쫓는 사람들이 이단에 들어가 거기서 사령장을 받고 신천지한테 소속된 사람들이 36만명이나 된다. 신천지는 이만희교주가 영생한다고 하는데 실상은 영생이 아니라 영벌이다.

그러므로 거기서 속히 빠져나와 회개해야 한다. 계시록의 진위를 정확하게 파악하려면 항상 세 가지에 주목해야 한다. 이방신(이단)을 받으면 절대 안된다. 그게 음녀의 신도 된다. 그러기 때문에 계시록 17장에 많은 물 위에 앉은 음녀를 요한한테 먼저 보여주었다.

음녀가 교회인데 '또 네가 본 바 여자는 땅의 임금들을 다스리는 큰 성이라 하더라.(계17;18)'. 즉 큰 성인 교회(대형교회)다. 따라서 물은 사람이다. 그러므로 많은 사람들 위에 군림하고 있는 목사를 지칭한다.

그러한 음녀(교회)들을 향해 하나님께서 지금 코로나19를 통해 이 땅에 재앙과 심판을 내리고 있다. 그러기에 전 세계가 온역(염병)으로 죽는 자가 많이 속출하는 것은 물론 그로인해 경제까지 휘청거리고 있다. 그러므로 코로나 자체가 마지막 때에 하늘에서 내리는 하나님의 심판임을 인지하고 회개하고 돌아서야 한다.

특히 한국교회의 음녀들을 심판하기 위해 신천지(이만희)를 그동안 심판의 도구로 사용한 이상, 회복의 시대인 마지막 때에 이제 더 이상 신천지 같은 사단의 존재들이 필요 없게 되었다. 그러므로 이 땅에서 활약하고 있는 통일교를 포함한 모든 이단들은 하나님의 심판에 의해 전부 박살이 날 것이다.

특히 신천지는 그 자체가 계시록의 예시처럼 하나님께서 심판의 도구로 사용하기 위해 바다에서 올라온 사단의 영(용)이다.

출애굽기에서 하나님께서 하나님의 백성인 이스라엘(교회)을 애굽(세상)에서 탈출시킬 때 곧바로 하지 않으시고 애굽의 왕 바로(사단마귀)의 마음을 강퍅하게 하여 열 가지 재앙으로 하나님의 능력을 나타내셨다. 그랬듯이 신천지도 육적 이스라엘(육신의 생각)인 교회들을 출애굽 시키기 위해 신천지(사단마귀)를 들어 사용한 것에 불과하므로 이와 같다.

즉 오늘날의 한국교회들이 하나님의 말씀에 세상 것을 섞어 성경을 전하니까 회개하고 하나님의 말씀 안으로 돌아오라고 신천지를 들어 쓰신 것이다. 교회들이 말씀이 없으니까 처처에 기근(영적고갈)이 들어 신천지의 거짓 교리에 전부 속아 넘어가 그대로 끌려갔다.

그러나 이제는 마지막 때가 되었기 때문에 더 이상 사단(신천지)이 필요치가 않다. 신천지는 처음부터 지옥의 유황 불못의 땔감용으로 사용된 하나님의 도구일 뿐이다. 그러므로 앞으로 그들의 조직은 그루터기만 조금 남게 될 뿐, 이 땅에서 분명 사라지게 될 것이다. 벌써부터 신천지에서 갈라져 나온 또 다른 '새천지'가 세상의 이목을 집중시키고 있는 것만 봐도 거의 붕괴된 것이나 다름없다고 봐도 된다.

마태복음 24장의 마지막 때의 사건이 소계시록에 해당한다. 그러므로 하늘에서 내리는 심판을 보고 교회들은 회개(육신의 생각)하고 감람산 위에서 마지막 때에 일어날 징조들에 대해 주님께서 말씀하신 그 말씀들을 가슴깊이 고찰하면서 하나님의 말씀(성경) 안으로 돌아서야 한다. 그래야 앞으로 신천지 외에 또 다른 수많은 이단들한테 미혹당하지 않게 된다.

> 그때에 사람이 너희에게 말하되 보라 그리스도가 여기 있다. 혹 저기 있다 하여도 믿지 말라. 거짓 그리스도들과 거짓 선지자들이 일어나 큰 표적과 기사를 보이어 할 수만 있으면 택하신 자들도 미혹하게 하리라(마24;23-24)

작금의 현실은 거짓 그리스도와 거짓선지자들이 교회에 많이 침투해 들어와 있다. 그러나 우리의 스승과 지도자는 오직 그리스도 한 분뿐이다. 따라서 진리의 말씀만이 우리를 구원의 길로 인도 한다. 그동안 교회에서 선교나 봉사로 그를듯하게 위장하여 자기(목사)들의 의를 쌓아 온 외식적인 행위를 한 목사들이 얼마나 많은가! 그들의 행위가 바로 율법에 기인된 것이다. 초림 때 율법에 도통한 자들이 바리새인과 서기관들이었다. 주님께서 그들한테 드러내 놓고 '너희가 마귀의 자식이다. 독사의 새끼다. 회칠한 무덤이다'라고 노골적으로 질타했던 자들이다.

하나님의 은혜의 사랑을 깨닫지 못하고 하는 모든 행위는 그 어떤 착한 것이라도 다 외식이다. 우리의 마음자체가 하나님께 순종하고 그분의 영광만을 위해 신령과 진정으로 예배드리는 자세여야 한다. 그래야 그런 자들한테 믿음이 있고 그래야 영이 지성소로 올라갈 수 있다.

> 내가 너희에게 이르노니 속히 그 원한을 풀어 주시리라 그러나 인자가 올 때에 세상에서 믿음을 보겠느냐 하시니라(눅18;8)

따라서 믿음 자체가 그리스도의 말씀이다. 그러므로 그리스도가 오셔야 산제사를 드릴 수 있다. 믿으면 모든 병(영혼)이 고쳐진다. 베드로도 믿음에 의해 주님을 알게 되었다.

성경은 매우 심플하고 간단하다. 그래서 모든 성경에 첫 사람 아담(교회)은 하나님을 배반해서 죽었고, 그러나 둘째아담(예수)은 순종해서 살리셨다. 따라서 첫 사람 아담 안에 있는 자들은 육에 속한 자들이고 그리스도 안에 있는 자들은 둘째 아담이다. 그러기에 하나님께서는 예수 그리스도의 옷을 입은 자들만 보신다. 뱀은 첫 사람(아담)을 잡아먹었으나 둘째 사람(아담)은 주님이 뱀(사단)을 이겨서(십자가) 영(그리스도)이 동행하기 때문에 감히 잡아먹지 못한다.

> 이 멜기세덱은 살렘 왕이요 지극히 높으신 하나님의 제사장이라 여러 임금을 쳐서 죽이고 돌아오는 아브라함을 만나 복을 빈 자라(히7;1)

이와 같이 노아나 아벨. 아브라함 전부 그리스도가 오셨던 자들이다. 첫 사람 아담은 땅에 속한 자지만 둘째 사람은 하늘(지성소)에 속한 자들이다.

오바다의 묵시를 보면 에돔의 심판인데, '드만아 네 용사들이 놀랄 것이라 이로 인하여 에서의 산의 거민이 살육을 당하여 다 멸절되리라(옵1;9)' 이와 같이 '에서' 자체가 에돔인데 '에서'의 거민들을 다 멸절시키셨다. 첫 사람 아담(교회)에 속하면 멸절(사망)되기 때문에 속히 회개하여 그리스도의 말씀(영) 안으로 돌아서야 한다.

따라서 야곱은 속이는 자였지만 하나님의 영과 싸워 겨루어 이겼기에 하늘에 속한 자가 되었다. 그렇지만 '에서'는 하나님을 피해 자기의 바벨탑(탐심)을 쌓았기에 땅에 속한 자가 되어 사망에 이르렀다. 따라서 땅에 속한 자는 심판의 대열에 서고 하늘에 속한 자는 정죄하지 않기 때문에 심판 자체가 없다.

그러므로 성경 전체가 믿는 자가 되느냐, 믿지 않는 자가 되느냐에 따라 심판과 구원으로 갈린다. 주님께서 이 땅에 말씀이 육신이 되어 참 빛으로 오셨다. 우리가 빛(말씀)을 받지 못하면 어둠으로 가는 거고, 그 빛을 받아 믿는 자가 되면 빛의 아들이 된다. 빛의 아들이 되면 어둠은 자동으로 물러간다. 즉 그리스도의 말씀(성령)이 심령 안에 빛으로 들어오면 마귀(이단)가 접근을 하지 못한다. 첫 사람 아담은 빛을 만나지 못했지만 둘째 아담은 빛이 들어와 예수님의 말씀으로 무장되어 뱀(이단)이 이기지 못한다.

따라서 성경 전체는 아담(하나님의 백성)을 잡아먹는 뱀(사단)을 잡는 사건이다. 그러므로 시대마다 성경(성령)으로 이러한 원리를 가르쳐 주셨다. 보고 듣고 깨닫지 못하면 전부 사단에 의해 육(탐심)으로 떨어진다. 그게 애굽(세상)이다. 육신(탐심)으로 떨어지면 하늘(지성소)을 보지 못한다. 그게 소경이다. 아무리 신학박사라도 육신으로 떨어지면 성경(진리)을 보지도 못하고 듣지도 못하기 때문에 문자로 풀이해 결국엔 저주 아래로 떨어진다.

그러니까 교회가 육신(바벨)의 생각으로 가득 차다보니 교인들이 이단의 교리에 쉽게 넘어가고 만다. 이단들의 교리 또한 하늘의 것을 그대로 흉내 내었기 때문에 성경을 깨닫지 못하면 전부 속을 수밖에 없다.

> 이 보석들은 이스라엘 아들들의 이름대로 열둘이라 매 보석에 열두 지파의 한 이름씩 인을 새기는 법으로 새기고(출28;21)

신천지(용)는 열 보석이고 이스라엘(교회)은 열두 보석이다. 일곱 머리 열 뿔의 조직(이단)들이 이와 같이 성경을 교묘하게 인용해 그동안 교회를 미혹시켜왔다.

하나님의 보좌에도 일곱 머리가 있다. 예수님이 초림 때 보리떡 5개와 물고기 2마리로 하늘의 풍요를 나타내셨다. 또한 보좌앞에 일곱 등불이 있다. 이 일곱은 하나님이 부리는 영들이다. 교회서 집사를 세울 때도 일곱을 세운다. 신천지도 이와 같은 조직을 그대로 흉내 내어 다 세워났다. 그런데 그들의 지파장을 보면 공작으로 되어 있다. 그리고 통일교는 주로 학으로 했다. 이들은(이단) 동양의 격암유록을 인용해서 마치 그들이 재림주 인양 그럴 듯하게 행세해 왔다.

특히 신천지는 이만희와 두 증인이라 자처하는 홍종효가 있는데, 이들은 서로 자기들이 용이라고 주장하고 있다. 따라서 이만희교주는 계룡산에서 기도하는데 공작 두 마리가 자기한테 내려왔다고 해서 신천지의 문양이 주작 즉 공작으로 남방여신임을 공고히 나타내고 있다.

내가 본 짐승은 표범과 비슷하고 그 발은 곰의 발 같고 그 입은 사자의 입 같은데 용이 자기의 능력과 보좌와 권세를 그에게 주었더라(계13;2)

표범과 비슷하다는 것은 악하다는 뜻이다. 다니엘 7장에 네 짐승에 대한 장면이 나오는데 바로 악한 사단의 영들이다.

앞서도 잠깐 언급했지만 사단의 악한 영이 최초 김성도라는 여자한테서 나왔다. 그 여자가 키워서 나온 두 라인이 바로 박태선과 문선명이다. 그 중에 박태선은 똑 같은 사단의 영이라도 악한 영에 속하고, 문선명은 그래도 선한 영에 속한다. 박태선의 계열에서 악한 사단 마귀의 영이 나왔기 때문에 그가 발을 담근 물을 먹으면 모든 병이 낫는다고 사기 쳤다. 거기서 조희성이 나오고 이만희도 나오고 구인회도 나왔다. 이들의 줄기에서 나온 이단들이 수십 명이 된다.

그러나 그들한테 성경을 들이대면 사단한테는 성경을 비밀로 감추어놓았기 때문에 성경을 알 수가 없다. 그러니까 박태선은 '예수 개새끼'라 하고 죽었다. 영생교회 조희성도 박태선 한테 배운 게 그거라 예수를 그런 식으로 모독했다. 이만희 역시도 마찬가지다.

이십 여년 전에 김○○ 목사님이 신천지에서 이십사 장로에 대해 강의를 한 적이 있었다. 목사님께서 예수님의 십자가를 깨닫지 못하면 죄가 그대로 남아 있다고 하니까 그때 '누가 그걸 봤냐?' 하고 나가버린 사람이 이만희교주다. 예수님의 십자가를 믿지 않는 자들은 전부 심판이다. 성경 전체의 죄는 예수 그리스도의 십자가의 도를 믿지 않으면 죄를 절대 통과할 수 없다. 죄가 통과되어야 하나님께서 성령으로 인도하여 성경의 비밀을 알 수 있다. 이 죄가 해결되지 않으니까 통일교도 예수님의 하신 일이 실패라고 한다. 그 이유가 예수님 본인이 구원을 받지 못하고 그대로 십자가에 달려 죽은 거라는 그들의 주장이다. 그러나 주님은 성경의 기록대로 이 땅에 죽으시기 위해 육의 옷을 입고 말씀으로 오신 분이다. 죽으셔야 하나님의 사랑을 확증시키는 증표가 되고 십자가에 달리셔야만 성령으로 다시 우리 심령 안에 오실 수 있기 때문이다. 그러므로 성령이 곧 그리스도의 말씀이다. 이 말씀을 깨닫지 못하면 이단들한테 전부 잡아먹혀 버린다.

> 짐승이 입을 벌려 하나님을 향하여 훼방하되 그의 이름과 그의 장막 곧 하늘에 거하는 자들을 훼방하더라(계13;6)

장막 곧 하늘에 거한 자들을 훼방하는 것이 이단들이다. 그러므로 교회가 짐승(이단)과의 싸움에서 이기려면 성령의 검(예수님의 말씀) 밖에 없다.

> 사람들이 너희를 끌어다가 넘겨 줄 때에 무슨 말을 할까 미리 염려치 말고 무엇이든지 그 시에 너희에게 주시는 그 말을 하라 말하는 이는 너희가 아니요 성령이시니라(마13;11)

그러므로 천국의 비밀은 성령(말씀)이 거한 자들한테만 허락되어 있다. 하나님이 허락된 백성들은 의와 평강과 희락이 있다. 그러나 육신의 생각으로 있는 그들한테는 하나님의 비밀이 허락되지 않았다. 그러기 때문에 이 세상 사람들은 성경을 주로 비유로 말해서 절대 알아듣지 못한다. 하나님의 세계는 육신의 생각에 사로잡힌 자들은 알 수가 없게 되어 있다. 그리스도의 영안에 있는 사람들만 성령이 임해서 하늘의 것을 가르쳐 주므로 알게 된다.

> 내 아버지께서 모든 것을 내게 주셨으니 아버지 외에는 아들을 아는 자가 없고 아들과 또 아들의 소원대로 계시를 받는 자 외에는 아버지를 아는 자가 없느니라(마11;27)

이와 같기 때문에 이단들은 계시록을 절대 열수가 없는 거다. 계시록을 알아야 하는 가장 궁극적인 이유가 바로 마지막 때의 일을 알기 위해서다. 그것을 예표해서 천년동안 역사하시는 것이 하나님의 일이다. 거기에 똑같이 영을 받을 사람들이 이 땅에 태어난다. 각 지파 중에 일만 이천이다. 그 뒤에 수없이 많은 영체가 있는데 그 중의 대표를 총칭해서 십사만 사천이다.

이들만이 그리스도의 계시를 통해 이단의 실체를 정확하게 파악하므로 올바른 신앙생활을 영위해 나갈 수 있다.

†

음녀(교회)한테 내릴 심판

또 일곱 대접을 가진 일곱 천사중 하나가 와서 내게 말하여 가로되 이리 오라 많은 물 위에 앉은 큰 음녀의 받을 심판을 네게 보이리라(계17;1)

이 땅의 음녀(교회)들을 심판하는 장면을 보여주고 있다. 음녀가 성경에서 말하는 교회인데, 눈(그리스도의 말씀)을 뜨지 못하고 어둠에 속해 있는 세력들은 이 땅에 재물을 쌓는 것을 최고의 목표로 삼고 살아간다. 반면에 눈(성령)을 뜬 자들은 하늘에 보물을 쌓고 산다.

아울러 눈이 멀어 어둠에 속한 자들은 세상만을 사랑하느라 사랑(십자가의 도)의 삶과 거리가 멀지만 그리스도의 말씀이 심령안에 거한 자들은 하늘에 쌓는 보물(영생)만 사랑하느라 이 땅의 것에 관심을 두지 않는다. 그러므로 성령의 열매가 이들의 심령안에 풍성하게 열린다. 그들이 바로 하나님(그리스도의 말씀)이 인친 14만 4천에 소속된 하나님의 백성들이다.

그러나 많은 물(교인) 위에 앉은 큰(대형교회) 음녀(목사)들은 탐심이 가득해 그들의 소속된 백성들 위에 군림하여 자기 의와 자기 자랑을 쌓느라 십일조와 구제로 헌신을 종용하고 있다. 따라서 계시록은 2000년 전에 이러한 음녀들한테는 심판을, 14만 4천의 하나님의 인친 백성에게는 영생을 약속하고, 요한한테 마지막 때의 일들을 기록하게 한 것은, 이러한 하나님의 언약을 믿게 하려 함이다.

> 이제 일이 이루기 전에 너희에게 말한 것은 일이 이룰 때에 너희로 믿게 하려 함이라(요14;29)

마지막 날에 심판의 대열에 끼지 않으려면 그리스도 영(말씀) 안에 있어야 심판받지 않는다. 그렇지 않으면 멸망으로 간다. 오늘날의 대형교회(바벨론)들이 하늘까지 탑을 쌓고 자기들의 이름을 내려고 갖가지 구제와 봉사로 행위를 자랑하고 있다. 그렇지만 마지막 때가 되면 믿음으로 말미암은 것이 아닌 이들의 가중한 행위의 모든 것을 근거로 심판하신다. 그러기 때문에 성도라면 일곱 천사가 부는 경고의 나팔 소리를 듣고 회개하고 속히 그곳서 빠져 나와야 한다.

그러려면 성경에서 밝히고자 하는 믿음의 실체를 정확하게 깨달아야 한다. 예수님 자체가 창세기 때부터 계시록까지 기록된 생명나무시다. 그러므로 육체의 옷을 입고 말씀으로 오신 예수 그리스도의 말씀(성령)이 내 심령 안에 거해야 구원이요, 그렇지 않고 율법(세상)에 매이면 심판이다.

그러려면 먼저 누가 배반자고. 누가 멸망자며, 누가 구원자인가를 성경에서 찾아야 영생의 길로 인도된다. 또한 그걸 밝혀 놓은 것이 계시록의 진위다.

따라서 이 땅에 세 가지 종류의 짐승들을 알아야 한다. 원래 아담과 하와는 촛대나 다름없는 최초의 교회였다. 왜냐하면 하나님께서 영원한 생명을 직접 주신 사람이기 때문이다. 그런데 뱀(사단)이 그들을 꼬였다. 그러므로 한 사람 아담에 의해 모든 인간이 사망으로 떨어져 사단의 먹이가 되었다.

성도가 이러한 사단의 먹이 사슬이 되지 않으려면 짐승의 종류를 구별할 줄 알아야 한다. 교회에 들어와 하나님의 백성을 미혹하는 것이 뱀(거짓선지자)이다. 이러한 뱀(교회)을 잡아먹는 것이 용(신천지)이다. 따라서 큰 용을 다른 말로 하면 들짐승(신천지를 포함한 모든 이단)이고, 뱀(목사)은 집짐승(교회)이다.

> 큰 용이 내어 쫓기니 옛 뱀 곧 마귀라고도 하고 사단이라고도 하는 온 천하를 꾀는 자라 땅으로 내어 쫓기니 그의 사자들도 저와 함께 내어 쫓기니라(계12;9)

용을 잡고 보니 13장에서 바다에서 올라온 일곱 머리 열 뿔의 짐승들이다. 그러나 결국엔 내어 쫓긴다.

성도라면 지금 코로나를 통해 이러한 심판의 실상을 직접 보여주고 계신 하나님의 계획을 간파하고 마지막 때에 검(말씀)으로 무장하고 있어야 한다.

따라서 하나님의 말씀을 받은 교회가 세상 것과 섞여 온 천하를 꾀어 이 땅의 복을 추구하게 하므로 교회가 온통 거짓선지자(목사)들로 인해 바벨(혼잡)이 되었다. 이게 바로 신(神;귀신)들의 문이다. 우리는 계시록 17장에서 마지막 때에 음녀에게 내릴 심판을 보여주고 계신 장면을 통해 살아계신 하나님을 실감해야 한다. 이러한 실상을 직접 경험하면서 하나님의 말씀 안으로 회개하고 돌아서야 한다. 그래야 음녀들을 심판하는 장면을 볼 수 있고 그래야 그들의 대열에서 벗어날 수 있다. 또한 그래야 좋은 씨(그리스도의 말씀)를 마음 밭에 심어 어린양의 피로 죄사함(회개)을 받아 깨끗케 될 수 있다. 그런 자들이 천국의 자녀요, 영의 눈을 가진 빛의 아들들이다.

> 밭은 세상이요 좋은 씨는 천국의 아들들이요 가라지는 악한 자의 아들들이요. 가라지를 심은 원수는 마귀요 추수 때는 세상 끝이요 추숫군은 천사들이니(마13;38–39)

가라지를 심은 원수가 마귀다. 그런데 이 마귀가 추수 때를 안다. 근데 우리는 예수님의 명령에 의해 원수를 사랑해야 한다. 그 원수가 바로 자기 집안 식구인 내 마음 안이다. 이 마음속에는 마귀가 가득 들어있다. 즉 우리 마음에 마귀로 가득 차 있기에 예수께서 마음에서 나오는 것들이 사람을 더럽게 한다고 하셨다.

> 입에서 나오는 것들은 마음에서 나오나니 이것이야말로 사람을 더럽게 하느니라. 마음에서 나오는 것은 악한 생각과 살인과 간음과 음란과 도적질과 거짓 증거와 훼방이니(마15;18–19)

이러한 인간들의 마음에 예수님의 말씀(영)이 들어가야 원수(육신의 생각)와 싸워 이길 수 있다. 이들이 믿음(그리스도의 말씀)이 들어간 자로, 원래 있는 마음(육신의 생각)과 영의 생각이 서로 다툴 때 이길 수 있는 자들이 된다.

> 그러므로 내가 한 법을 깨달았노리 곧 선을 행하기 원하는 나에게 악이 함께 있는 것이로다. 오호라 나는 곤고한 사람이로다 이 사망의 몸에서 누가 나를 건져 내랴(롬7;21.24)

내 안에 악(탐심)이 항상 존재한다. 그러기에 마음 안에 하나님의 법을 즐거워하면서도 또 다른 죄(육신)의 법(생각)이 치고받고 싸우게 된다. 그래서 '누가 이 사망(육신의 생각)의 몸에서 나를 건져 내랴'하고 외치는 바울의 신앙고백을 성도라면 들을 수 있어야 한다. 이러한 고백을 듣지 못하는 자는 결국 악인의 제물이 되고 만다.

> 악인의 제물은 본래 가증하거든 하물며 악한 뜻으로 드리는 것이랴(잠21;27)

악인의 재물은 본래 가중한 것이다. 그러므로 성경을 갖고 거짓말하는 목사가 영혼을 도적질 하는 가장 무서운 악인에 속한다. 이 땅에 사람(목사)자체가 입술로 꾸미는데 능수능란하고 그 마음 안에 궤휼(사단마귀)을 품고 있어 전부 악한 생각뿐이다.

> 감정 있는 자는 입술로 꾸미고 속에는 궤휼을 품나니. 그 말이 좋을찌라도 믿지 말 것은 그 마음에 일곱 가지 가중한 것이 있음이라(잠26;24-25)

속이는 것을 속으로 품고 감추는데 이골이 난 사람들이 특히 목사(음녀)다. 그러기에 그들을 심판하기 위해 용의 권세를 받은 신천지를 하나님께서 그동안 방치시켜 두신 것이다.

그러므로 아담(교회) 안에 있는 자들은 그리스도의 말씀을 깨달아야 노아가 있는 아라랏 산에서 은혜를 받을 수 있고, 시내산에서 하나님의 진리를 깨달은 모세와 함께 하나님(예수 그리스도)의 새 계명(은혜의 언약)을 받을 수 있다.

그래야 마지막 때인 지금, 시온 산에서 온전히 예수 그리스도의 말씀(성령)으로 깨달아 가증한 것들로부터 벗어날 수 있다. 그렇지 않으면 사단의 조직체에 전부 끌려간다.

계시록 17장과 18장은 사단의 교리에 미처 열광하는 이단의 조직체들과 음녀들을 심판하는 내용이다.

> 가로되 화 있도다 큰 성이여 세마포와 자주와 붉은 옷을 입고 금과 보석과 진주로 꾸민 것인데. 그러한 부가 일시간에 망하였도다 각 선장과 각처를 다니는 선객들과 선인들과 바다에서 일하는 자들이 멀리 서서.(계18;16-17)

이와 같이 바벨론(세상세력)이 보석으로 꾸미고 붉은 옷과 자주 옷을 입고 있는데 그 부귀가 한순간에 다 망하였다. 요한은 특히 사람을 혼측케 하는 포도주(비진리)로 인해 장차 망하게 될 큰 성(대형교회)을 이렇게 예고하고 있다.

이와 같이 세상 세력을 큰 성(대형교회)으로 비유하여 이들이 힘과 부와 사치로 사람들의 정신을 혼미케 하는 세력들이 바로 교회임을 강조하고 있다.

겉으로 보면 이들 세력들이 너무나 그럴듯하게 하나님을 잘 섬기고 하나님의 일을 잘 하는 것 같아 보이지만 실상은 그들이 '그 여자는 자주 빛 붉은 빛 옷을 입고 금과 보석과 진주로 꾸미고 손에 금잔을 가졌는데 가중한 물건과 그의 음행의 더러운 것들이 가득하더라(계17;4)' 이렇게 표현하고 있다.

지금 이 종교세계가 전부 바벨(혼잡) 교회가 되어 금(거짓말)과 보석(거짓성령)과 진주(가짜예수)로 꾸며 섞은(하나님 말씀과 육신의 생각) 포도주(비진리)로 백성(교인)들을 취케 하고 있다.

> 바벨론은 여호와의 수중의 온 세계로 취케 하는 금잔이라 열방이

그 포도주를 마시고 인하여 미쳤도다(렘51;7)

하나님의 대적들이 바로 섞어진(혼잡) 포도주(거짓교리)로 취케 하여 미쳐 열광케 하는 바벨론의 교회들을 향해 예레미야 선지자가 미친 자들이라 했다. 또한 이사야 선지자는 그들을 독사라 했다.

독사의 알을 품으며 거미줄을 짜나니 그 알을 먹는 자는 죽을 것이요 그 알이 밟힌즉 터져서 독사가 나올 것이니라(사59;5)

독사는 뱀(사단)들이 삼키는 거다. 거미줄로 짜는 게 그들의 치밀한 조직체를 말함이다. 즉 거짓교리로 얽히고설키게 하여 빠져 나오지 못하게 하는 신천지가 가장 좋은 본보기다. 또한 각종 프로그램을 만들어 교인들을 흥미롭게 하여 교회로 유인하는 것이나 혹은 선교나 봉사로 마치 자기들이 하나님의 일을 가장 올바르게 하는 것처럼 꾸미거나, 교인들의 인맥을 통해 대인관계의 폭을 넓혀 비즈니스에 도움이 되게 하는 일들로 붙잡아 두는 대형교회들을 생각하면 된다.

이 땅의 모든 조직조차도 주로 일곱 머리 열 뿔의 조직체로 구성되어 있다. 세상적인 사회 조직 구조나 이단들의 조직 구조나 하다못해 백악관의 조직 구조조차도 전부 성경을 모방하여 그대로 흉내 내고 있다.

일곱은 일곱 비서관이고 열 뿔은 권세자다. 그러나 이 땅의 조직체는 일곱 머리 열 뿔이지만 하나님의 조직체는 일곱 머리에 열둘이고 그리고 이십사 장로가 있다.

그런데 이 교회가 다 다른 신(귀신)을 믿는다. 다른 신(神)이란 다른 영(거짓성령)이다. 왜 그러냐하면 미혹(짐승)자가 있어서 그렇다. 예수님의 말씀(성경)만이 영생의 길이요 천국 문으로 바로 찾아들어가는 길이다. 그러므로 성령(信音)에 의해 '나는 길이요, 진리요, 생명이다'의 하나님의 음성을 들을 수 있어야 한다.

> 섬들아 내 앞에 잠잠하라 민족들아 힘을 새롭게 하라 가까이 나아오라 그리하고 말하라 우리가 가까이하여 서로 변론하자(사41;1)

섬들이 조직체고 교회다. 창세기 때 하나님의 명은 선악과를 '먹지 말라' 이 한마디였다. 먹는 날에는 '정녕 죽으리라'. 하셨다. 그런데 이걸 알아야 한다. 사실을 하와는 하나님의 명을 직접 받지 않았고 아담이 명을 직접 받았다.

따라서 선악과는 뱀(사단)의 꼬임에 넘어간 하와(음녀)가 먹고 나서 아담(하나님의 사람)을 먹게 했다. 오늘날 교회(하와)가 하나님의 명(말씀)을 받지 못하다보니 뱀(사단)의 말(탐심)에 넘어가 선악과(우상숭배)를 먹게 되므로 전부 사망(지옥)으로 가고 있다.

그러므로 성도(아담)라면 하늘의 음성을 들을 줄 알아야 한다. 구름(하늘) 속에서 소리가 날 때 '너희는 저의 말을 들으라' 했듯이, 우리가 성경을 깨달아 알아야 하나님 말씀을 듣고 그 말씀에 순종하여 따를 수 있다.

하나님의 명이 신약에 와서 예수님께로 오셨기 때문에 예수님의 명령(말씀)이 곧 영생이다. 예수님은 이 땅에 육신의 옷을 입고 말씀으로 오셔서 십자가에 달리시고 죽으셨다. 그리고 하나님께서 다시 살리셨다. 성령으로 우리한테 오신 그리스도께서 휘장으로 천국의 문을 활짝 열어 놓았다.

그럼에도 교회가 눈이 멀어 전부 우상(탐심)에 의해 성경(말씀)을 보지 못하니까 소경이 되어 버렸다. 육신(예수님의 몸)의 생각(십자가)이 죽어버리니까 바로 하나님(성체)이 되셨듯이, 바울처럼 우리도 날마다 죽어야(육신의 생각) 다시 살 수 있다.

> 또 자기 지위를 지키지 아니하고 자기 처소를 떠난 천사들을 큰 날의 심판까지 영원한 결박으로 흑암에 가두셨으며(유;6)

육신의 생각에서 벗어나지 못하면 결국 흑암에 갇힌다. '나팔 가진 여섯째 천사가 말하기를 큰 강 유브라데에 결박한 네 천사를 놓아 주라 하매(계9;14)' 여기에 놓이는 거다. 천사가 영인데 그 영은 타락한 천사다.

> 너 아침의 아들 계명성이여 어찌 그리 하늘에서 떨어졌으며 너 열국을 엎은 자여 어찌 그리 땅에 찍혔는고(사14;12)

이와 같이 하늘에서 떨어진 계명성이 타락한 천사인데 오늘날 광명한 천사로 가장하여 하나님의 백성들을 꾀고 있는 목사들로 이들한테 속지 않으려면 성경(예수 그리스도 말씀)으로 회개하고 돌아서야 한다.

> 저런 사람들은 거짓 사도요 궤휼의 역군이니 자기를 그리스도의 사도로 가장하는 자들이니라. 이것이 이상한 일이 아니라 사단도 자기를 광명의 천사로 가장하나니(고후11;13-14)

이와 같이 광명한 천사로 위장한 거짓 목사들은 자기들의 의를 쌓기 위해 하나님의 일이라 가장하면서 교인들한테 선교와 봉사를 권유하면서 세상 속에서 자기들의 평판 듣기를 즐겨하고 있다. 그런 목사들한테 속으면 평생 교회에 다니면서 헌신하고 전 재산을 헌납했어도 결국엔 지옥으로 간다. 이 땅에 수많은 음녀

(교회)들과 어마어마한 이단의 조직체들이 호시탐탐 하나님의 백성들을 이와 같이 미혹시키고 있다.

특히 신천지가 영계의 보좌를 그대로 흉내 내어 계시록을 자기들 편의대로 해석하여 거짓 교리를 꾸며 교회만 잡아먹고 있다. 그리스도의 이름을 가장한 신천지야말로 12지파장을 그럴듯하게 만들어 교회들만 집중 공략하여 꾀고 있다.

따라서 음녀(교회)들은 지금 코로나로 심판받고 있는 신천지의 실상을 보면서 이러한 심판이 곧 음녀한테 내릴 것에 대한 경고임을 깨닫고 회개하고 말씀 안으로 돌아서야 한다.

음녀(교회)들도 마찬가지다. 그리스도의 일꾼으로 가장한 거짓 선지자들 때문에 교인들이 쉽게 넘어간다. 그러므로 가짜와 진짜를 분별해 볼 줄 알아야 한다. 모든 신앙인들에게 있어 믿음과 행함이 일치해야 한다. 그리스도의 말씀을 지키는 자는 그대로 자기를 부인하고 십자가의 도를 좇는 그게 바로 믿음이고, 믿는 자의 행함이다.

> 오직 나 여호와를 버리며 나의 성산을 잊고 갓에게 상을 베풀어 놓으며 므나에게 섞은 술을 가득히 붓는 너희여. 내가 너희를 칼에 붙일 것인즉 다 구푸리고 살육을 당하리니 이는 내가 불러도 너희가 대답지 아니하며 내가 말하여도 듣지 아니하고 나의 눈에 악을 행하였으며 나의 즐겨하지 아니하는 일을 택하였음이니라(사65;11)

몰각한 목자의 교리에 취해 성령이 부르는 소리에 귀 기울이지 못하면 그게 바로 하나님께 악을 행하는 것이 된다. 참된 복음(십자가의 은혜)의 제시가 없이 세상적인 윤리나 도덕적으로 설교하는 그 자체가 섞은 술을 가득히 붓는 행위이다. 그러므로 그들을 칼로 심판하시겠다고 분명하게 뜻을 밝히신 거다.

따라서 음녀(교회)들의 교리에 미혹되어 우상(탐심) 숭배를 따르면 하나님의 눈에 악을 행하는 것이 된다. 그러므로 우리는 예수님 자체가 창세기 때부터 기록된 생명나무시기 때문에 그리스도의 말씀만 먹고 살아야 한다.

거의 대부분의 교회들이 기독교인은 거짓말 하면 안되고, 남에게 사기 치면 안되며, 불쌍한 사람 도와주고 선행을 베풀어야 하고, 그리고 술, 담배 하면 안되고, 하나님의 것인 십일조를 떼어먹지 않아야 쌓을 곳이 없도록 복을 부어주시고, 간음하면 안되고, 주일 성수 꼭 지켜야 하고, 금식과 기도에 열심이어야 한다고 설교한다.

간증을 들어보면 하나같이 어려운 와중에 십일조를 꼬박꼬박 냈더니 어느 날 하나님께서 놀라운 축복을 주셔서 망해가던 사업이 활기를 띠었다는 얘기들이고, 암으로 고통 받고 있는 중에 금식기도를 드렸더니 암이 치유되었다는 얘기며, 아들이 취직이 안돼 실의에 빠졌는데 새벽기도를 빠지지 않고 열심히 다녔더니 기도 중에 응답을 주셔서 취업이 되었다느니, 그야말로 하늘나라는 이 땅의 소유를 다 팔아야 진주(예수 그리스도)를 살 수 있다고 강조하시는데 그 반대로 간증을 하고 있으니 이 얼마나 무지한 일인가?

현재 이 땅의 많은 교회들이 세상의 네피림을 부러워하며 이 세상에서 유명 용사가 되고자 예수를 팔아버리고 있다. 즉, 교회가 세상과 타협함으로 참된 신앙인들이 교회 내에서 점차 사라져가고 있다. 그러므로 주님께서 주의 재림의 때에 대해 "그러나 인자가 올 때에 세상에서 믿음을 보겠느냐"(눅18;8) 라고 탄식하신 것만 봐도 알 수 있는 일이다. 현재 이 시대의 특히 한국 교회를 향한 탄식이 아니실까? 교회(성도)라면 누구나 이를 되새겨봐야 한다.

†

무너지는 큰 성 바벨론(대형교회)

예수께서 가라사대 내가 곧 길이요 진리요 생명이니 나로 말미암지 않고는 아버지께로 올 자가 없느니라.(요14;6)

그리스도 예수만이 유일한 길이요, 진리요, 생명이다. 그러므로 생명의 성령의 법이 들어간 사람들만이 14만 4천에 소속된 하나님의 백성들이 될 수 있다. 그러나 이 땅의 교회는 하와한테 먹음직도 보암직도 한 것만 가르치며 쳐다보게 한다. 목사가 그리스도의 말씀을 버리고 자기가 꿈을 꾸었네, 방언의 계시를 받았네, 치유의 은사가 있네. 이런 것들이 물(말씀)을 저축지 못할 터진 웅덩이로 그게 악이다.

내 백성이 두 가지 악을 행하였나니 곧 생수의 근원되는 나를 버린 것과 스스로 웅덩이를 판 것인데 그것은 물을 저축지 못할 터진 웅덩이니라(렘2;13)

오늘날의 생명의 근원이신 하나님의 말씀을 버리고 스스로 직통계시를 받았네 하면서 이 땅의 물질의 복만을 추구하게끔 유도하는 곳이 교회다. 그래선지 유독 한국기독교에만 어마어마한 숫자들의 교회와 지역 곳곳마다 웅장한 건물의 교회들이 들어차 있다. 그러나 그 안에는 생명이 없고 전부 죽은 시체들만 가득 차 있다.

> 또 내게 이르시되 인자야 이 뼈들은 이스라엘 온 족속이라 그들이 이르기를 우리의 뼈들이 말랐고 우리의 소망이 없어졌으니 우리는 다 멸절되었다 하느니라(겔37;11)

이와 같이 뼈들이 이스라엘(하나님의 백성) 온 족속이라고 표현하고 있다. 교회가 온통 뼈(영적죽음)들로 가득차서 회칠(거짓목사)한 무덤(거짓교회)들 뿐이다. 이런 곳에는 하나님의 생기가 없어 뼈들이 말라 비틀어져 다 멸절되어 하늘에 소망을 두고 사는 백성(교인)들이 거의 없다.

> 화 있을찐저 외식하는 서기관들과 바리새인들이여 회칠한 무덤 같으니 겉으로는 아름답게 보이나 그 안에는 죽은 사람의 뼈와 모든 더러운 것이 가득하도다(마23;27)

이 뼈들이 초림 때는 모세의 율법을 가장 많이 안다고 자랑하던 서기관과 바리새인들이다. 오늘날은 신학을 전공했다는 목사(비리새인)들과 신학박사(서기관)들이다. 이들을 보고 겉으로는 아름다우나 회칠한 무덤이라고 예수께서 일갈하셨다.

> 또 내게 이르시되 너는 이 모든 뼈에게 대언하여 이르기를 너희

마른 뼈들아 여호와의 말씀을 들을찌어다(겔37;4)

그러나 이 뼈들한테도 하나님의 말씀이 들어가면 다시 살아난다. 즉 대언(하나님의 말씀)을 하면 생기가 들어간다. 이스라엘 족속(교회)에게 하나님의 말씀을 온전히 전하면 대언하는 영에 의해 말씀으로 이를 다시 살려내신다.

진실로진실로 너희에게 이르노니 죽은 자들이 하나님의 아들의 음성을 들을 때가 오나니 곧 이때라 듣는 자는 살아나리라(요5;25)

이와 같이 듣는(믿는) 자는 살아난다. 이걸 애기하는 거다. 죽은 자를 살리는 것이 하나님의 말씀을 듣는 것이고, 그러므로 사명자는 하나님의 말씀만을 그대로 대언해야 살아날 수 있게 한다. 이 말씀에 순종하지 않는 자들을 심판하는 것이 계시록 6장의 일곱 인으로 봉한 애가와 애곡과 재앙의 내용이다.

내가 보매 어린양이 일곱 인 중에 하나를 떼시는 그때에 내가 들으니 네 생물 중에 하나가 우레 소리같이 말하되 오라 하기로 (계6;1)

말들이 나오는데 이 말들이 사명자다. 즉 사명자 위에 탄자를 알아야 하는데, 말이 하는 게 아니고 그 말에 탄자가 한다. 그러므로 이 사람 위에 누가 탔느냐가 중요하다.

말위에 진리가 타면 진리의 말씀이 나오고, 뱀의 말이 타면 거짓말이 나온다. 그러므로 진리의 영이 타면 자기의 생각이 조금도 들어갈 수 없고 그리스도의 말씀만을 대언 하게 된다.

나팔도 마찬가지다. 나팔이 소리 내는 게 아니고 부는 자가 나팔의 소리를 불게 된다. 따라서 누가 부느냐에 따라 소리가 각기 다 다르다. 대접도 마찬가지다. 대접도 사람이다. 똑같은 그릇에 누가 들어가서 뭘 담았느냐에 따라 심판도 제각각이다.

> 각각 저희에게 흰 두루마기를 주시며 가라사대 아직 잠시 동안 쉬되 저희동무 종들과 형제들도 자기처럼 죽임을 받아 그 수가 차기까지 하라 하시더라. 내가 보니 여섯째 인을 떼실 때에 큰 지진이 나며 해가 총담같이 검어지고 온 달이 피같이 되며.(계6;11-12)

계시록 6장 9절에 다섯째 인을 뗄 때 하나님의 말씀과 저희의 가진 증거를 인하여 죽임을 당한 영혼들이 제단 아래 있는 사건 직후의 여섯째 인을 떼기 직전의 심판이다. 여기서의 땅에 거하는 자들이 있는 곳이 촛대(교회)다.

> 힘센 음성으로 외쳐 가로되 무너졌도다 무너졌도다 큰 성 바벨론이여 귀신의 처소와 각종 더러운 영의 모이는 곳과 각종 더럽고 가중한 새의 모이는 곳이 되었도다.(계18;2)

오늘날의 교회에 짐승(사단)이 들어왔다. 짐승(마귀)들의 각종 더러운 영들이 들어와 자기가 교회에 주인이라 하며 백성(교인)들 위에 군림하고 있다. 새도 영이다. 더럽고 가중한 새(영)들이 모이는 곳이 교회다보니 저마다 자기들만의 신들을 하나님이라 지칭하며 귀신 장난질을 하고 있다. 이러한 귀신의 처소인 큰 성(대형교회)을 심판하는 데가 계시록 18장이다. 언제까지 하느냐 하면, 세상 나라가 우리 주와 그 그리스도의 나라가 되어 세세토록 왕 노릇할 때까지이다.

> 그 음행의 진노의 포도주를 인하여 만국이 무너졌으며 또 땅의 왕들이 그로 더불어 음행하였으며 땅의 상고들도 그 사치의 세력을 인하여 치부하였도다 하더라(계18;3)

이들은 성경 말씀에 근거하기 보다는 눈에 보이는 물질의 축복으로 하나님의 능력을 나타내 보이려고 애쓰고 있다. 그게 바로 음행의 진노의 포도주(비진리)로 만국(교회)을 무너지게 하고 있는 거다. 그들은 성경말씀을 거짓으로 화려하게 꾸며 우상(탐심)을 조장하여 무엇이든 기도만 하면 다 들어주는 가짜 하나님을 잔뜩 생성해 그걸로 치부하고 있다. 그 자체가 복이 아니고 도리어 멸망으로 가는 지름길이다. 그러므로 이곳에 진노의 말씀을 담아 쏟아 부으면 이게 심판의 전조현상이다. 즉 계시록의 전체 내용이 바로 이 진노의 심판사건으로 성도라면 나팔 소리를 듣고 속히 깨달아 회개하여 돌아서야 한다.

6000년의 심판의 시대가 지나고 지금은 안식의 7000년의 시대로 들어섰다. 영적 이스라엘인 하나님 나라가 회복세로 돌아서는 천년의 시대가 바로 지금의 때로 지금이 예수님께서 말씀하신 재림의 마지막 때다. 그러므로 하나님의 백성들은 큰 성들의 무너지는 현상들을 보면서 심판의 징조를 읽을 수 있어야 한다.

> 바벨론아 네 영혼이 탐하던 과실이 네게서 떠났으며 맛있는 것들과 빛난 것들이 다 없어졌으니 사람들이 결코 이것들을 다시 보지 못하리로다(계18;14)

바벨론이 탐하던 과실이 선악과다. 열매가 사람인데 그게 다 떠났다. 즉 사람의 영혼을 사고팔고 하던 상품들이 없어져서 다시는 큰 성(교회)에서 보지 못하게 된다. 이게 진노의 심판이다.

> 가로되 화 있도다 화 있도다 큰 성이여 세마포와 자주와 붉은 옷을 입고 금과 보석과 진주로 꾸민 것인데. 그러한 부가 일시간에 망하였도다 각 선장과 각처를 다니는 선객들과 선인들과 바다에서 일하는 자들이 멀리 서서(계18;16-17)

대형교회의 조직체들이 일순간에 폭삭 망한다. 각 선장은 교회 목사다. 선객은 전도사 등의 사역자고 선인은 교인들이다. 바다는 세상이다. 성도라면 회복의 때를 간파하고 하나님께서 교회를 심판하는 것을 보고 즐거워하라는 거다.

이 땅에 짐승(뱀)들이 교회에 거하고 있다. 그래서 하나님의 백성들이 '큰 소리로 불러 가로되 거룩하고 참되신 대 주재여 땅에 거하는 자들을 심판하여 우리 피를 신원하여 주지 아니하시기를 어느 때까지 하시려나이까(계6;10)' 교회에 들어 온 사단을 언제 심판하느냐고 이렇게 물을 때, 계시록 6장에서 가르쳐 주지 않고 18장에서 심판하시는 장면을 보여주는 사건이다. 거문고는 성경 말씀이다.

> 또 거문고 타는 자와 풍류하는 자와 퉁소 부는 자와 나팔 부는 자들의 소리가 결코 다시 네 가운데서 들리지 아니하고 물론 어떠한 세공업자든지 결코 다시 네 가운데서 보이지 아니하고 또 멧돌 소리가 결코 다시 네 가운데로 들리지 아니하고(계18;22)

따라서 영원한 생명의 말씀을 받지 않으면 이 땅의 교회는 그 의미가 없다. 즉 그리스도가 없으면 신앙생활의 의미 자체가 없다는 거다. 따라서 예수 그리스도가 하나님의 해고 빛이고 생명이다. 무엇보다 동방의 빛이 있는 곳이 하나님이 계시는 곳으로 내가 하나님의 아침빛을 받으면 거기가 동방이 된다.

창세기에 하나님이 동방 에덴에서 역사를 하셨다. 에덴은 원래 기쁨이다. 기쁨인 동시에 하나님이 창조하셨기 때문에 낙원의 근원이 된다. 따라서 예수 그리스도로 인해 우리한테 이미 하나님의 나라가 임한 것을 알아야 나팔 부는 소리를 정확하게 들을 수 있다.

> 강이 에덴에서 발원하여 동산을 적시고 거기서부터 갈라져 네 근원이 되었으니.(창2;10)

에덴동산에서 아담을 창조했다. 즉 하나님의 신을 첫 사람 아담한테 넣어준 것은 하나님의 아들들을 만들기 위해서다. 그러므로 아담이 하나님의 첫아들이다. 누가복음 3장을 살펴보면 예수님의 족보가 나오는데 우리가 아는 데로는 예수는 요셉의 아들이다. 그 족보를 캐고 위로 올라가면 그 이상은 아담이요, 최종은 하나님이시다.

> 그 이상은 에노스요 그 이상은 셋이요 그 이상은 아담이요 그 이상은 하나님이시니라(눅3;38)

따라서 마지막 때에 앞으로 어떤 역사가 일어나느냐 하면, 범죄한 아담이 하나님의 형상대로 다시 지어지면 그때 하나님 나라가 재통일되어 하나님 나라의 백성들이 하나님께 영광 돌리고 찬미하며 경외하는 자들로 넘쳐나게 된다. 하나님께서는 바로 여기에 목적을 두고 천지창조를 하신 것이고 아담한테 생기를 주어 생령이 되게 한 것도 하나님께 순종하는 자로 만들기 위해서다.

생기 속에는 지혜와 지식이 들어있을 뿐 아니라 하나님 나라의 모든 게 다 들어있다. 그래서 생령이 된 거다. 그런데 뱀의 말이 하와(최초의 음녀)한테 들어가므로 아담이 하와(교회)에 의해 명을 어기므로 하나님의 생기가 떠나갔다.

생령이 내 안에 들어가야 영원히 산다. 그러므로 하나님은 죽은 자의 하나님이 아니시고 산자의 하나님이시다.

예수님 또한 이 땅에 살려주는 영으로 오셨다. 그러나 죽은 자들은 하나님의 소속에서 제외된 자들이다. 그런 자들은 짐승(이단)들한테 전부 잡혀 먹힌다. 그러나 그런 교회 가운데서 하나님께서 그리스도의 옷(말씀)으로 갈아입은(회개) 하나님의 백성들은 전부 살려 내신다.

> 너희가 기도할 때에 무엇이든지 믿고 구하는 것은 다 받으리라 하시니라(마21;22)

왜 영생인가? 예수 그리스도 자체가 영생이기 때문이다. 그러므로 하나님과 한 몸된 아들들도 영생이다. 아들이 되면 흑암에서 사랑의 나라로 옮겨지고 영원한 생명을 얻는다.

그러나 첫 사람 아담한테는 하나님께서 올무를 놓았다. 뱀은 원래 영계의 천사장으로 있었다. 그러나 하나님께서는 당신의 아들들을 구별 짓기 위해 뱀을 잠시 사용하셨다. 그러므로 이 교회 안에 짐승이 있고 음녀가 있으며 일곱 머리 열 뿔의 사단이 있다. 이게 바로 종교세계의 실상이다. 바벨은 육신의 생각과 하나님의 것을 교묘하게 섞여 놓은 이 세상 교리를 뜻한다.

> 그러므로 그 이름을 바벨이라 하니 이는 여호와께서 거기서 온 땅의 언어를 혼잡케 하셨음이라 여호와께서 거기서 그들을 온 지면에 흩으셨더라(창11;9)

가인이 아벨을 죽이고 동방으로 옮겨 벽돌로 바벨탑을 쌓는 것이 악의 시초가 된다. 벽돌은 흙, 물, 짚을 섞여 만들어진 것으로 이 세상의 물질을 상징한 하나님에 대한 최초의 대적행위다.

계시록의 진위는 이러한 자를 찾아내어 심판하는 일이다. 그러므로 성도가 심판받지 않으려면 배반자, 멸망자, 구원자가 누구인가를 분별할 줄 알아야 된다. 육신의 생각 그 자체가 사단이 주는 유혹이고 그게 바로 바벨이다.

아담이 배반했다. 하나님의 명령을 배도하는 일이 배반이다. 그렇다면 멸망자는 누구인가?

계시록에서 이걸 찾아내지 못하면 결국엔 멸망자한테 잡아먹힌다. 이 촛대(교회)가 하나님을 배반하니까 멸망(신천지)의 아들들이 교회에 잠식해 들어와 이들(배반자)을 잡아먹고 있다. 교회라면 이걸 깨우쳐야 한다.

처음의 배반자는 아담과 하와다. 그러니까 멸망자(뱀)가 잡아먹었다. 교회(하와)를 이긴 자가 누구냐 하면 바로 멸망자인 뱀(사단)이다. 초림 때는 서기관과 바리새인이었으나 지금은 교회(목사)가 뱀 노릇을 하고 있다. 이 뱀들이 하나님의 백성들을 전부 잡아먹고 있다.

> 그 머리 하나가 상하여 죽게 된 것 같더니 그 죽게 되었던 상처가 나으매 온 땅이 이상히 여겨 짐승을 따르고(계13;3)

이와 같이 온 땅이 짐승(목사)을 졸졸 따라 다닌다. 땅하면 창세기의 '땅이 혼돈하고 공허하며 흑암이 깊음 위에 있고 하나님의 신은 수면에 운행하시니라(창1;2) 와 예레미야 4장의 땅(백성)이 같다.

내 백성은 나를 알지 못하는 우준한 자요 지각이 없는 미련한 지식이라 악을 행하기에는 지각이 있으나 선을 행하기에는 무지하도다. 내가 땅을 본즉 혼돈하고 공허하며 하늘들을 우러른즉 거기 빛이 없으며(렘4;22-23)

땅이 바로 하나님 백성이다. 그걸 말씀해 놓으시고 땅을 본즉, 즉 하나님의 백성들을 본 거다. 그런데 하나님의 백성들이 '혼돈하고 공허한' 그 장면이 바로 창세기의 1장 2절과 같다.

하늘이 지도자(목사)다. 그런데 거기에 빛(하나님의 말씀)이 없다. 이것을 이해해야 계시록 6장의 '하늘의 별들이 무화과나무가 대풍에 흔들려 선 과실이 떨어지는 것같이 땅에 떨어지며(계6;13)' 이와 같이 지도자인 목사들이 전부 땅(심판)에 떨어지는 것을 볼 수 있다.

땅의 임금들과 왕족들과 장군들과 부자들과 강한 자들과 각 종과 자주자가 굴과 산 바위틈에 숨어(계18;15)

교회들을 본즉 '하늘은 종이 축이 말리는 것같이 떠나가고 각 산과 섬이 제 자리에서 옮기우매(계18;14)' 산과 섬이 다 조직체다. 이들 조직체들이 진노의 심판에 의해 진동하고 있다. 즉 하나님의 말씀을 받은 사람(목사)이 없다보니 땅인 백성들이 전부 황폐해졌다. 그러다보니 이들이(하나님의 백성) 처처에 기근(말씀고갈)으로 인해 교회를 옮겨 다니는 것이다.

하늘이여 들으라 땅이여 귀를 기울이라 여호와께서 말씀하시기를 내가 자식을 양육하였거늘 그들이 나를 거역하였도다(사1;2)

이 사건도 똑같은 사건이다. 유다(하나님의 백성)와 예수살렘(교회)의 이상을 본 것이 이사야다. 하늘이여 하면 지도자(목사)여 들으라. 또한 땅이여 하면 하나님의 백성들이여 이렇게 들으면 이해가 쉽다. 하늘도 하나님의 자식이고 땅도 하나님의 자식이다. 이게 이스라엘(교회)이다.

이걸 꼭 알아야 한다. 선민 이스라엘하면 해, 달, 별이 있는 하늘(영적 이스라엘)이다. 즉 '요셉이 다시 꿈을 꾸고 그 형들에게 고하여 가로되 내가 또 꿈을 꾼즉 해와 달과 열한 별이 내게 절하더이다 하더라(창37;9)' 이와 같이 선민이스라엘(교회)이다. 그런데 이곳에 복술(우상)로 인해 만국(전체 모든 교회)이 미혹되었다.

> 등불 빛이 결코 다시 네 가운데서 비취지 아니하고 신랑과 신부의 음성이 결코 다시 네 가운데서 들리지 아니 하리로다 너의 상고들은 땅의 왕족들이라 네 복술을 인하여 만국이 미혹되었도다
> (계18;23)

상고는 장사꾼이다. 즉 상고(말씀을 사고파는)들이 땅(교회)의 왕족(목사)들이다. 그러므로 지금 종교세계가 황충 사건이다. 짐승이 교회를 점령해서 그렇다.

> 네가 네 상고를 하늘의 별보다 많게 하였으나 황충이 날개를 펴서 날아감과 같고(나훔3;16)

황충이 이족이다. 메뚜기나 늣이나 황충이 다 이족을 뜻한다. 이 이족(이단)들이 교회를 잡아먹으려고 한다. 말씀이 없다보니 바벨론 교회들이 다 들짐승한테 몰려갔다. 그래서 지금 그러한 들짐승인 신천지를 치고 있는 것이다.

> 또 내가 보니 죽은 자들이 무론 대소하고 그 보좌 앞에 섰는데 책들이 펴 있고 또 다른 책이 펴졌으니 곧 생명책이라 죽은 자들이 자기행위를 따라 책들에 기록된 대로 심판을 받으니(계20;12)

깨닫지 못하면 다 죽은 자다. 그러므로 아담(교회) 안에 있는 자들이 다 죽었다. 죽은 자들을 요리하여 잡아먹는 게 바다에서 올라온 들짐승의 우두머리격인 신천지다.

> 저가 권세를 받아 그 짐승의 우상에게 생기를 주어 또 짐승의 우상으로 말하게 하고 또 짐승의 우상에게 경배하지 아니하는 자는 몇이든지 다 죽이게 하더라. 저가 모든 자 곧 작은 자나 큰 자나 부자나 빈궁한 자나 자유한 자나 종들로 그 오른손에나 이마에 표를 받게 하고(계13;15-16)

이 땅에 표가 있으면 들어가고 없으면 못 들어가는 데가 신천지다. 즉 표가 있는 사람만 들어가서 매매한다. 매매는 말씀을 사는 거다. 이를 파는 자가 이만희교주다.

교회들한테 짐승의 교리가 들어가 있다. 용의 입과 짐승의 입과 거짓 선지자들이 교회 안에 뒤섞여 모든 교회들이 신천지의 조직체 때문에 난리다. 그런데 이러한 들짐승의 우두머리를 누가 죽이느냐 하면 코로나19가 와서 죽인다.

이 심판의 역사는 하늘에서 하시는 일이다.

그러므로 코로나19로 인해 신천지의 실체가 세상 밖으로 고스란히 드러났다. 그들은 카드나 지문이 있어야 출입할 수 있다.

따라서 '누구든지 이 표를 가진 자 외에는 매매를 못하게 하니 이 표는 곧 짐승의 이름이라 그 이름의 수라. 지혜가 여기 있으니 총명 있는 자는 그 짐승의 수를 세어보라 그 수는 사람의 수니 육백육십륙이니라(계13;17-18)' 이와 같이 사단 마귀인 짐승의 숫자가 666이라 분명하게 밝히고 있다.

즉 666(6+6+6=18)인 이단들의 세력들을 코로나19가 와서 죽인다.

방송에서 보도된 바와 같이 신천지가 36만명이나 되는 숫자를 자랑하고 있다. 즉 숫자 놀음에 저 죽는 줄 모르고 까불다가 결국엔 하나님의 심판에 의해 꼭꼭 감추었던 그들의 불량상품들이 세상에 훤히 드러나고 말았다. 상품이 곧 그들의 거짓교리다. 그것 때문에 이성 없는 짐승들은 다 사로 잡혀갔다.

지금 신천지의 실상을 마지막 때가 되자 하나님께서 이와 같이 밝히 보여주시면서 무너지는 대형교회들도 함께 보여 주고 있다. 그러므로 하나님의 교회(성도)라면 이를 보고 뭔가를 깨달아야 한다. 그래야 목자의 음성을 듣고 양의 문으로 들어간다. 양의 문을 통과하려면 반드시 예수 그리스도의 예복을 입어야만 들어갈 수 있다는 사실을 인식하고 신앙생활에 임해야 한다.

†

몰락하는 교회들

또 내가 보매 개구리 같은 세 더러운 영이, 용의 입과 짐승의 입과 거짓 선지자의 입에서 나오니. 저희는 귀신의 영이라 이적을 행하여 온 천하 임금들에게 가서 하나님 곧 전능하신 이의 큰 날에 전쟁을 위하여 그들을 모으더라.(계16;13-14)

세 더러운 영이, 용의 입과 짐승의 입과 거짓 선지자의 입에서 나와서 온 천하 임금들에게 가서 전쟁(영적전쟁)을 종용하고 있다. 이 일곱 머리 열 뿔은 하나님을 대적하는 세력들로 각종의 이단들을 포함하여 이 땅의 모든 거짓 선지자들이다. 더러운 귀신의 영들이 예수 그리스도의 영(말씀)과 전쟁을 시작하나, 예수 그리스도는 만 주의 주시오, 만왕의 왕이시기에 그들과는 대적조차 되지 않는다.

짐승이 입을 벌려 하나님을 향하여 훼방하되 그의 이름과 그의 장막 곧 하늘에 거하는 자들을 훼방하더라(계13;6)

짐승(거짓목사)이 처음 하늘(교회)을 훼방하고 잡아먹는 사역을 하고 있다. 즉 창세기 때는 뱀이 아담의 집을 잡아먹었고 초림 때는 바리새인과 서기관들이 예수님을 잡아먹으려고 혈안이 되었고, 계시록 때는 용(사단의 세력)이 교회(이스라엘)를 잡아먹고 있다. 그러나 마지막 때는 바다에서 올라온 들짐승이(신천지)이 용의 권세를 받아 현존하는 한국교회(집짐승)를 잡아먹고 있다.

땅(육신의 생각)은 뱀(이단)의 식물이 된다. 창세기 때, 뱀(이단)한테 종신토록 흙을 먹으라고 하나님께서 명하셨으므로 뱀 자체의 먹거리가 흙이다. 따라서 아담은 '너는 흙이니 흙으로 돌아가라.' 그러므로 뱀은 흙(세상에 속한 사람)에 것만 잡아먹는다.

그러나 하나님의 말씀이 심령 안에 거한 자들은 그룹(하나님의 영)들과 두루 도는 화염검(말씀)으로 지키고 있어 잡아먹지 못한다. 즉 하늘(지성소)로 내 영이 올라간 자들은 하나님의 영들과 하나님의 말씀으로 무장되어 감히 사단(뱀)들이 잡아먹지 못한다.

> 저희가 어린양으로 더불어 싸우려니와 어린양은 만주의 주시오 만왕의 왕이시므로 저희를 이기실 터이요 또 그와 함께 있는 자들 곧 부르심을 입고 빼내심을 얻고 진실한 자들은 이기리로다
> (계17;14)

승리하는 어린양의 옆에는 부르심을 입고, 빼내심을 얻은 자들이 함께 하고 있는데 그들이 바로 진실한 자들이다. 어린양과 함께 사단과 싸우는 전쟁이 영적 전쟁이다.

어린양은 자신을 비우고 원수를 위해 자기 목숨을 버리신 분이다. 그러나 교회는 자신의 유익을 위해 힘의 논리를 강조하고 있다.

어린양은 하나님의 영광을 위해 점도 없고 흠도 없는 순결한

삶을 사셨지만 교회는 자신의 영광과 쾌락을 위해 언제든지 말씀을 바꾸고 심지어 거짓 교리로 죽이기도 한다.

어린양은 하나님께 복종하기 위해 자기를 부인하는 삶을 사셨지만 교회는 하나님을 방법과 수단으로 동원하여 물질의 복을 추구하는데 도구로 사용하고 있다.

어린양은 그분 자신이 하나님이셨지만 하나님 되심을 부인하고 하나님의 아들로 절대 순종을 나타내셨는데 교회는 어떤 절대자와 상관없이 자기들 스스로 선교와 봉사와 구제로 하나님 나라에 들어갈 수 있다고 장담하고 있다. 심지어는 저마다 자기가 보혜사니 구원자니 메시야니 하면서 하나님을 기만하기도 한다.

이와 같이 작금의 교회가 과학과 문명, 기도와 봉사로 스스로를 구원할 수 있다고 자신하고 있을 때, 어떤 한 무리의 교회들은 '나는 불가능한 죄인이며 내가 이 더러운 죄 속에서 구원받을 수 있는 유일한 길은 십자가의 도밖에 없다' 고 고백하는 하나님의 백성들이 또한 이 땅에 존재하고 있다. 이들만이 치열한 영적전쟁에서 이길 수 있는 자들이고 이들이 바로 하나님께 택함 받은 소수의 선민들이다. 이들만이 용의 권세를 받아 짐승이 득세하는 교회 안에서 거짓 선지자들과 싸워 이길 수 있는 하나님의 아들들이다.

> 또 권세를 받아 성도들과 싸워 이기게 되고 각 족속과 백성과 방언과 나라를 다스리는 권세를 받으니.(계13;7)

짐승들이 교회를 다스리니까 전부 음녀의 집이 되었다. 족속, 백성, 방언, 나라는 전부 물이다. 왜 물인가 하면 '가로되 이리 오라 많은 물 위에 앉은 큰 음녀의 받을 심판을 네게 보이리라(계17;1)' 음녀(목자)가 많은 물 위에 앉아 있기 때문이다. 그 물이 바로 짐승과 짐승의 세력들이다.

> 원수들이 우리에게 큰 분노를 터뜨려서 우리를 산채로 집어 삼켰을 것이며. 물이 우리를 덮어 홍수가 우리를 휩쓸어 갔을 것이며. 넘치는 물결이 우리의 영혼을 삼키고 말았을 것이다.(시124;3-5)

> 그러므로 주 내가 흉용하고 창일한 큰 하수 곧 앗수르 왕과 그의 모든 위력으로 그들 위에 덮을 것이라 그 모든 곬에 차고 모든 언덕에 넘쳐.(사8;7)

구약성경은 이와 같이 하나님의 백성 이외의 하나님을 알지 못하는 구원받지 못한 세상 전체를 가리켜 '물'이라고 표현했다. 그러므로 짐승을 물이라고도 하고, 백성과 무리와 열국과 방언들 즉 하나님을 알지 못하는 전체 세상을 물이라 한다.

이렇게 성도는 겹겹이 무리의 대적들에게 둘러싸여 있고 그 대적들의 공격이 너무나 매력적이고 달콤해서 수시로 미혹 당하게 된다. 그러므로 계시록 16장에 일곱 천사가 하나님의 진노의 일곱 대접을 받아 여기에 쏟는 거다.

아무리 세상의 군왕(대형교회 목사)들이 하나님을 대적하여 일어서서 하나님의 백성들을 공격한다 하더라도 그들은 모두 신(귀신)들의 문이다. 여기다가 진노의 대접(진리의 말씀)을 사정없이 쏟아 붓는 그 자체가 음녀들한테는 심판이다. 지금은 세상 권세를 잡고 있는 대형교회의 목사들이 기고만장하여 자신들의 세력을 자랑하고 있지만 그들은 결국엔 예수 그리스도의 발등상일 뿐이다.

그런데 왜 천사가 말세의 기간 동안에 마귀와 그의 세력들이 싸우는 대상을 '그 짐승과 열 왕이 어린양과 더불어 싸운다' 고

했을까? 이 표현에서 성도가 치르는 영적 전쟁의 양상을 확인할 수 있다.

구약시대의 어린양은 주로 제사에 쓰였다. 제사라는 것은 죄인들이 자신의 죄를 흠 없는 제물에다 전가시켜 그 제물을 죽여 하나님께 드림으로 자신의 죄를 용서 받는 구약의 의식이다.

이스라엘이 출애굽을 할 때 죄인이었던 이스라엘을 대신해서 죽은 것이 바로 문설주에 바른 짐승의 피(어린양)였다. 그 어린양을 세례요한이 '세상 죄를 지고 가는 하나님의 어린양' 이라 표현했다.

예수 그리스도는 하나님이시다. 그런데 그 분이 죄인들을 대신해 제물로 드려지기 위해 육신의 옷을 입고 이 땅에 성육신하셨다. 그리고 자신이 하나님이시면서 자신을 비우고 오히려 죄인들을 위해 죽기까지 복종하셨다.

결국 어린양의 제물로 하나님께 드려졌고 다시 부활하셨으며 우리를 위한 처소를 마련하기 위해 하늘 보좌로 승천하셨다.

이 모든 내용이 바로 '어린양'이라는 단어가 갖는 함축된 의미이다. 그러니까 세상은 거짓된 철학, 사상, 교훈, 거짓교리 등을 이용해 힘없이 십자가에 달려 돌아가신 하나님이신 어린양을 대적하는 힘으로 사용하고 있다는 뜻이다. 즉 교회들이 탐심이 가득하다 보니 세상적인 논리와 지식으로 어린양을 공격하고 있다. 이러한 바리새인(목사)들을 향해 예수께서 이렇게 일갈하셨다.

> 마음에서 나오는 것은 악한 생각과 살인과 간음과 음란과 도적질과 거짓 증거와 훼방이니(마15;19)

마음에서 나오는 것은 전부 탐심밖에 없다고 하셨다. 따라서 '이러므로 한 사람으로 말미암아 죄가 세상에 들어오고 죄로 말미암아 사망이 왔나니 이와 같이 모든 사람이 죄를 지었으므로 사망이 모든 사람에게 이르렀느니라(롬5;12)' 아담으로 말미암아 죄가 세상에 들어왔다. 그러므로 죄인의 마음속에는 살인과 음란과 악독과 훼방과 거짓 증거들뿐이다. 그러나 이 죄인들한테 즉 말씀이 육신이 되어 이 땅에 오신 예수님을 만나면 믿음으로 의롭게 된다. 아울러 사망에서 생명으로 옮겨진다. 그러므로 예수님이 이 땅에 오신 목적 자체가 세상 죄를 지고 가는 하나님의 어린양으로 오신 것이다.

그러므로 그리스도 예수 안에 들어가면 죄가 없다. 죄란 예수 그리스도를 믿지 않는 그것이다. 그 안에 들어가니까 자동으로 죄가 해결된다. 세상법도 대통령이 사면하면 죄에서 풀려난다. 검사는 율법이다. 율법에 매인 죄를 십자가의 사랑으로 확증하는 것이 바로 은혜로 값없이 주시는 사면권이다. 그래서 죄에서 사면된 성도들의 마음속에는 항시 하나님의 법이 기록되어 있다.

> 또 주께서 가라사대 그날 후에 내가 이스라엘 집으로 세울 언약이 이것이니 내 법을 저희 생각에 두고 저희 마음에 이것을 기록하리라 나는 저희에게 하나님이 되고 저희는 내게 백성이 되리라 (히8;10)

생각과 마음에 법이 기록된 자들한테는 하나님께서 다시는 우리의 죄를 기억하지 않으시겠다고 천명하셨다. 그러니 이 얼마나 은혜로운 말씀인가!

그러므로 아버지 앞에 성경을 깨닫고 사면권을 주신 것을 믿고 따라가면 천국이 우리 것이 되지만, 그것을 믿지 않으면 지옥이다.

성경은 이 땅에 의인은 없나니 하나도 없다고 했다. 그런데 예수님이 부르실 때 그 음성을 듣고 순종하여 따라가면 의롭다고 여겨주시는데 그 음성이 들리지 않아 따라 가지 못한다. 자기 생각이 죽어야 그 마음 안이 텅 비워 주님의 말씀으로 온전히 채워질 수 있는데, 육신의 생각들로 가득 차다 보니 말씀이 들리지 않아 따라가지 못한다.

> 만세 전부터, 상고부터, 땅이 생기기 전부터 내가 이미 났으며(잠8;23)

지혜나 지식의 모든 것 속의 그 본체는 예수 그리스도시다. 이 십자가의 길을 통과해야 말씀이 보여 지고, 들어지고, 깨달아 진다. 성령의 도움 없이는 절대 깨닫지 못하는 게 성경이다. 사람의 지혜로 성경을 대하면 절대 볼 수가 없다. 하나님의 비밀이 지혜이신 예수 그리스도시다. 즉 믿음의 결정체가 하나님의 말씀이다. 아브라함도 하나님을 믿으매 의로운 자가 되었다. 아브라함이 이삭을 하나님의 명에 의해 제물로 바치려 할 때, 아브라함의 심령 안에 이미 그리스도가 들어와 있었다. 그러므로 믿음으로 말미암아 에녹, 노아 모두가 똑같이 그리스도의 영과 함께 믿음의 선진들로 기록되어 있다.

그런데 오늘날의 교회는 믿음은 온데간데없고 온통 강도들로 교회 안을 가득 채우고 있다.

> 기록된바 내 집은 기도하는 집이라 일컬음을 받으리라 하였거늘 너희는 강도의 굴혈을 만드는도다(마21;13)

종교인(목사)들한테 하신 말씀이다. 기록된 바는 '내가 그를 나의 성산으로 인도하여 기도하는 내 집에서 그들을 기쁘게 할 것이며 그들의 번제와 희생은 나의 단에서 기꺼이 받게 되리니 이는 내 집은 만민의 기도하는 집이라 일컬음이 될 것임이라(사 56;7)'이다.

또한 강도의 굴혈은 '내 이름으로 일컬음을 받는 이 집이 너희 눈에는 도적의 굴혈로 보이느냐 보라 나 곧 내가 그것을 보았노라 여호와의 말이니라(렘7;11)' 이와 같이 강도의 굴혈이 바로 종교세계임을 강조하고 있다.

오늘날의 교회가 만민이 기도하는 집이어야 하는데 강도의 굴혈로 되어 버렸다. 그러므로 강도의 굴혈을 만든 짐승과 음녀를 찾아야 한다. 그래야 이들을 피해 십승지(십자가)로 피할 수 있다.

현존하는 교회에 지금 바다에서 올라온 짐승들이 있고, 또 음녀의 집이 있다. 이러한 짐승과 음녀를 잡아먹는 들짐승들이 이단들이며 이 이단들이 교회 안에 포진되어 있다. 많은 물 위에 앉은 음녀(교회)들을 심판하기 위해 지금 하나님께서 사명자들을 통해 진노의 심판을 시작하셨다. 그러므로 성도라면 마지막 때에 경고의 나팔 소리를 듣고 사단들을 피할 수 있어야 멸망으로 가지 않는다.

> 용을 잡으니 곧 옛 뱀이요 마귀요 사단이라 잡아 일천 년 동안 결박하여(계20;2)

계시록의 결정체가 '큰 용이 내어 쫓기니 옛 뱀 곧 마귀라고도 하고 사단이라고도 하는 온 천하를 꾀는 자라 땅으로 내어 쫓기니 그의 사자들도 저와 함께 내어 쫓기니라(계12;9)' 이와 같이 용이 만국을 꾀고 있는 자로 이게 오늘날의 종교세계다. 그러므로 용하나 잡는 일이 마지막 때의 일이다.

땅이 온전히 공허하게 되고 온전히 황무하게 되리라 여호와께서 이 말씀을 하셨느니라. 땅이 슬퍼하고 쇠잔하여 세계가 쇠약하고 쇠잔하며 세상 백성 중에 높은 자가 쇠약하며(사24;3-4)

계시록 때의 실상을 이사야 선지자가 심판의 사건을 이와 같이 나타내었다. 수신자가 땅(백성)으로 심판 때가 되면 땅(사람)이 슬퍼한다. 하늘(지도자)과 땅(백성)을 동일한 말씀으로 불사르기 위해서 간수하신 말씀이다. 땅이 즉 지옥(地獄)이다. 한문을 풀이하면 지(地), 옥(獄)이다. 들개(犭), 말씀(言), 개(犬)가 옥(獄)이다. 말씀(言)이 하찮은 개(짐승)한테 잡아먹혀 땅(육)으로 돌아가는 것이 지옥(地獄)이다. 지옥이 곧 심판이고 사망이다. 지옥에 있는 자가 불의한 자들이다. 그러므로 우리한테는 이 땅이 지옥생활이다. 불의한 자들을 심판하는 자리가 계시록 6장이다. 그러므로 그리스도의 말씀 안에 거해야 대적의 반석을 분별할 줄 알아 심판의 대열에서 면할 수 있다.

대적의 반석에 우리의 반석과 같지 못하니 대적도 스스로 판단하도다(신32;31)

대적한테도 그들만의 반석이 있다. 그러나 우리의 반석은 오직 그리스도 예수뿐이시다. 따라서 대적의 반석은 용의 집단이다. 땅에 있는 사람들은 그들(사단)의 말에 꼬임을 받는다. 교회보다 뱀(사단)이 하늘의 것을 훨씬 많이 안다. 왜냐하면 하늘에서 떨어진 타락한 천사가 계명성이기 때문이다. 그러기에 사단은 바다(세상), 종교세계(우상), 세상교리(윤리, 도덕), 첫 장막(교회)에 대해 모든 것을 다 알고 있어 그걸 밟고 서있는 거다.

그러나 이러한 사단의 무리보다 더 많이 아는 자가 있는데 그들이 바로 그리스도 말씀 안에 있는 자들이다. 따라서 촛대(아담)는 뱀이 이겼지만, 이러한 뱀(사단)을 예수 그리스도가 십자가의 승리로 이기셨다.

> 이것을 너희에게 이름은 너희로 내 안에서 평안을 누리게 하려 함이라 세상에서는 너희가 환난을 당하나 담대하라 내가 세상을 이기었노라(요16;33)

사단과 싸워 이기려면 그리스도의 말씀이 들어와야 '대저 하나님께로서 난 자마다 세상을 이기느니라 세상을 이긴 이김은 이것이니 우리의 믿음이니라(요일5;4)' 이와 같이 믿음으로 이길 수 있게 된다.

이긴 자들은 영혼이 다 하늘(지성소)로 올라간다. 내 영이 하늘로 올라간 자들만 생명나무 과실을 먹게 된다. 생명나무 자체가 예수님의 말씀이다. 이런 자들은 마지막 때에, 이단이나 거짓선지자들한테 쉽게 동요되거나 미혹되지 않는다.

> 형제들아 우리가 너희에게 구하는 것은 우리 주 예수 그리스도의 강림하심과 우리가 그 앞에 모임에 관하여. 혹 영으로나 혹 말로나 혹 우리에게서 받았다 하는 편지로나 주의 날이 이르렀다고 쉬 동심하거나 두려워하거나 하지 아니할 그것이라. 누가 아무렇게 하여도 너희가 미혹하지 말라 먼저 배도하는 일이 있고 저 불법의 사람 곧 멸망의 아들이 나타나기 전에는 이르지 아니하리니(살후2;1–3)

예수 그리스도의 강림 자체가 마지막 때에 계시록의 말씀들이 임하는 거다.

그러려면 멸망자(이단)들을 무저갱에 가두기 전에, 먼저 배도자(교회)나 배반자(목사)들로부터 미혹을 받지 않아야 한다. '지혜가 여기 있으니 총명 있는 자는 그 짐승의 수를 세어보라 그 수는 사람의 수니 육백육십륙이니라(계13;18)' 이와 같이 이단(신천지)의 표(666)를 그 이마에 받으면 그 순간부터 심판(사망)이다.

> 내가 보니 여섯째 인을 떼실 때에 큰 지진이 나며 해가 총담 같이 검어지고 온 달이 피같이 되며(계6;12)

지금 종교세계에 마지막 때가 도래하자, 온통 지진으로 교회가 갈라지고 있다. '더 이상 목사한테 속지 말라', '종교는 사기다', '아직도 목사한테 속고 있는가?', '이제는 계시록을 밝힐 때다', '계시록을 통해 바라본 한국교회', '신천지의 정체가 계시록에 예고되다!' 이러한 책들이 시중에 출간되어 세상에 나가는 것 자체가 지진이다. 해가(목자)가 총담 같이 검어진다는 것은 지금 교회가 고민거리로 골치가 아프다. 그러므로 달(교회)들이 피같이 되어가고 있다.

> 큰 성이 세 갈래로 갈라지고 만국의 성들도 무너지니 큰 성 바벨론이 하나님 앞에 기억하신바 되어 그의 맹렬한 진노의 포도주 잔을 받으매. 각 섬도 없어지고 산악도 간 데 없더라(계16;19-20)

일곱별은 일곱 교회의 첫 장막이 하늘(교회)이다. '하늘은 종이 축이 말리는 것같이 떠나가고 각 산과 섬이 제 자리에서 옮기우매(계6;14)' 이와 같이 하늘(교인)이 떠나가고 산과 들이 제 자리에서 옮겨지는 것은 산과 들이 조직체다. 하늘(교회)과 땅(교인)이 제 자리에서 옮기는 것은 이 집(교회)이 타인의 손으로 옮겨가는 거다. 한국 교회들이 짐승(사단)의 밥이 되어 주인(조직체)이 바뀌는 것이 제자리에서 옮기는 사건이다.

> 여호와께서 말씀하시되 내가 그 땅 거민에게 내 손을 펼 것인즉 그들의 집과 전지와 아내가 타인의 소유로 이전되리니(렘6;12)

하나님께서 이와 같이 심판하니까 타인의 손으로 옮겨지는 것이다. 즉 교회가 그리스도의 말씀을 버리고 육신(탐심)의 것으로 거짓 교리를 행하니까 참 하나님의 백성들이 진리의 말씀이 있는 곳을 찾아 교회를 옮겨 다니는 거다. 이 사건이 계시록 6장 사건으로 교회가 짐승의 밥이 되었다. 따라서 아담(전체교회)의 집이 전부 뱀(이단)한테 빼앗겨서 타인의 손으로 넘어가는 현상을 예리미야 선지자가 이렇게 표현해 놓은 거다. 그러므로 참 하나님의 교회(성도)들은 도적같이 오시는 그 날을 대비하면서 다섯 처녀처럼 기름(말씀)을 준비하고 늘 깨어 있어야 한다.

> 보라 내가 도적같이 오리니 누구든지 깨어 자기 옷을 지켜 벌거벗고 다니지 아니하며 자기의 부끄러움을 보이지 아니하는 자가 복이 있도다(계16;15)

교회(성도)라면 그리스도의 옷으로 갈아입어야 벌거벗는 부끄러움을 당하지 않게 된다. 그래야 감추었던 만나(예수 그리스도)도 주시고, 좌우에 날선 검(말씀)도 주신다. 그러나 이 땅에 사는 사람들은 다 짐승을 따라간다.

> 죽임을 당한 어린양의 생명책에 창세 이후로 녹명되지 못하고 이 땅에 사는 자들은 다 짐승에게 경배하리라(계13;8)

생명책에 녹명되지 못한 자들은 무저갱에 빠져 결국엔 멸망으로 인도된다. 무저갱은 밑이 빠진 구덩이로 이들한테 말씀을 아무리 부어주어도 결국엔 밑으로 다 빠져 버리고 만다. 이들이 짐승의 인을 맞은 자들이다. 그러므로 하나님의 인을 맞았느냐 아니냐가 가장 중요하다.

창세전에 생명책에 기록된 하나님의 백성들은 그리스도의 말씀을 받으면 그런 자들은 영이 인도하므로 심령 안에 하나님의 인(소유권)이 새겨진다. 그게 성경에서 말하는 복이고 영생이기에 하나님만을 경외한다.

> 그때에 여호와를 경외하는 자들이 피차에 말하매 여호와께서 그것을 분명히 들으시고 여호와를 경외하는 자와 그 이름을 존중히 생각하는 자를 위하여 여호와 앞에 있는 기념책에 기록하셨느니라(말3;16)

우리의 생각이 어떻게 하면 하나님을 경외 하고 하나님을 영광되게 하며 살까 그것만을 생각해야 한다. 또한 성도라면 하나님께 영광 돌리는 일이 무엇일까를 피차간에 서로 나누는 것이 바로 영이 지성소로 올라간 자들끼리 할 수 있는 대화이다. 그런 자들은 살아 있는 자들로 기념책에 이름이 기록된 자들이다. 우리의 영이 이 땅(육신의 생각)에 머물러 있으면 죽은 자다. 그러나 죽은 자들이 하나님의 음성을 듣고 하나님을 경외하고 그 이름을 존중히 여기면 죽었던 영이 다시 살게 된다. 주님은 사랑의 하나님이시다. 그래서 이 땅에 우리를 다시 살리기 위해 말씀으로 오셨다. 그러므로 죽었던 우리가 그리스도의 말씀을 심령 안에 새기면 우리의 영을 다시 살려내신다.

> 내가 들으니 보좌에서 큰 음성이 나서 가로되 보라 하나님의 장막이 사람들과 함께 있으매 하나님이 저희와 함께 거하시리니 저희는 하나님의 백성이 되고 하나님은 친히 저희와 함께 계셔서
> (계21;3)

그러므로 말씀이 육신이 되어 이 땅에 오신 그리스도의 말씀이 우리 심령 안에 거하고 있는가, 없는가를 늘 점검해 봐야 한다. 그래야 하나님의 백성으로 거듭날 수 있다.

> 또한 나를 보내신 아버지께서 친히 나를 위하여 증거하셨느니라 너희는 아무 때에도 그 음성을 듣지 못하였고 그 형용을 보지 못하였으며. 그 말씀이 너희 속에 거하지 아니하니 이는 그의 보내신 자를 믿지 아니함이니라(요5;37–38)

보내신 자 예수 그리스도를 믿지 않으면 죄다. 이단들이나 거짓 선지자들은 하나님을 믿지 않는다. 오늘날의 주의 종이라 자처하는 목사들 또한 그들의 심령 안에 말씀이 거하지 않다보니 성경말씀을 갖고 영생의 복을 전하기보다는 세상(물질의 복) 것을 전한다. 성도라면 마지막 때에 계시록에서 밝히 보여주고 있는 몰락하는 교회들을 보면서 깊이 회개해야 한다. 회개한 자들만 죄사함에 의해 하나님을 바로 볼 수 있다. 말씀 자체가 신(信)이다. 그런 자들은 '내 백성아, 거기서 나와 그의 죄에 참예하지 말고 그의 받을 재앙들을 받지 말라(계18;4)' 이와 같은 하나님의 음성을 듣고 무너져 가는 큰 성(교회)에서 속이 빠져 나올 수 있다.

†

하늘의 비밀인 계시록

하나님의 비밀은 예수 그리스도시다. 그 안에는 지혜와 지식과 모든 보화가 감춰어 있다. 따라서 하나님의 비밀은 아벨 때부터 세례요한까지 역사를 통해 오실 자, 예수 그리스도의 실체를 그야말로 사단들한테 감추어 놓은 것이 성경이다. 그러기에 그리스도가 다시 오시는 것을 예수 그리스도의 영(말씀)이 아니면 아무도 모른다. 그렇지만 누가 아느냐 하면 그리스도의 영(말씀)을 받은 사람만이 안다. 성경이야말로 예수님의 초림 때부터 지금까지 그리스도가 어느 때 다시 오신다고 다 증거해 놓은 책이다. 즉 믿음이 아니고는 절대 알 수 없는 것이 바로 계시록의 실체다.

> 아담 안에서 모든 사람이 죽은 것같이 그리스도 안에서 모든 사람이 삶을 얻으리라(고전15;22)

이게 믿음의 본체다. 즉 말씀이 받아지면 알게 되는데 한꺼번에 다 알아지는 것이 아니고 믿음의 분량만큼 서서히 알아져 간다. 믿음의 깊이가 깊어지면 깊어질수록 어떻게 하면 하나님을 경외하고 하나님께 영광을 돌릴까? 오직 내 심령 안에 그리스도가 함께 하시니까 늘 이런 생각만 하게 된다. 세세토록 살아 계신 자 그 하나님의 은혜의 십자가만 깊게 사모하게 된다.

> 세세토록 살아 계신 자 곧 하늘과 그 가운데 있는 물건이며 땅과 그 가운데 있는 물건이며 바다와 그 가운데 있는 물건을 창조하신 이를 가리켜 맹세하여 가로되 지체하지 아니하리니. 일곱째 천사가 소리 내는 날 그 나팔을 불게 될 때에 하나님의 비밀이 그 종 선지자들에게 전하신 복음과 같이 이루리라(계10;6-7)

이와 같이 하나님을 깊이 사모하는 자들한테 하나님의 비밀을 알게 하신다. 그러므로 그 종 선지자한테 주신 펴 놓인 책이 5장에서 어린양이 갖고 계셨지만, 10장에서 그 말씀과 동행하는 종들에게 감추어 놓은 비밀을 알게 하시므로 일곱 인으로 봉한 책이 펼쳐져 있다. 그게 하나님의 비밀이고 뜻이다.

따라서 복음이 내 안에 거할 때는 더할 수 없이 달고 기쁜데 하늘의 비밀을 전하는 사명만큼은 감당하기 매우 힘들다. 그러므로 가족이나 주변은 물론 자기 안에 내재되어 있는 자신과의 싸움에서 치열하게 전쟁해야 하는 부분이 고통으로 다가올 수밖에 없다.

예수님을 가장 가까이서 따라다녔고 또한 천상의 세계까지 보고 왔던 사도 요한도 책을 받아먹고 입에서는 달았지만 배에서 썼다고 할 정도로 하나님의 말씀을 전하는 사명자의 일이 그만큼 고됨을 표현하였다. 그런데 하물며 우리네 믿음에 있어서야 어찌 사도요한과 비교될 수 있겠는가?

그러나 하나님은 반드시 피할 길을 먼저 열어 주신다. 즉 빛과 어둠을 분명하게 가려 하늘의 백성들한테만 그 비밀을 알게 해 주신다는 사실이다.

> 너희는 믿지 않는 자와 멍에를 같이 하지 말라 의와 불법이 어찌 함께하며 빛과 어두움이 어찌 사귀며(고후6;14)

이와 같이 땅(어둠)의 사람들과 하늘(빛)의 사람들을 반으로 정확하게 갈라놓고 일을 시작 하신다. 그러기에 믿지 아니한 자들과 멍에를 매지 말라는 거다. 멍에는 하나님의 일이다.

그런데 지금 한국교회는 어둠(이단)의 자식(목사)들이 하나님의 일을 한다고 큰 소리 치고 있다. 그들은 교회를 웅장하게 지어놓고 저마다의 소리로 하나님의 멍에(일)를 매고 있다고 서로 자랑하고 있다.

그러기 때문에 2000년 전에 이세벨, 거짓선지자, 자칭유대인, 사단의 회들을 경계하라고 그리스도 예수께서 사도 요한을 통해 미리 말씀해 놓으신 거다.

그러므로 하늘의 비밀인 계시록을 분명하게 알려면, 이제 있는 일과 장차 될 일들을 알아야 한다. 그러기위해선 일곱 금 촛대와 일곱별이 왜 비밀인가?

그리고 계시록의 내용은 누구에게 보여주시고 지시한 것인가?

또한 언제 누가 어디서 그 사건을 무엇으로 본 것인가?

이런 것들을 정확하게 깨달아야 이단이나 거짓선지자들한테 내 영혼이 저당 잡히지 않게 된다. 계시록 사건은 지금 분명한 실상으로 하나님께서 직접 보여주시면서 경험케 하고 계신 것을 알아야 한다. 그러므로 계시가 성취 될 때, 어떤 형태로 이루어지는가? 이런 것들을 성경 안에서 정확하게 깨달아 알아야 들짐승(이단)과 거짓선지자들(목사)한테 잡아먹히지 않는다.

따라서 이제 있는 일는 일들은 계시록 2장과 3장의 일들이고 장차 앞으로 될 일은 계시록 4장에서 22장까지의 일이다.

그러하면 일곱 금 촛대와 일곱 별이 왜 비밀인가? 이는 하나님의 일들을 통해 길 예비 역사를 하시는 것을 이 세대가 알지 못하기 때문에 초림 때, '요한은 켜서 비취는 등불이라 너희가 일시 그 빛에 즐거이 있기를 원하였거니와' 이와 같이 세례요한을 통해 오실 자 예수 그리스도를 예비하게 하였다. 따라서 계시록의 내용은 하나님께서 예수님한테 주셨고 예수님은 천사(영)를 통해 사도요한에게 지시하여 기록하게 하신 것이다.

계시록은 약 2000년 전에 사도요한이 밧모 섬에서 말세의 사건을 이상으로 보았다. 그러므로 계시록은 기록된 사건의 순리에 따라 그대로 이루어져가고 성취되어 가고 있다. 그러기에 계시록 서두에 하나님의 비밀이 일곱 교회라고 분명하게 밝혀 놓으셨다.

> 네 본 것은 내 오른손의 일곱 별의 비밀과 일곱 금 촛대라 일곱 별은 일곱교회의 사자요 일곱 촛대는 일곱 교회니라(계1;20)

그렇다면 일곱 교회한테 내린 그 비밀이 무엇인가? 첫째는 큰 바벨론(대형교회)에 대한 실체를 알게 한 사실이다.

> 그 이마에 기록되었으니 비밀이라, 큰 바벨론이라, 땅의 음녀들과 가증한 것들의 어미라 하였더라(계17;5)

여자(교회)가 성도들의 피와 예수의 증인들의 피에 취한 지라 요한이 그 모습을 보고 기이하게 여기자 천사가 그 여자(교회)가 바로 일곱 머리 열 뿔 가진 짐승이라고 알려 주었다.

> 천사가 가로되 왜 기이히 여기느냐 내가 여자와 그의 탄 바 일곱 머리와 열 뿔 가진 짐승의 비밀을 네게 이르리라(계17;7)

요한이 본 짐승이 바로 전에 있었다가 시방 없으나 장차 무저갱으로부터 올라와 멸망으로 들어갈 자라고 얘기해 주면서 이들이 땅(육신)에 거하는 자들로 창세 이후로 생명책에 녹명되지 못한 자들이라고 분명하게 밝혔다. 따라서 일곱 천사가 소리 내는 날, 그 나팔이 불게 될 때에 종(선지자)들에 의해 하나님의 비밀이 드러날 것이라 했던 것이다.

> 일곱째 천사가 소리 내는 날 그 나팔을 불게 될 때에 하나님의 비밀이 그 종 선지자들에게 전하신 복음과 같이 이루리라(계10;7)

하나님의 비밀은 예수 그리스도다. 따라서 그리스도의 영이 함께 하는 자들에 의해 계시록의 비밀이 열린다는 뜻이다. 그러므로 만일 누구든지 계시록에 기록되어 있는 말씀 외에 더하거나 빼면 이 책에 기록된 일곱 가지 진노의 재앙들을 그들한테 전부 쏟아 부을 것이라고 분명하게 천명하셨다.

이와 같이 사단들한테 감춰놓은 계시록을 이단인 신천지가 어떻게 계시록의 비밀을 안다고 이만희 교주가 그런 헛소리를 늘어놓고 있었겠는가?

교회가 온통 바벨(혼잡)로 되어 버리니까 그동안 신천지가 활개 칠 수 있었던 것이다.

그러나 지금은 마지막 때다. 즉 이단을 심판할 때가 되었다는 거다. 그러므로 하나님의 진노의 대접이 왼편에선 사실혼이었던 전 부인이 이만희의 실체를 낱낱이 고발하고 있고, 오른편에선 하나님께서 코로나19를 통해 신천지의 실상을 세상에 훤히 밝혀 놓으셨다.

따라서 이러한 하나님의 무서운 진노의 심판을 보면서 교회들은 정신 똑바로 차려야 한다. 교회들이 이번 코로나를 통해 신천지한테 교인을 더 이상 빼앗기지 않게 되는 것에만 위안을 삼고 있다면 이는 큰 오산이다. 하나님은 지금 코로나19를 통해 온 세계에 심판의 징조를 나타내 보이시고 있다. 그러므로 진정한 교회라면 하나님의 계획과 의도가 무엇인가 이번 코로나를 통해 분명하게 깨닫고 육신의 생각에서 그리스도의 말씀 안으로 회개해 돌이켜야 한다.

> 내가 이번에는 모든 재앙을 네 마음과 네 신하와 네 백성에게 내려 너로 온 천하에 나와 같은 자가 없음을 알게 하리라(출9;14)

성경은 왜 하나님께서 애굽의 바로 왕을 한 번으로 충분히 끝낼 수 있는 재앙을 10가지 재앙으로 바로 왕을 못살게 하셨을까? 그 이유를 하나님께서 직접 말씀하셨다. 즉 바로를 통해 하나님의 능력을 나타내 보이기 위해서였다.

> 성경이 바로에게 이르시되 내가 이 일을 위하여 너를 세웠으니 곧 너로 말미암아 내 능력을 보이고 내 이름이 온 땅에 전파되게 하려 함이로라 하셨으니(롬9;17)

하나님의 이름을 온 천하게 전파되게 하기 위해서 바로한테 10가지의 재앙을 내렸다. 초림 때는 서기관과 바리새인한테 일곱 가지 화(재앙)을 내렸다. 그리고 계시록(마지막) 때는 16-18장에서 대접(하나님의 종)에 재앙(진노의 말씀)을 담아 교회(귀신의 처소)에 쏟게 하셨다. 각종 더러운(악한) 새(영)가 지금 한국교회에 너무나 많이 잠식되어 있다. 그러기에 '무너졌도다 무너졌도다 큰 성 바벨론이여 귀신의 처소와 각종 더러운 영의 모이는 곳과 각종 더럽고 가증한 새(악령)의 모이는 곳(계18;2)' 이 교회가 되어버렸다.

그러므로 우리는 그런 바벨론(혼잡)의 교회에서 더 이상 죄에 참예하지 않고 또한 그들이 받는 재앙을 받지 않고 '내 백성아, 빨리 거기서 나오라'고 외치는 하나님의 음성을 들을 수 있어야 한다.

> 또 내가 들으니 하늘로서 다른 음성이 나서 가로되 내 백성아 거기서 나와 그의 죄에 참예하지 말고 그의 받을 재앙들을 받지 말라(계18;4)

하나님의 백성들은 주님의 음성을 듣고 지성소로 올라오는 자들이다. 그러므로 음성을 듣지 못하면 그게 바로 죄다. 사단의 말(거짓교리)이 곧 죄에 참예하는 것이고, 주님의 음성이 쉼(영생)을 얻는 것이다. 재앙이 종류가 '그가 그것을 내 앞에 펴시니 그 안팎에 글이 있는데 애가와 애곡과 재앙의 말이 기록되었더라(겔2;10)' 이와 같이 애가와 애곡과 애통과 흉년이다.

심판은 성경 말씀으로 한다. 따라서 '그러므로 하루 동안에 재앙들이 이르리니 곧 사망과 애통과 흉년이라 그가 또한 불에 살라지리니 그를 심판하신 주 하나님은 강하신 자이심이니라(계18;8)' 이와 같이 계시록 때의 마지막 때가 지금인 것을 인식하고 그리스도 말씀 안으로 돌아서야 하나님의 심판에서 벗어날 수 있다. 모든 심판은 이와 같이 말씀으로 한다.

따라서 선은 하나님만이 선이다. 하나님의 사람으로 온전케 하는 것이 성경이다. 이 성경을 육신의 생각으로 이해하면 하나님을 만날 수 없다. 이 말씀 자체가 생기다. 생기 자체가 말씀이고 생령이다. 생령은 살리는 영이다.

> 바로가 너희를 듣지 아니할 터인즉 내가 내 손을 애굽에 더하여 여러 큰 재앙을 내리고 내 군대, 내 백성 이스라엘 자손을 그 땅에서 인도하여 낼찌라(출7;4)

애굽이 육체(세상)다. 그러나 성도들은 하나님의 군대다. 하나님의 군대는 하나님의 말씀만 가져야 한다. 구약의 이스라엘(육적 이스라엘)은 예표고 실상은 계시록에서 우리의 형상 우리의 모양대로 지은 백성들한테 주시는 예수 그리스도의 말씀이 교회(영적 이스라엘)라고 생각하면 된다, 그러기 때문에 예수님 말씀 자체가 천국의 말씀이고 영생으로 들어가는 문이다. 이걸 밝혀 놓은 것이 하늘의 계시인 계시록의 실체이고 실존이다.

책을 마치면서

성경의 원리는 간단하다. 하나님께서 가라고 하면 가고, 오라면 하면 오면 된다, 즉 성경 자체가 하나님의 진리의 말씀이다. 이 말씀 따라 살면 하늘 백성으로 살아가는데 아무런 문제가 없다. 그런데 사람들이 성경말씀에 억지로 자기 생각을 넣어 풀려고 하니까 억지(거짓)가 된다.

말씀(성경)이 깨달아(성령) 지면 영(구름)들의 인도 따라 가게 되어 있다. 깨달은 사람들은 낮에 영들이 인도하는 데로 가면되고, 혹간 내 영이 어두워질 때는 빛(말씀)을 따라 가면 된다.

이스라엘(하나님의 백성)이 애굽(세상)에서 출애굽 할 때, 하나님께서 밤에는 불기둥(영의 말씀)으로, 낮에는 구름(하나님의 영) 기둥으로 인도하여 내셨다. 기둥이 즉 말씀(영)이다.

그러므로 내가 어두울 때는 영(성경)의 인도함을 받는 게 가장 안전하다. 오늘날 대부분의 목사가 소경들이다. 이러한 소경들을 따라가면 구덩이(지옥)에 전부 빠진다. 저(목사)만 구덩이에 빠지면 되는데 인도받는 사람(교인)까지 빠지게 하니 그게 안타까운 일이다. 우리의 목자는 예수 그리스도 한 분 뿐이시다. 그러므로 말씀(성령) 따라가야 살 길(영생)이 생긴다.

작금의 교회들이 성경을 깨닫지 못하고 문자로만 해석하니까 성경에서 나타나는 복(영생)의 개념을 전부 이 땅의 복으로 착각하고 그 복(탐심)만 추구하게 만든다. 그러면서 헌금, 선교, 봉사, 구제, 헌신, 이런 것들로 하나님께 영광 돌린다면서 자기(교회)들의 영광 챙기기에 급급하다.

하나님은 영이시다. 그런 하나님께서 헌금을 받아 무엇에 쓰실 것이며 또 곧 썩어 없어질 인간들이 사람들을 위해 구제하고 봉사하는 그게 하나님께 무슨 유익이 되겠는가? 이런 것들이 나쁘다는 게 아니다. 성도라면 하나님께서 주시는 마음이기에 자연발생적으로 나오는 성령의 열매들이다. 그러나 하나님의 창조의 목적이 무엇인지도 모르고 하는 행위 그 자체가 바로 외식이기에 바리새인(목사)들과 서기관(신학자)들한테 너희가 독사의 새끼고 마귀의 자식이며 회칠한 무덤이라고 대놓고 질타하신 것이다.

하나님께서는 계시록 말미에 '아멘 주 예수여 오시옵소서' 의 고백의 소리를 듣기를 원하신다. 그런데 그 하나님께서 말씀으로 이 땅에 오셨음에도 그런 하나님을 알아보지 못하고 엉뚱한 행위로 자기 의를 나타내려고 자랑하는 서기관과 바리새인들을 향해 바로 그 자리서 일곱 가지 화(禍)로 심판하신 것이다.

오늘날의 목사들이 하나님의 일을 모르니까 바리새인들처럼 엉뚱한 구제나 선교나 혹은 봉사로 하나님의 일을 한다고 자랑삼아 선전하고 있다. 하나님의 일은 하나님이 보내신 자를 온전히 믿는 그 일이 그게 바로 하나님의 일이다. 보내신 자 예수 그리스도가 이 땅에 말씀으로 오셨으면 말씀 그 자체가 하나님의 일이고 하나님께 영광 돌리는 일이라는 걸 깨달아야 천국이 저희 것이 된다. 그러므로 천국의 서기관(하나님의 백성)마다 새것(신약)과 옛것(구약)을 곳간에서 마음대로 갖다 쓸 수 있다.

코로나19의 온역(염병)을 통해 마지막 때에 하나님께서 이 땅(교회)에 심판하시는 장면들을 보면서 성도라면 깨우쳐 회개하고 말씀(성경) 안으로 돌아서야 한다.

우리 역시도 예수 그리스도만이 우리의 지도자요 스승임을 날마다 상기해야 천국(영생)으로 가는 길을 헤매지 않고 성령(말씀)에 의해 바로 찾아갈 수 있다.

하나님만을 깊이 사모하는 충성된 증인
안디바